Martin Urban
Warum der Mensch glaubt

Zu diesem Buch

Ist die Suche nach dem Sinn dem Menschen angeboren? Wie und was glaubt der Mensch? Anhand der neuesten wissenschaftlichen Erkenntnisse aus Gehirnforschung, Psychologie und Religionswissenschaften liefert Martin Urban überraschende Beobachtungen und verblüfft mit erstaunlichen Zusammenhängen. Er zeigt, warum der Verstand keinen entscheidenden Einfluss auf unser Verhalten hat, dass sich spirituelle Reize elektrisch stimulieren lassen, dass schon Tiere eine Moral haben, die Hälfte aller Deutschen an Schutzengel glaubt, aber nur ein Drittel, dass es überhaupt Engel gibt, und dass das islamische Kopftuchgebot auf einem Interpretationsfehler beruht. Martin Urbans Buch ist ein überzeugendes Plädoyer für eine Verbindung von spiritueller Sinnsuche und aufgeklärtem Geist.

Martin Urban, geboren 1936 in Berlin, stammt aus einer Theologenfamilie. Er studierte Physik, Chemie und Mathematik und arbeitete anschließend auf dem Gebiet der Plasmaphysik, nebenbei erste publizistische Versuche. Seit Anfang 1965 bei der Süddeutschen Zeitung, wo er 1968 den Wissenschaftsteil aufbaute und ihn bis 2002 leitete. Zahlreiche Publikationen als Autor oder Herausgeber. Martin Urban lebt in Gauting bei München.

Martin Urban

Warum der Mensch glaubt

Von der Suche nach dem Sinn

Mit 37 Abbildungen

Piper München Zürich

FSC

Dieses Taschenbuch wurde auf FSC-zertifiziertem Papier gedruckt.
FSC (Forest Stewardship Council) ist eine nichtstaatliche, gemeinnützige
Organisation, die sich für eine ökologische und sozialverantwortliche
Nutzung der Wälder unserer Erde einsetzt (vgl. Logo auf der Umschlag-
rückseite).

Ungekürzte Taschenbuchausgabe
Piper Verlag GmbH, München
Juni 2007
© 2005 Eichborn AG, Frankfurt am Main
Umschlag / Bildredaktion: Büro Hamburg
Heike Dehning, Charlotte Wippermann,
Alke Bücking, Daniel Barthmann
Autorenfoto: Gabi Klein
Satz: Fotosatz Amann, Aichstetten
Papier: Munken Print von Arctic Paper Munkedals AB, Schweden
Druck und Bindung: Clausen & Bosse, Leck
Printed in Germany   ISBN 978-3-492-24903-4

www.piper.de

Inhalt

V. Archaische Wurzeln des Glaubens

VI. Weltliche Glaubensvorstellungen

VII. Fromme und unfromme Rituale

VIII. Glaube und Macht

IX. Glaubenslehre und Realität

Einleitung

Der Mensch denkt nicht nur mit dem Kopf, sondern er glaubt auch mit dem Kopf. Er kommt auf kluge wie auf dumme Gedanken, und er glaubt, was ihn sein Kopf glauben macht und glauben lässt. Wenn wir verstehen, *warum* wir glauben, können wir im Lichte dieses Wissens auch darüber nachdenken, *was* wir glauben. Das »Geheimnis« des Glaubens lässt sich so entschlüsseln, ohne dass der Glauben seinen Wert verliert. Glauben ermöglicht nämlich Antworten auf die Frage nach dem Warum. Der Mensch kann gar nicht anders als sich diese Frage immer wieder zu stellen. Sein Kopf ist darauf angelegt, sich die Welt zu deuten, und das heißt auch, einen Sinn des Lebens, seines Lebens, zu suchen.

Wer glaubt, geht nicht unbedingt am Sonntag in die Kirche. Obwohl die beiden Kirchen in Deutschland zusammen rund 52 Millionen zahlende Mitglieder haben, genießen sie Vertrauen nur bei einer Minderheit: 17 Prozent der Deutschen erklären, dass sie der evangelischen Kirche »vertrauen«, und gar nur noch elf Prozent der katholischen, wie eine große, repräsentative Umfrage im Jahr 2003 belegt. In Europa, speziell in Deutschland, schwindet zwar der Einfluss der etablierten Kirchen rapide. Das Interesse an spirituellen Erfahrungen nimmt aber hier wie überall in der Welt zu. Die Menschen suchen nach etwas, das über ihren Alltag hinausreicht und ihnen Halt geben kann. Sie fragen nach dem Sinn in ihrem Leben, selbst jene, die dann zu dem Schluss kommen: Mein Leben ist sinnlos. Sinn kommt von *sinnan* gleich reisen, streben und hat die Wurzel *sent* gleich Weg. Die Lateiner bezeichneten mit *sentire* das einer Richtung Nachgehen. Zunächst sind wir freilich auf der Suche nach dem Weg.

Dieses Buch wendet sich nicht an die Frommen im Lande, die ohnedies bereits die Wahrheit wissen – ihre Wahrheit. Vielmehr will es Menschen ansprechen, die auch den Zweifel kennen, die auf der Suche sind; Menschen, die Zusammenhänge verstehen wollen, und jene, denen spirituelle Erfahrungen wichtig sind. Glauben, althochdeutsch *gilouben*, von *liob* gleich lieb, bedeutet ursprünglich, sich etwas lieb, vertraut machen. Dabei geht es um Wichtiges; auch wenn das Wort Glauben in banalem Zusammenhang verwendet werden kann, etwa: Ich glaube, es wird regnen. Dass hierbei Bilder entscheidend sind, oft solche, die einem von Kindheit an »lieb, vertraut« sind, zeigt das Ergebnis einer Umfrage (1): 50 Prozent der Menschen in Deutschland glauben danach an Schutzengel, aber nur 32 Prozent glauben, dass es überhaupt Engel gibt. Mit dem Wort *Schutzengel* verbindet sich offensichtlich ein ganz anderes Bild als mit dem Wort *Engel*. Unser Glauben drückt sich in Bildern aus, die tief in unserem Inneren verwurzelt sind und von rationalen Überlegungen schwer zu erschüttern. Was den Gläubigen als unerklärbares »Geheimnis« erscheint, kommt, wie wir nunmehr wissen, nicht von außen, sondern von innen. Es ist das, was der Kopf uns für wahr halten, was er uns glauben lässt.

Den wenigsten Menschen bewusst, vollzieht sich in den letzten Jahren ein Wandel unseres Weltbildes. Das ist eine Folge insbesondere der raschen Entwicklung der Gehirnforschung. Die Erkenntnisse dieser noch jungen Wissenschaft habe ich in diesem Buch mit den Beobachtungen anderer Forschungsgebiete verbunden und auf Fragen des Glaubens angewendet. Fragen, mit denen sich die ehrwürdigen Wissenschaften der Philosophie und der Theologie seit über zweieinhalb Jahrtausenden beschäftigen und die den Menschen – wie wir heute wissen, sogar schon seinen Ahnen *Homo erectus* – seit Jahrhunderttausenden bewegen. Die neuen Erkenntnisse erlauben auch neue Antworten – selbst auf Fragen, die noch vor wenigen Jahrzehnten als nicht zu beantworten galten. Und sie machen manche alte Antworten obsolet.

Ein Ergebnis moderner Forschung ist, dass sich mit naturwissenschaftlichen Methoden Gemeinsamkeiten unter den Gläubigen verschiedener Religionen erkennen lassen: Im Kopf des meditierenden Christen passiert zum Beispiel das Gleiche wie im Kopf des meditierenden Buddhisten. Sowohl für die intellektuellen als auch für die spirituellen Bedürfnisse des Menschen gibt es, wie ich zu zeigen versuche, biologische Grundlagen. Sie zu verstehen, erleichtert es uns, uns selbst zu erkennen. Das bewusste Ich des Menschen hat kaum Einsicht in die unbewussten Determinanten seines Handelns und Erlebens. Weil ihm dies unerträglich ist, liefert es permanent Pseudoerklärungen für sein Tun, die seinem Selbstwertgefühl und den Erwartungen seiner Umgebung entsprechen. Diese Beobachtungen der Neurowissenschaftler lassen uns unter einem neuen Blickwinkel verstehen, warum und was der Mensch glaubt. Dies ist allerdings kein Plädoyer gegen den Glauben und bestreitet auch weder die Bedeutung der Unterschiede dessen, was Menschen glauben, noch die Begrenztheit unseres Wissens und unserer Erkenntnisfähigkeit.

Die Globalisierung der Welt betrifft auch die Glaubensgemeinschaften. Insofern muss, wer nach dem Glauben fragt, globale Entwicklungen ebenfalls beobachten. Charakteristisch für unsere Zeit ist, dass weltweit in allen Religionen die Fundamentalisten den Ton angeben, das heißt, am lautesten schreien. Der Fundamentalismus aber ist, wie ich zeigen will, der Sieg der archaischen Unterwelt in unserem Kopf über den Geist. Unter Fundamentalismus verstehe ich den Glauben an eine Wahrheit, die in nicht hinterfragbaren Heiligen Schriften aufgezeichnet wurde oder die per definitionem von einem »Lehramt« unwiderruflich festgelegt wird. Der Autor dieses Buchs ist, wie die meisten seiner Leser, im abendländisch-christlichen Kulturkreis zu Hause. Er sieht sich damit auch der Aufklärung verpflichtet. Das heißt, dass er die Beobachtungen und Erkenntnisse der Wissenschaftler als Bemühungen um die Wahrheit versteht und nicht annimmt, Naturgesetze könne man ablehnen, wenn man die Mehrheit hat.

Die Neue Welt und das alte Abendland fühlen sich heute zu Recht vom islamischen Fundamentalismus bedroht. Diesen kann die jüdisch-christlich geprägte Welt mit geistigen Mitteln – und nur so auch mit Hoffnung auf Erfolg – bekämpfen, indem sie den eigenen Fundamentalismus bekämpft. Auch deshalb beschäftigt sich dieses Buch besonders intensiv mit den christlichen Glaubensgemeinschaften. Denn von den »Kreuzrittern« unter diesen fühlt sich die islamische Welt bedroht. Es geht in diesem Buch also sowohl um sehr persönliche als auch um politische Konsequenzen von Glauben.

Die Glaubensvorstellungen haben auch damit zu tun, dass der Mensch Ergebnis einer Evolution ist, die ihm gewissermaßen immer noch in den Knochen steckt. Die großen monotheistischen Religionen, das Judentum, das Christentum und der Islam – vor allem um sie geht es in diesem Buch – haben Wurzeln, die bis in die Steinzeit zurückreichen. Das gilt etwa für die Interpretation des Todes Jesu am Kreuz als Sühneopfer oder den Märtyrerkult der Islamisten. Wenn man die Erkenntnisse der verschiedenen Wissenschaften zusammenfügt, werden Gemeinsamkeiten beispielsweise zwischen der Himmelfahrt Jesu und der Reise der Schamanen ins Jenseits deutlich. Ebenso gibt es Muster uralter aber bis heute lebendiger weltlicher Glaubensvorstellungen. Fromme und unfromme Rituale, die den Raum und die Zeit ordnen sowie Hierarchien stabilisieren, bestimmen das Leben des Menschen. Mit dem Wissen der Psychologie und der Verhaltensforschung lassen sie sich über sozialwissenschaftliche Erkenntnisse hinaus deuten.

Das Bedürfnis nach Macht ist nicht erst beim Menschen ausgeprägt, sondern bereits im Tierreich angelegt. Selbst das »dumme Huhn« versucht in der Hierarchie des Federviehs möglichst weit oben zu stehen. In den menschlichen Glaubensgemeinschaften haben sich ebenfalls Hierarchien ausgebildet. Somit zeigen auch in Glaubensfragen einige Wenige der Mehrheit, wo es langgeht oder ihrem Willen nach langgehen sollte. Fragen der Macht in den monotheistischen Glaubensgemeinschaften sind ein Schwerpunkt dieses Buches. Die Grundlagen für den Anspruch, ihren Gläubigen das Paradies zu versprechen oder mit der Hölle zu drohen, sind zwar, wie ich zeigen will, historisch fragwürdig, haben aber als Bilder, die sich in den Köpfen der Menschen festsetzen, eine starke Wirkung. Rigide Moralvorstellungen, die sich vor allem auf die Sexualität beziehen, kennzeichnen alle fundamentalistischen Varianten der monotheistischen Glaubensgemeinschaften. Diese Rigorosität ist trotz der Reformation auch in den protestantischen Gruppierungen nicht verloren gegangen. Im Gegenteil, sie ist ein Markenzeichen der zur Zeit in Nord- und Südamerika, Afrika und Asien besonders erfolgreichen Glaubensgemeinschaften. Diese bieten mit ihrer Ablehnung des durch Kopernikus, Darwin, Freud und die modernen Biowissenschaften entstandenen Weltbildes ein Gegenmodell zur modernen Welt.

Die Gedanken der Aufklärung spielen im 21. Jahrhundert nur bei einer Minderheit der Frommen aller Religionsgemeinschaften eine Rolle. Doch der unaufgeklärte Mensch bleibt unfrei, abhängig von Kräften, die er nicht durchschaut. Das mag für ihn bequem sein, denn er findet damit Orientierung in einer unübersichtlichen Welt. Die Alternative ist bei weitem schwieriger, nämlich Ungewissheit auszuhalten und die Fragen nach dem Warum möglichst vorurteilsfrei immer neu zu stellen. Im Laufe der Evolution hat unter den Affen (der Ordnung der Primaten) nur ein Lebewesen, der Mensch, *Homo sapiens,* als eine seiner besten Eigenschaften das Bedürfnis entwickelt, seine Welt und seine Antriebe möglichst gut verstehen zu wollen. Dieses Buch soll dabei helfen.

I.

Biologische Grundlagen geistiger Bedürfnisse

Die natürlichen Begabungen

Um zu verstehen, warum der Mensch glaubt, ist es nötig, etwas über seine natürlichen Begabungen zu erfahren, über die biologischen Grundlagen von Denken, Fühlen, Glauben und Wissen. Um sich in der Welt zurechtzufinden, ist der Mensch auf seine Sinnesorgane angewiesen. Diese sind freilich weniger scharf als die vieler anderer Lebewesen. Denn der Mensch hört und sieht und riecht nicht besonders gut. Er kann es auch weder an Körperkraft noch an Schnelligkeit mit den Raubtieren in der Savanne aufnehmen, dem Lebensraum, aus dem er kommt, und in dem er trotz dieser Unvollkommenheiten überlebt hat. Um Gefahren zu entgehen, mussten bereits die Ahnen des *Homo sapiens* vor Hunderttausenden von Jahren das, was sie wahrnahmen, und wenn es noch so unvollständig war, richtig interpretieren. Sie mussten also etwa zwei plötzlich auftauchende Lichtreflexe im Gebüsch als die Augen eines Raubtieres identifizieren und fliehen, vielleicht auch sich wehren, jedenfalls sofort darauf reagieren, um nicht gefressen zu werden. Auch wenn heute die Gefahr, von Raubtieren angefallen zu werden, weltweit nur noch auf kleine Biotope beschränkt ist – an der Notwendigkeit, aus unvollständigen Informationen die richtigen Schlüsse zu ziehen, hat sich nichts geändert.

Das gelingt deshalb so gut, weil das menschliche Gehirn die besondere Fähigkeit besitzt, selbst mit Hilfe weniger Daten vollständige Bilder ent-

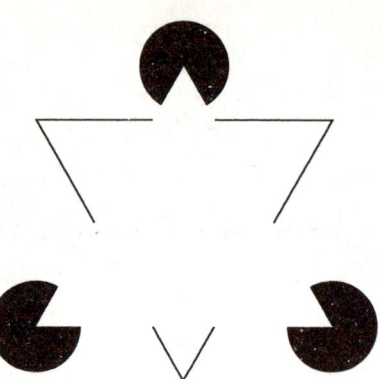

Weißer als weiß? Das helle Dreieck mit der Spitze oben entsteht erst im Kopf des Betrachters.

stehen zu lassen. Wenn man zum Beispiel drei centgroße schwarze Flächen auf ein weißes Blatt Papier legt und aus den drei schwarzen Kreisen jeweils ein »Tortenstück« herausschneidet, dann konstruiert das Gehirn aus den drei dabei entstehenden weißen Ecken ein vollständiges Dreieck. Im 15. Jahrhundert haben die Menschen in Europa begeistert die Entdeckung italienischer Künstler gefeiert, auf einer Fläche durch perspektivische Darstellung den Eindruck eines Raumes zu vermitteln. Dazu genügen ein paar richtig gesetzte Striche. Leonardo da Vinci hat als erster die Ursachen der Nah- und Fernwirkung von Farbwerten sowie die Auflösung von Konturen untersucht – ein Wissen, das seither zum Handwerk des Malers gehört. Es basiert, wie gesagt, auf jener besonderen Interpretationsfähigkeit des menschlichen Gehirns. Das menschliche Gehirn ist allerdings, worauf ich auch im Folgenden immer wieder hinweisen werde, im Laufe einer Evolution entstanden. Um den Menschen besser zu verstehen, ist es deshalb gut, seine biologischen Vorfahren zu studieren. Viele grundlegende Begabungen sind bereits mehr oder minder ausgeprägt auch im Tierreich zu finden. So haben, wie gesagt, die Vormenschen als potentielle Opfer von Raubtieren die Fähigkeit zu interpretieren entwickelt. Andere Beutetiere entwickelten Tarnstrategien, um sich vor Fressfeinden zu verstecken. Streifen etwa verwischen die Konturen des Zebras. Und die Anpassungsfähigkeit des Chamäleons bis zur Unkenntlichkeit an die jeweilige Umgebung ist sprichwörtlich. Unsere jagenden Vorfahren mussten deshalb auch fähig sein, solche Tarnungen zu durchschauen. »Konturen zu sehen, wo Kontraste fehlen, entspricht also sehr wahrscheinlich einem ›Enttarnungswerkzeug‹, das entwickelt wurde, um verdeckte und maskierte Formen zu enthüllen und damit im Kampf ums Überleben Vorteile zu erringen.« So interpretiert es Andreas Nieder, der das Labor Neurokognition bei Primaten an der Universität Tübingen leitet (2). Dabei spielen auch Lernprozesse eine Rolle. Aus Experimenten mit Makaken im Max-Planck-Institut für biologische Kybernetik in Tübingen wissen wir, dass die optischen Wahrnehmungen sogar noch im erwachsenen Alter durch Lernprozesse im Gehirn optimiert werden (3). Die Wissenschaftler ließen die Affen auf einem Bildschirm unterschiedlich stark verschwommene Naturbilder anschauen. Die Tiere lernten allmählich zu interpretieren, was sie sahen. Auf den Menschen gleichermaßen bezogen, deuten die Forscher ihre Beobachtungen so: Wir sehen das, »was wir gelernt haben zu erkennen«.

Diese Interpretationsfähigkeit des menschlichen Gehirns umfasst noch sehr viel weitergehende Möglichkeiten: So können wir in lautem Stimmengewirr, zum Beispiel bei einer Party, eine einzelne Stimme identifizieren und mit dieser kommunizieren. Dass dies eine ganz besondere Begabung ist, dessen wird man sich erst bewusst, wenn diese Fähigkeit im hohen Alter nachlässt. Und ein spezifischer Duftreiz oder Geschmacksreiz kann uns die Illusion vorgaukeln, zum Beispiel Erdbeeren zu essen. In Urzeiten war diese Fähigkeit, einzelne Reize als Signal für »essbar« oder »ungenießbar« wahrzunehmen, wichtig, um nicht etwa giftige Früchte, die so ähnlich wie essbare aussehen, zu verzehren. Heute nutzen gewiefte Lebensmittelchemiker diese Begabung, aus einem einzelnen, hier dem olfaktorischen Sinneseindruck, ein ganzes Bild entstehen zu lassen, um synthetische Produkte schmackhaft zu machen.

Wir bemerken sofort, dass wir mit den Augen sehen, mit den Ohren hören, mit der Nase riechen, mit Zunge und Gaumen schmecken, mit der Hautoberfläche tasten können. Aber wir spüren nicht, dass wir mit dem Gehirn denken. Die Gehirnforscher sezieren und beobachten das Gehirn denn auch von außen. Dabei erkennen sie dies: Das Gehirn des Menschen hat ein mittleres Gewicht von 1375 Gramm bei Männern und von 1245 Gramm bei Frauen. Zusammen mit dem Rückenmark bildet es das Zentralnervensystem. Das Großhirn mit seiner aus Nervenzellen bestehenden grauen Substanz, der Großhirnrinde, bedeckt zusammen mit den darunter liegenden Nervenfasern, der weißen Substanz, wie ein Mantel die übrigen Hirnteile. Das Großhirn besteht aus zwei Hälften (Hemisphären). Diese entwickeln im Kindesalter unterschiedliche Funktionen, sind dabei aber zunächst noch nicht dauerhaft festgelegt: Bei Schädigungen einer Hemisphäre des kindlichen Gehirns kann deshalb jeweils die unbeschädigte Hälfte die Funktionen der geschädigten übernehmen. Die funktionelle Asymmetrie der beiden Hemisphären ist natürlich nicht zufällig im Laufe der Evolution des Menschen entstanden. Dieser unterscheidet sich von seinem nächsten Verwandten, dem Schimpansen, ohnehin schon darin, dass sein Gehirnvolumen ungleich größer ist. Aber das größere Gehirn allein hätte nicht ausgereicht, die tatsächlichen Fähigkeiten zu entwickeln. Erst in der Kombination mit der unterschiedlichen Aufgabenverteilung der beiden Hemisphären wird das Gehirn des Menschen gegenüber dem des Schimpansen so besonders leistungsfähig. Wenn die selben geistigen Fähigkeiten des Menschen allein mit einem größeren Gehirnvolumen hätten erreicht werden müssen, dann wäre der Kopf des *Homo sapiens* vermutlich so groß geworden, dass das Baby bei der Geburt den Mutterleib nicht mehr hätte verlassen können.

Als im 20. Jahrhundert die ersten Computer entstanden, kamen die Gehirnforscher auf die naheliegende Idee, auch das Gehirn sei eine Art Computer. Dieser Gedanke gehört auch in die Vorstellungswelt der sich neuerdings ausbreitenden »Transhumanisten«, von denen später noch die Rede sein wird. In den 1960er Jahren baute Karl Steinbuch an der Universität Karlsruhe ein künstliches assoziatives Gedächtnis, das erste »neuronale Netz«. Neuronen (daher der Ausdruck neuronal) nennt man die Nervenzellen, die Kontaktstellen zwischen den einzelnen Nervenzellen heißen Synapsen. Heute weiß man, dass die Computerfreaks mit ihren Hoffnungen, das Gehirn als einen Computer anzusehen, zu kurz greifen. »Die höheren Leistungen des Gehirns sind neuen Forschungen zufolge kaum vom Nervengewebe und seinen Eigenschaften zu trennen. Auch der Computer ist also bestenfalls eine geeignete Metapher für bestimmte Aspekte der Hirnfunktion.« So der Neurobiologe und Biophysiker Robert-Benjamin Illing von der Universität Freiburg (4). Sein Kollege, der Gehirnforscher Gerhard Roth (Universität Bremen), fasste anlässlich der Psychotherapiewochen 2001 in Lindau den Stand des Wissens der Neurowissenschaftler zusammen und betonte, »dass alle Leistungen des Gehirns ... Funktionen von Neuronen-Netzwerken sind« (5). Die hierbei entscheidenden Faktoren sind zum einen die morphologisch-physiologischen Eigenschaften der Neuronen als Knotenpunkte der Erregungsverarbeitung, zum anderen die neurophysiologischen und neurochemischen Eigenschaften der Synapsen, der Kontaktstellen zwischen Nervenzellen, von denen es im menschlichen Gehirn circa eine Trillion (10 hoch 18) gibt. Die Idee eines Netzwerkes hat die Natur nicht erst mit der Erfindung des Gehirns praktiziert, sondern bereits bei der Entstehung von Bakterien (6). Es ist ein Grundprinzip der Natur, das der Mensch auf vielerlei Weise nachahmt, zum Beispiel im Internet. Erstaunlicherweise organisiert sich das Zusammenspiel der Nervenzellen von selbst. Wie Information dabei im Gehirn abgebildet wird, wissen die Neurowissenschaftler allerdings bisher noch nicht zu sagen.

Das Gehirn als Geschichten-Erfinder

In den letzten Jahren haben die Gehirnforscher erklären können, was es mit der Begabung auf sich hat, aus wenigen Informationen einen Gesamteindruck zu entwickeln. Mit Hilfe »bildgebender Verfahren« wie der Positronen-Emissions-Tomographie (PET) oder der funktionellen Kernspintomographie (fMRI) kann man dem arbeitenden Gehirn von außen zuschauen. Die bildgebenden Verfahren nutzen den Umstand, dass Regionen mit stärker erregten Nervenzellen mehr Energie benötigen, also einen erhöhten Stoffwechsel haben. Sie verbrauchen vor allem mehr Sauerstoff und Zucker. Damit ihnen das ermöglicht wird, werden sie vorübergehend stärker durchblutet. Eben das kann man millimeter- und sekundengenau bei ungeöffneter Schädeldecke beobachten. Man erkennt dabei, anders als mittels der Elektroenzephalographie (EEG), welche die Hirnstromwellen erfasst, neuronale Aktivitäten jeweils in bestimmten Gehirnarealen. Natürlich sind diese Beobachtungen noch unvollständig, und die Forscher müssen in ihren Schlussfolgerungen vereinfachen, um das Prinzipielle deutlich werden zu lassen. Denn das Instrumentarium dieses Forschungsgebiets wird erst langsam perfektioniert. Man kann mit technischen Hilfsmitteln sichtbar machen, welche Areale im Gehirn in bestimmten Situationen aktiv sind. Man kann auch beobachten, welche Konsequenzen es hat, wenn ein Hirnbereich infolge einer Verletzung ausfällt. Und man hat Erfahrungen damit gesammelt, welche Folgen es hat, wenn die Verbindung zwischen beiden Gehirnhälften, der »Balken«, durchtrennt ist, die beiden Hemisphären also unabhängig voneinander agieren. Eine solche Durchtrennung des Balkens hat man oft absichtlich vorgenommen, um Epileptiker vor schweren Anfällen zu bewahren.

Alle diese Methoden der Beobachtung lassen zu dem Schluss kommen: Die rechte Gehirnhälfte (bei Rechtshändern, bei Linkshändern ist es umgekehrt) beobachtet die Welt und nimmt die Fakten wahr. Dazu gehören die Fähigkeit zur räumlichen Orientierung und das Verständnis für Musik. Allerdings fehlt der rechten Hemisphäre die Fähigkeit, das Wahrgenommene zu interpretieren und auszudrücken. Die linke Gehirnhemisphäre dagegen hat die Aufgabe, die Welt zu deuten, auch und gerade dann, wenn die Fakten unvollständig sind. Auf emotionale

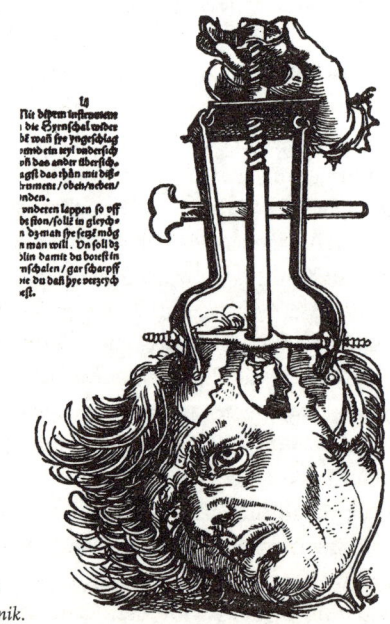

Blick aufs Gehirn:
Das »Feldtbuch der Wundartzney« von
1528 zeigt die seinerzeit modernste Technik.

Bilderreize zum Beispiel reagiert insbesondere die rechte Hemisphäre, weil dort die neuronalen Netzwerke für Aufmerksamkeit und räumliche Orientierung liegen. Wenn man Versuchspersonen jedoch mit emotional getönten *Wörtern* oder *Sätzen* konfrontiert, dominiert die linke Hirnhälfte. Der Neurologe Vilayanur Ramachandran von der Universität von Kalifornien in San Diego hat die Erfahrungen mit rechts und links im Gehirn zusammenfassend einmal so beschrieben: Die linke Gehirnhälfte ist ein Geschichtenerzähler. »Sie ist unter anderem damit beschäftigt, fortwährend Theorien über die Welt zu erfinden. Das ist nützlich, weil wir oft nicht genügend Informationen haben, um Entscheidungen zu treffen. So legt sich die linke Hemisphäre den Rest einfach zurecht und konstruiert eine Story, die schlüssig erscheint. Die rechte Hälfte hingegen überprüft diese Ideen anhand der Wirklichkeit.«

Unser Weltbild hat also sehr viel mit den natürlichen Funktionen unseres Gehirns zu tun. Denn im Menschen ist beides angelegt, sowohl das Bedürfnis zu beobachten als auch das Bedürfnis zu interpretieren. Beides gilt sowohl für den Blick nach außen wie für den nach innen. Der Mensch will die Welt verstehen – und sich selbst. Und um zu verstehen, was er beobachtet und erfährt, macht er sich Theorien (oder Bilder, was in meinem etwas allgemeineren Verständnis von einem Bild dasselbe ist). Er sucht also Antworten auf die Frage nach dem Warum und damit auf die Frage nach dem Sinn seines Lebens. Aus unserem im Gehirn angelegten Deutungsbedürfnis sind sowohl die Wissenschaften als auch die Religionen mit ihren Bildern entstanden.

Der Mensch unterscheidet sich von allen anderen Lebewesen in der Differenziertheit seines Gehirns. Allerdings beobachtet man, seit man genauer hinschauen kann, bereits bei einfacher strukturierten Lebewesen erstaunliche Gehirnleistungen. Zum Beispiel lässt sich, wie Forscher in La Jolla, Kalifornien, neuerdings haben beobachten können, bereits an der Fruchtfliege *Drosophila melanogaster* mit ihren 250 000 Nervenzellen im Gehirn mit Hilfe eines Elektroenzephalogramms ein Zustand gesteigerter Aufmerksamkeit eindeutig nachweisen (7). Fruchtfliegen kennen auch schon das bescheidene Glück, wenn der Schmerz nachlässt. Martin Heisenberg und Kollegen an der Universität Würzburg haben den winzigen Fliegen Elektroschocks verabreicht, ihnen aber anschließend zum Trost einen Duft versprüht, von dem sich, wie man wusste, *Drosophila* besonders angezogen fühlt. Für die Fruchtfliegen wurde dieser Duft gewissermaßen zu einem Symbol der Rettung. Umgekehrt setzten die Forscher eine andere Gruppe der kleinen Fliegen dem wunderbaren Duft aus, traktierte sie aber anschließend mit Elektroschocks. Alsbald wichen die Fruchtfliegen dem Duft aus, der zwar verführerisch, aber wie sie erfahren mussten, nur der angenehme Anfang vom höchst unangenehmen Ende war (8). Das gleiche Erlebnis kann also bereits von Insekten als Zeichen für das erfreuliche »Ende gut, alles gut« oder für ein »Das wird böse enden« aufgefasst werden.

Die Beobachtung verallgemeinernd, heißt das nichts anderes, als dass unser Weltbild, bereits biologisch bestimmt, von den Erfahrungen des Vorher und des Nachher abhängt. Das haben schon in alter Zeit die Weltdeuter zu nutzen gewusst: Die Verfasser der biblischen Schriften sowohl des Alten als auch des Neuen Testament haben, wie man heute weiß, den Kunstgriff verwendet, Prophezeiungen aus dem Blickwinkel einer Zeit niederzuschreiben, als diese längst eingetreten waren, aber zu suggerieren, sie seien in weiser Voraussicht und nicht erst im Nachhinein verkündet worden. Prophezeiungen sind nun einmal für die Vergangenheit leichter abzugeben als für die Zukunft. So ergeben sich ungeahnte Zusammenhänge zwischen der Verhaltensbiologie und der historischen Forschung.

Die Moral der Affen

Experimente an Affen zeigen uns, dass etwas so Grundlegendes für das Zusammenleben der Menschen wie Moral eine lange evolutionäre Vorgeschichte hat, die nicht erst beim Menschen beginnt. Sogar die damit verbundenen kulturellen Traditionen sind bereits für die Affen bedeutsam. Moral hat also eine biologische Grundlage und muss nicht von vornherein mit religiösen Vorstellungen zu tun haben, ist im Gegenteil sehr viel älter. Seit langem suchen die Soziobiologen nach den Grundlagen sozialen Verhaltens. Der Verhaltensforscher Wolfgang Wickler schrieb 1971: »Ethische Forderungen, die nicht von konkret biologischen Gegebenheiten ausgehen, sind unsinnig« (9).

Der Leiter des Living-Links-Forschungszentrums in Atlanta und Primatenexperte, Franz de Waal und sein Team, haben neuerdings Kapuzineraffen beigebracht, Steinchen, die man ihnen in den Käfig warf, zurückzugeben. Wenn sie dafür ein Stückchen Gurke bekamen, wiederholten sie das Spiel immer wieder. Wenn man freilich einem Affen im Nebenkäfig zur Belohnung eine Weintraube gab, etwas, das Affen sehr viel mehr lieben als Gurken, dann hörte die Hälfte der mit einem Gurkenstück Belohnten auf, die Steinchen zurückzugeben. Sogar 80 Prozent der Kapuzineräffchen machten das Spiel nicht mehr mit, wenn der Affe nebenan Weintrauben bekam, ohne überhaupt etwas dafür tun zu müssen. Die Slogans »Gleicher Lohn für gleiche Arbeit« oder »Wer nicht arbeitet, soll auch nicht essen« sind also keine von den Menschen erfundene Maximen. Man hat zwar noch nichts davon gehört, dass Affen eine Gewerkschaft gegründet hätten, aber auch *Homo sapiens* hat das erst im 19. Jahrhundert fertig gebracht. Anno 1756 wusste Immanuel Kant in einer Vorlesung »Physische Geographie« über die Paviane zu berichten: »Die Amerikaner glauben alle, daß diese Affen reden könnten, wenn sie wollten, aber sie täten es nicht, um nicht zur Arbeit gezwungen zu werden.«

Tiere veranstalten rituelle Kämpfe, bei denen sie sich nicht verletzen, obwohl sie dies könnten. Affen praktizieren Versöhnungsrituale nach einem Streit, etwa das sich Küssen oder sich gegenseitig Lausen. Franz de Waal weiß, dass es auch unter Affen Individuen gibt, die versuchen, Streit zwischen anderen zu verhindern. Er machte ein Experiment mit zwei Affenarten, das dies belegt (10): »Die einen waren Bärenmakaken, sehr tolerant, freundlich, mit viel Versöhnungsverhalten, die anderen Rhesusaffen, sehr hierarchisch, strikt, selten Futter teilend. Wir setzten Jungtiere beider Arten fünf Monate zusammen, Tag und Nacht. Die Bärenmakaken waren etwas älter, also dominant. In dieser Situation haben die Rhesusaffen ihr Verhalten völlig verändert. Sie sind sehr freundlich geworden, haben viel Versöhnungsverhalten gezeigt, auch als sie nicht mehr mit den Makaken zusammen waren. Wir haben bei ihnen eine Art Kulturbruch hervorgerufen durch ihre veränderte soziale Umgebung.« Franz de Waal fasst seine Erfahrungen mit Affen so zusammen: »Es gibt Stufen der Moralität, und Affen haben viele dieser Stufen erreicht, aber nicht alle. Die Bausteine der Moralität, psychologische Mechanismen wie Einfühlung, Gefühlsansteckung, Perspektivübernahme und Verhaltensweisen wie Zusammenarbeit, Teilen und Trösten finden sich auch bei Menschenaffen. Und in diesen Bausteinen gibt es eine evolutionäre Kontinuität zu den Menschen.« Jedenfalls verhalten sich auch Affen moralisch – ohne dass sie einen religiösen »Überbau« mit dem entsprechenden Weltbild dazu benötigen.

Bewusstes und Unbewusstes

»Was dem Menschen Kunst, Weisheit und Verstand bedeuten, ersetzt manchen Tieren eine Naturanlage ähnlicher Art«, sagte Aristoteles vor 2350 Jahren. Bereits der griechische Philosoph hat Menschen und Tiere miteinander verglichen. Im Zusammenhang dieses Buches dienen die Hinweise auf Beobachtungen an Tieren in erster Linie dem Verständnis der Evolution des Menschen. Seine Einzigartigkeit zeigen heute insbesondere die Forschungen der Neurowissenschaftler über seine geistigen Fähigkeiten. Sie unterscheiden beim Menschen zwischen Hintergrundbewusstsein und Aktualbewusstsein. Zum Hintergrundbewusstsein gehört zum Beispiel das Wissen um die eigene Identität, das heißt, zu wissen, dass der Körper, in dem man steckt, der eigene Körper ist; dass man seine körperlichen und geistigen Handlungen verursacht und kontrolliert. Zum Aktualbewusstsein dagegen gehören die bewussten Sinneswahrnehmungen, gehören Denken, Vorstellen und Erinnern, Emotionen, Affekte und Bedürfnisse wie der Hunger, ferner Wünsche, Absichten und Willensakte. Ein bewusster Zustand ist der der Aufmerksamkeit. Das Unbewusste dagegen umfasst sowohl was einmal bewusst war, woran man sich wieder erinnern kann, als auch vorbewusste Wahrnehmungen, die ebenfalls bewusst gemacht werden können, ferner unterschwellige Wahrnehmungen, Vorgänge in Gehirnregionen, die grundsätzlich unbewusst ablaufen. Unbewusst sind und bleiben auch die geistigen Prozesse im Gehirn des Fötus, des Säuglings und des Kleinkindes, bevor der Kortex ausgereift ist. Nach heutigem Wissensstand, so beschreibt es der Bremer Gehirnforscher Gerhard Roth (5), können uns Dinge grundsätzlich nur dann bewusst werden, wenn sie mit der Aktivität der Großhirnrinde (auch Neokortex oder einfach Kortex genannt) verbunden sind. Zugleich sind am Entstehen von Bewusstseinszuständen viele Bereiche des Gehirns beteiligt, die völlig unbewusst arbeiten. Der Neurobiologe Benjamin Libet von der Universität von Kalifornien in San Francisco hat im letzten Viertel des vorigen Jahrhunderts als erster experimentell festgestellt, dass unbewusst arbeitende Gehirnareale, speziell das unbewusste limbische Erfahrungsgedächtnis, die Aktivität des Kortex bei Handlungen bestimmen, die wir als bewusst gewollt erleben. Libets Versuchsergebnisse sind jüngst von den Neuropsychologen Patrick Haggard und Martin Eimer in London bestätigt worden.

Dabei zeigt sich Erstaunliches: Unser bewusstes Ich erlebt sich einerseits als Quelle unserer Wünsche, Gedanken, Vorstellungen und Handlungspläne sowie auch als Verursacher des willkürlichen Handelns, hat also das Gefühl der Willensfreiheit. Unser Bewusstsein nimmt jedoch nicht wahr, dass und wie es durch unterhalb der kortikalen Ebene liegende limbische Bereiche bestimmt wird. Es leugnet sogar eine solche Beeinflussung. Die Menschen fühlen sich frei, wenn sie das tun können, was sie wollen. Dass das Wollen nicht frei, sondern determiniert ist, spielt für dieses Gefühl keine Rolle. Unsere Gedanken oder Wünsche scheinen »von nirgendwo ›aufzutauchen‹, sie kommen uns ›plötzlich‹«, so Gerhard Roth (5): »Die Erklärung für diesen Vorgang besteht darin, dass das bewusste Ich die Herkunft dieser intentionalen Empfindungen nicht zu den subkortikalen limbischen Zentren zurückverfolgen kann. Ganz offenbar ist es dem bewussten Ich auch unerträglich, die sich selbst als dem Verursacher zugeschriebenen Handlungsweisen als ›unerklärt‹ stehen zu lassen. Das Ich konfabuliert, das heißt, es liefert aus Sicht des Beobachters Pseudo-Erklärungen, und zwar in der Regel solche, die dem Selbstwertgefühl und den Erwartungen der sozialen Umgebung am besten entsprechen.« Wolf Singer vom Max-Planck-Institut für Hirnforschung in Frankfurt beschreibt den Sachverhalt so (11): »Es scheint, als sei das Gehirn darauf angelegt, Kongruenz zwischen den im Bewußtsein vorhandenen Argumenten und den aktuellen Handlungen beziehungsweise Entscheidungen herzustellen. Gelingt das nicht, weil im Bewußtsein gerade nicht die passenden Argumente aufscheinen, dann werden sie um der Kohärenz willen ad hoc erfunden. Und niemand weiß anzugeben, wie hoch bei den alltäglichen, selbst

›verantworteten‹ Entscheidungen dieser fiktive Anteil ist.« Singer kommt zu der Schlussfolgerung: »Keiner kann anders als er ist.« Der Münchner Psychologe Wolfgang Prinz formuliert: »Wir tun nicht, was wir wollen, sondern wir wollen, was wir tun.« Und in einem Schlagertext heißt es sehr weise: »Wenn du denkst, du denkst, dann denkst du nur, du denkst ...«

Diese Erkenntnisse über Kohärenz und die innere Notwendigkeit, etwas zu »erklären«, sagen auch etwas aus über die Begründungen für unsere Glaubensbilder. Ich werde später beschreiben, wie die Menschen in früher Zeit Erfahrungen, die einzelne Persönlichkeiten in außergewöhnlichen psychischen Situationen gemacht hatten, zu einem Bild von Transzendenz entwickelten, das für die religiösen Weltbilder unserer Zeit noch immer maßgebend ist. Die uralte Interpretation eines Sachverhalts als Wunder oder Offenbarung sollte, meine ich, im Lichte der jüngsten Forschungsergebnisse neu bedacht werden. Die Erkenntnis, dass das Unbewusste und nicht der Verstand entscheidet, müsste eigentlich die alten Weltbilder nachhaltig erschüttern – wenn Weltbilder nicht so schwer zu erschüttern wären. Und auch warum das so ist, erklären uns die Neurowissenschaften, wovon noch die Rede sein wird.

Die Gehirnforscher bestätigen heute wesentliche Einsichten, die bereits Sigmund Freud vor hundert Jahren intuitiv gewonnen hatte. Was Roth »konfabulieren« nennt, nannte Freud »rationalisieren«. Freud hatte bereits erkannt, dass das Unbewusste unser Leben weitgehend bestimmt. Das bewusste Ich hat kaum Einsicht in die unbewussten Determinanten seines Handelns und Erlebens. Es kann sich deshalb auch nicht selbst therapieren. Noch in den 1960er Jahren haben Forscher, zum Beispiel im Max-Planck-Institut für Psychiatrie in München, begeistert von den neuen Möglichkeiten der Gehirnforschung an Affen mittels Elektrosonde, Sigmund Freud und die Psychoanalyse für überholt erklärt. Sie haben sich geirrt.

Und wie ist das nun mit der menschlichen Willensfreiheit, wie sie zum Beispiel bereits die biblische Schöpfungsgeschichte postuliert? Setzt sie doch voraus, dass der Mensch die Freiheit hat, Gott zu gehorchen oder seine Gebote zu missachten. Bereits Adam und Eva allerdings waren verführbar und wurden deshalb nach dem biblischen Mythos aus dem Paradies vertrieben. Und diese »Erbsünde« belastet seither alle Menschen. Martin Luther beschrieb es so: »Die Erbsünde ist das von Geburt angeerbte Verderben unserer Natur, da wir geneigt zum Bösen, träg aber und untüchtig zum Guten sind.«

Die Lehre vom Freien Willen, so resümiert der Historiker Johannes Fried von der Universität Frankfurt (12) als Konsequenz des neurologischen Befundes, sei ein »Implantat« im kulturellen Gedächtnis der Gesellschaft wie im individuellen Gedächtnis des einzelnen Menschen. Gerhard Roth möchte den Begriff »Freiheit« durch »Handlungsautonomie« ersetzen: Während auch die nächsten tierischen Verwandten des Menschen nur in engen Grenzen planen könnten, sei der Mensch, und nur der Mensch, fähig, in Alternativen zu planen und auch die jeweiligen emotionalen Konsequenzen vorauszusehen. Das heißt, er habe die Freiheit, Handlungsoptionen durchdenken, sich vorzustellen und abwägen zu können. Alle komplizierten Entscheidungen, so Roth, »müssen letztlich emotional verträglich sein, zu uns passen.« Allerdings geschehe das nicht unbedingt »aus dem Bauch heraus«, also spontan, »sondern vom limbischen System wohl abgewogen. Nur merken wir häufig nichts davon«. Das limbische System bewertet emotional. »War das gut? Hat das Spaß gemacht, Lust bereitet? Soll das wiederholt werden? Oder war das schlecht, schmerzhaft, mit Misserfolg verbunden? Das allermeiste im Leben muss unser Gehirn ausprobieren. Die Instinktbasis des Menschen ist ziemlich schmal und hilft uns bei komplexerem Verhalten nicht weiter . . . Auf das limbische Gedächtnis zu hören ist die klügste Vorgehensweise überhaupt! Die Ebene des Verstandes und der Vernunft bildet sich in der Hirnentwicklung sehr spät aus und erhält auch nie einen im wahrsten Sinne entscheidenden Einfluss auf das Verhalten« (13). Der Mensch entscheidet also, anders als er glaubt, nicht aufgrund von Überlegungen, sondern aus der Summe seiner ihm großenteils unbewussten Lebenserfahrungen heraus; ein über bloße Rationalität hinausgehendes sehr weises Verfahren, das sich während der menschlichen Evolution entwickelt hat.

Was die Neurowissenschaftler in den letzten Jahren entdeckt haben, ist, wie ich finde, sehr aufregend. Für ihre wichtigste Erkenntnis halten sie selbst diese: »Geist und Bewusstsein sind nicht vom Himmel gefallen, sondern haben sich in der Evolution der Nervensysteme allmählich herausgebildet.« Die geistigen und spirituellen Bedürfnisse des Menschen beruhen auf biologischen Grundlagen, die sich im Verlaufe der Evolution entwickelt haben. Die junge Zunft der Gehirnforscher wagt es, kühne Antworten auf Fragen zu geben, um welche die Philosophen und Theologen seit zweieinhalb Jahrtausenden ringen. Heute lassen sich Fragen beantworten, die noch vor kurzer Zeit nicht beantwortet werden konnten. Besonders irritierend: Die Hirnforscher haben ihre neue Weltsicht gewonnen, indem sie, wie ich dargestellt habe, lediglich die Intensitäten der Durchblutung an den verschiedenen Orten im Gehirn sowie das »Feuern« oder »Nichtfeuern« von Nervenzellen beobachten. Bereits daraus können sie weitgehende Schlüsse ziehen. Naturwissenschaften funktionieren nämlich genau so: Aus scheinbar belanglosen Kleinigkeiten wie etwa minimalen Intensitätsschwankungen einer kaum wahrnehmbaren Hintergrundstrahlung im Universum können die Kosmologen eine sehr differenzierte Beschreibung vom Anfang der Welt abgeben. Oder aus extrem seltenen Vorkommnissen beim Zusammenprall von Elementarteilchen identifizieren die Atomphysiker die Mikrostruktur der Welt.

»Beträchtliche Erschütterungen«, erwarten die Forscher, wenn sich ihre Erkenntnisse erst einmal herumgesprochen haben werden. So hat es eine Gruppe weltweit anerkannter Gehirnforscher im Oktober 2004 in einem Manifest über Gegenwart und Zukunft der Gehirnforschung formuliert (14): »Geisteswissenschaften und Neurowissenschaften werden in einen intensiven Dialog treten müssen, um gemeinsam ein neues Menschenbild zu entwerfen.« Die Hoffnung ist gering, dass dies geschieht. Denn Geisteswissenschaftler und Naturwissenschaftler nehmen einander, mit wenigen gewichtigen Ausnahmen, nicht zur Kenntnis. Zu diesen Ausnahmen gehört etwa der Philosoph Jürgen Habermas, der die Aussage »Das Ich ist eine Illusion« nicht akzeptieren will und stattdessen das Ich »eine soziale Konstruktion« nennt (15). Verständlicherweise sind die Geisteswissenschaftler darüber irritiert, dass sich auf einmal Naturwissenschaftler »ihrer« Themen annehmen. »Reduktionismus« ist noch das Freundlichste, was den Naturwissenschaftlern von den Kulturwissenschaftlern vorgeworfen wird. Das »Nichts als ...« sei eine zu simple Weltsicht, von ähnlicher Qualität wie das »Alles Chemie« der Materialisten vor hundert Jahren oder »Die Welt ist ein

Uhrwerk« der Physiker vor 300 Jahren. Den Vorwurf des Reduktionismus wehren die Neurowissenschaftler mit einem Beispiel ab: Damit, dass man den Aufbau der Fugen von Johann Sebastian Bach versteht, verlieren diese nichts von ihrer Faszination, und man kann ihre einzigartige Schönheit dennoch nicht erklären. Die seriösen Hirnforscher wissen genau, dass sie ihre Grenzen überschreiten würden, wollten sie solcherart Erklärungen auf ihrem Felde auch nur versuchen.

Allerdings soll hier auch nicht der Eindruck entstehen, als hätte die Gehirnforschung bereits alle Probleme gelöst. »Nach welchen Regeln das Gehirn arbeitet, wie es die Welt so abbildet, dass unmittelbare Wahrnehmung und frühe Erfahrung miteinander verschmelzen; wie das innere Tun als ›seine‹ Tätigkeit erlebt wird und wie es zukünftige Aktionen plant, all dies verstehen wir nach wie vor nicht einmal in Ansätzen,« heißt es im Manifest der Hirnforscher. Der 89-jährige Benjamin Libet formulierte es anno 2005 so: »Es gibt eine unerklärte Lücke zwischen der Kategorie der *physischen* Phänomene und der Kategorie der *subjektiven* Phänomene« (16).

Rhythmus des Geistigen

Ich habe weiter oben beschrieben, was die Neuroforscher heute wissen, nämlich, dass neuronale Netzwerke die Aktivitäten des Gehirns bestimmen. Diese Netzwerke arbeiten in unterschiedlichen Rhythmen. Kortikale Netzwerke arbeiten relativ rasch, ungefähr im Sekundentakt, der, so Roth, »der Takt des Bewusstseins ist«. Während die für die Signalübertragung zwischen Nervenzellen zuständigen Botenstoffe, die schnellen Neurotransmitter, jeweils im Millisekunden-Tempo agieren, benötigen die chemischen Prozesse in den Synapsen jeweils gut eine Sekunde. Das ist zugleich das Tempo, in dem sich Wahrnehmungen, Vorstellungen, Gedanken und Erinnerungen ablösen können.

Die komplizierten Prozesse in den subkortikalen limbischen Netzwerken laufen dagegen wesentlich langsamer ab. Der Grund dafür ist, dass die Netzwerke nur eine beschränkte Informationsverarbeitungskapazität besitzen. Das heißt, so beschreibt es Gerhard Roth, »sie sind nicht in der Lage, große Mengen von Detailinformationen schnell zu verarbeiten und sinnvoll miteinander zu verknüpfen. Objekte und ihre Kontexte werden nicht in ihren Einzelheiten, sondern anhand charakteristischer Merkmale erkannt« (5). Das ist die biologische Ursache dafür, dass emotionale Lernprozesse oder gar Umlernprozesse und Gedächtnisbildungen extrem langsam vonstatten gehen. Diese sind überhaupt nur möglich, wenn die tieferen Schichten des Gehirns erreicht werden. Appelle an die Einsicht zum Beispiel helfen gar nichts, weil sie sozusagen in der dafür nicht zuständigen Großhirnrinde hängen bleiben. Vielmehr sind intensive emotionale Aktivierungen nötig. Die Lebenserfahrung bestätigt diese Erkenntnisse der Neurowissenschaftler: Eine neue Partnerschaft, tiefe Lebenskrisen oder lebensbedrohliche Erkrankungen können deutliche Veränderungen bewirken, nicht aber gute Ratschläge. Ebenso ist das, was der Mensch bereits von Kindheit an glaubt, schwer zu erschüttern. Das gilt auch für seine religiösen Bilder.

Das Gehirn verhält sich ähnlich wie das Meer: Dessen Oberfläche kräuselt der Wind und das Wasser reagiert sofort, es schlägt kleine oder große Wellen. Je tiefer man hinabsteigt, desto langsamer werden die dort auftretenden Bewegungen. In der Tiefe der Ozeane vollziehen sich Schwankungen im Laufe von Jahrzehnten und langsamer. Nur weil das Meer als ganzer Körper so langsam auf das reagiert, was an seiner Oberfläche passiert, ist das Klima auf der Welt so relativ beständig. Man kann das durchaus vergleichen mit der Stabilität des menschlichen Charakters.

Erinnerungen sind an verschiedenen Orten im Gehirn gespeichert. Man merkt das daran, dass man sich zum Beispiel an einen Namen, den man vergessen hat, plötzlich in unerwartetem Zusammenhang wieder erinnert. Er ist in unterschiedlichen Kontexten gespeichert, liegt sozusagen in verschiedenen »Schubladen«. Ganz allgemein speichert unser Gehirn die verschiedenen Informationen, die zu einem Gegenstand gehören, zum Beispiel Farbe, Form und Funktion, in unterschiedlichen Hirnrealen. Woher weiß nun das Gehirn, dass die verschiedenen Informationen zu ein und demselben Objekt gehören? Anscheinend verhält es sich so, dass die Nervenzellen in allen Bereichen, die die Erinnerung an diesen Gegenstand assoziieren, synchron reagieren, im gleichen Rhythmus zu »feuern« beginnen, und sich damit aus dem Netz des Gedächtnisses die verschiedenen Erinnerungen abrufen lassen. Assoziationen lassen so Zusammenhänge im weitesten Sinne aufscheinen. Ich werde darauf zurückkommen, wenn es gilt, Vorgänge beim Meditieren zu verstehen.

Wir nutzen unsere Sinnesorgane, um einen Gesamteindruck, zum Beispiel von einem anderen Menschen, zu bekommen. Was wir als Struktur oder als Farbe sehen, was wir hören, was wir eventuell riechen und ertasten, gelangt über unterschiedliche Kanäle mit jeweils verschiedener Geschwindigkeit an verschiedene Orte im Gehirn. Dennoch erleben wir »jetzt« den Gesamteindruck. Das Gehirn baut in unser Bewusstsein einen Verzögerungseffekt ein, den wir nicht wahrnehmen. Er dauert so lange, bis alle Informationen zusammengekommen sind und wir mit einer Verspätung zwischen 20 und 500 Millisekunden das »Jetzt« erfahren. Wenn wir einen Entschluss treffen, erleben wir das »Jetzt« mit einer ähnlichen Verzögerung, nachdem die entsprechende Gehirnaktivität erkennen lässt, dass die Entscheidung unbewusst bereits gefallen ist. Anno 2005 ist es übrigens gerade hundert Jahre her, dass Albert Einstein die fundamentale Entdeckung gemacht hat, dass das Jetzt, im kosmischen Maßstab gesehen, etwas Relatives ist, nämlich abhängig vom Bezugssystem.

Verwunderlicher Weise können wir Gedrucktes »flüssig« lesen, gleichgültig welche Schrifttypen benutzt werden. Dabei ist dies eine kulturelle Errungenschaft, keine innerhalb der Evolution entwickelte, angeborene Fähigkeit. Wie man mit Hilfe bildgebender Verfahren erkennen kann, sind am Prozess des Lesens etwa ein Dutzend Hirnregionen beteiligt. Allerdings gibt es, wie der französische Kognitions- und Neurowissenschaftler Stanislas Dehaene vom Hôspital Fréderic Joliot in Orsay bei Paris beschreibt (17), »ein winziges Hirnareal auf der linken Seite des Gehirns, innerhalb eines Bereichs, der bei der Objekterkennung eine Rolle spielt. Dieses Areal reagiert ausschließlich auf geschriebene Wörter.« Dehaene nennt es die visuelle Wortformregion. Sie reagiert nach den Beobachtungen des Forschers unabhängig davon, ob der Mensch mit einer westlichen Buchstabenschrift oder der japanischen Silbenschrift aufgewachsen ist. Diese Funktion der Wortformregion bildet sich mit dem Lesenlernen heraus.

Wie ist das möglich? Dehaene erklärt es so: Bereits das Gehirn von Affen reagiert auf elementare Formen, Abstraktionen zum Beispiel des

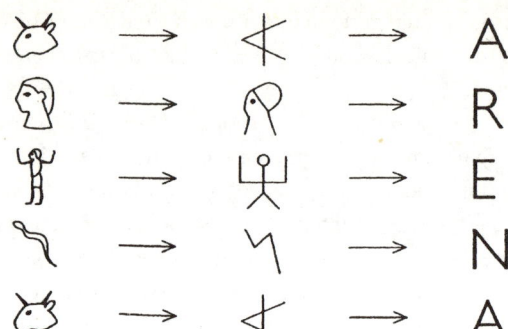

Bildes eines Katzenkopfes. Diese Fähigkeit des Primatengehirns machten sich die Menschen offenbar unbewusst bei der Erfindung der Schriftzeichen zunutze. Diese sind aus der Abstraktion der Bilder ihrer Umwelt entstanden. Der Stierkopf zum Beispiel hieß altsemitisch (gesprochen) alf. Um 90 Grad nach rechts gekippt, ist aus dem Piktogramm des Stierkopfes das Alpha und daraus unser A geworden. Unsere Ahnen griffen, so meint Dehaene, auf die Fähigkeit des Gehirns zurück, bestimmte Grundformen leicht zu identifizieren – und schufen eben daraus die Schriftzeichen.

Wir bleiben noch einen Moment bei den Affen. An ihnen haben italienische Neurobiologen um Giacomo Rizzolatti in Parma Anfang der 1990er Jahre eine weitreichende Entdeckung gemacht: Offenbar sind bereits diese Tiere in der Lage, die Intentionen einer Handlung zu erkennen, die sie nicht selbst vornehmen. Man entdeckte als dafür zuständig einen zuvor unbekannten Nerven-Zelltyp im Gehirn, sogenannte Spiegelneurone. Das entsprechende Areal im Gehirn der Affen, in dem diese Spiegelneurone entdeckt wurden, entspricht beim Menschen dem für die Produktion von Sprache zuständigen Broca-Areal. Die Fähigkeit des Menschen zu sprachlicher Kommunikation könnte seinen Ursprung also darin haben, dass der Urmensch irgendwann die ersten »lautmalerischen« Gesten seines Gegenübers nachvollziehen konnte. Aus der Säuglingsforschung wissen wir, dass anscheinend bereits Säuglinge Intentionen erwachsener Menschen erkennen können, noch ehe sie selbst zu gezielter Handlung fähig sind (18). Daraus kann man schließen, dass das menschliche Denkvermögen sich aus den Fähigkeiten des Einfühlens und Nachahmens entwickelt hat. Der menschliche Geist, oder vielleicht bescheidener formuliert: sein Denkvermögen wäre dann erst im sozialen Miteinander entstanden.

Das heißt, es gibt biologische Grundlagen für die intellektuellen Bedürfnisse des Menschen, etwa das Bedürfnis, zu schreiben und zu lesen – eine Grundvoraussetzung für die Entwicklung von Kultur. Gibt es auch biologische Ursachen für die spirituellen Bedürfnisse des Menschen?

II.

Biologische Grundlagen spiritueller Bedürfnisse

Kein Sinn für den Zufall

Der Mensch denkt von Natur aus assoziativ. Wäre dies nicht so, gäbe es auch keine Kreativität. Doch wenn er Zusammenhänge sieht, wo es keine gibt, lebt er im Extremfall in Wahnvorstellungen. Unser Gehirn hat, wie ich gezeigt habe, die lebensnotwendige Fähigkeit, selbst wenn die Informationen unvollständig sind, Zusammenhänge zu erkennen. Wir gehen dabei davon aus, dass es solche Zusammenhänge gibt und finden uns schwer damit ab, dass es auch den Zufall gibt. Wenn man mit einem perfekten Würfel spielt, dann kann er bei jedem Wurf mit der selben Wahrscheinlichkeit eines der sechs Punktemuster zeigen. Eine Wurffolge 6-6-6 ist dabei genauso wahrscheinlich wie jede andere, also etwa 3-4-1. Dennoch glauben die meisten Menschen spontan, die Folge 6-6-6 sei wesentlich unwahrscheinlicher. Das gleiche passiert, wenn man mit irgendeinem Zufallsgenerator etwa rote oder schwarze Punkte auf eine Fläche verteilt, und so ein Muster entsteht. Wenn dieses Muster zum Beispiel einem Gesicht ähnlich sieht, dann glaubt man auf Anhieb, es sei weniger zufällig entstanden als ein Muster, in dem man nichts Regelmäßiges zu erkennen vermag. »Das liegt daran, dass unser Gehirn nicht für die Wahrnehmung des Zufalls ausgerüstet ist, sondern ganz im Gegenteil für das Erkennen von Ordnung und Regelmäßigkeit. Damit ist der Zufall für uns nie direkt erfassbar; wir schließen lediglich auf

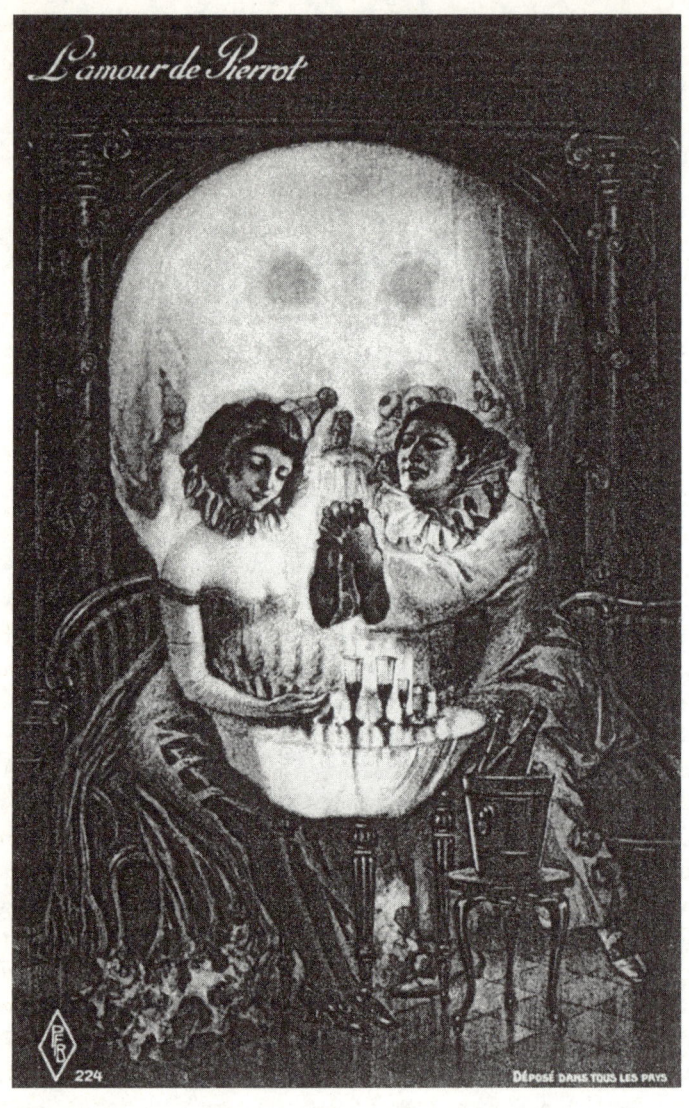

Aus größerem Abstand betrachtet, entsteht aus dem Bild eines Liebespaars in der
Chambre séparée das Meta-Bild eines Totenkopfes – Ergebnis der Fähigkeiten
des Menschen, Muster zu erkennen.

seine Anwesenheit, wo wir keine Muster, keine Regelhaftigkeit mehr erkennen können.« So erklärt es der Züricher Neuropsychologe Peter Brugger (19). Dabei besteht freilich ein Unterschied zwischen der abstrakten Regel der Statistik und der subjektiven Erfahrung. Abstrakt gesehen, ist jede Zahlenkombination im Lotto möglich. Wenn zufällig ausgerechnet die Kombination zur Gewinnzahl wird, auf die ich gesetzt habe, bin ich natürlich überrascht – beziehungsweise wäre es, falls ich Lotto spielen und es sich also ereignen würde. Bei jeder anderen Kombination wäre ich dagegen nicht überrascht.

Leichtgläubige und Skeptiker

Nun sind die Menschen unterschiedlich leichtgläubig. Der Psychologe Richard Wiseman von der Universität von Hertfordshire in Großbritannien machte das folgende Experiment: Versuchspersonen waren zu einer Séance eingeladen. Sie sollten, so sagte ihnen Wiseman, mit Hilfe ihrer Geisteskraft ein Tischchen in ihrer Mitte in Bewegung setzen. Der Tisch bewegte sich keineswegs, aber Wiseman feuerte seine Versuchspersonen suggestiv an: »So ist es gut, der Tisch hebt sich nun, so ist es gut« (20). Am Ende der Sitzung glaubte fast jeder Dritte, der Tisch habe sich bewegt, ebenso viele waren sich nicht sicher. Auch die Gegenprobe machte der Psychologe: Mit Hilfe eines Tricks sorgte er dafür, dass sich eine kleine Tafel tatsächlich bewegte; mittels eines langen Stocks, den ein für die Versuchsteilnehmer unsichtbarer Helfer benutzte. Wiseman suggerierte seinen Probanden aber das Gegenteil: »Es funktioniert nicht, macht nichts, seien Sie nicht enttäuscht.« 86 Prozent der Versuchspersonen waren am Ende fälschlich überzeugt, die Tafel habe sich nicht bewegt.

Was unterscheidet den Skeptiker vom Leichtgläubigen? Um das zu ergründen, haben Wissenschaftler in den letzten Jahren Experimente gemacht mit Versuchspersonen, die sich darin voneinander unterschieden, dass die einen an »Außersinnliche Wahrnehmung« (ASW oder englisch abgekürzt ESP) glaubten, die anderen aber nicht. Auch Wiseman hat seine Versuchspersonen nach diesem Kriterium eingeteilt. In seinem ersten Experiment, als sich der Tisch in Wahrheit nicht bewegte, konnten nur 31 Prozent der ESP-Gläubigen der Suggestion des Versuchsleiters widerstehen und am Ende immer noch behaupten, dass sich der Tisch nicht bewegte. Bei den ESP-Skeptikern war es immerhin die Hälfte. Im Experiment mit der verrückten Tafel waren allerdings beide Gruppen etwa gleich stark beeinflussbar.

Die Methode, zwischen ESP-Gläubigen und ESP-Ungläubigen zu unterscheiden, hat sich in den Experimenten als sehr fruchtbar erwiesen, insbesondere wenn man in beiden Gruppen mit solchen Menschen arbeitete, die jeweils »hoch gläubig« oder »äußerst skeptisch« waren. Dabei wurde deutlich, dass die Einstellungen eines Menschen mit der Funktionsweise seiner rechten Gehirnhemisphäre zu tun haben. Am Züricher *KEY Institute for Brain-Mind Research* studierten Forscher die unterschiedlichen Reaktionen der rechten und der linken Gehirnhälfte auf visuelle Reize. Man zeigte den Versuchspersonen Wortpaare, die einen Bezug zueinander hatten, wie Löwe – Mähne, oder solche, bei denen dieser Bezug nur sehr indirekt gegeben war, etwa Löwe – Streifen (in letzterem Fall werden, wie man aus früheren Experimenten weiß, verbindende Assoziationen wie »Tiger« oder »Zebra« hervorgerufen). Ich habe diese Experimente bereits an anderer Stelle beschrieben und kommentiert (21), sie sind allerdings auch im Zusammenhang dieses Buches wichtig. Das Ergebnis der Versuche: Paranormalgläubige verarbeiten in ihrer rechten Hemisphäre Wortpaare mit indirekten Bedeutungsbezügen genauso stark wie eng verwandte Paare. Die Skeptiker dagegen verarbeiten die indirekt verwandten Wortpaare ebenso wenig wie Kontrollreize, die überhaupt keinen Zusammenhang erkennen lassen, etwa Buch – Zitrone. Die beiden Gruppen der Leichtgläubigen und der Ungläubigen sind nach den Beobachtungen Bruggers an seinen Probanden etwa gleich stark.

In einem weiteren Experiment wurde den Versuchspersonen erzählt, man wolle ihre hellseherischen Fähigkeiten testen. Sie mussten mit verbundenen Augen würfeln und nach jedem Wurf raten, welches Bild auf einem Würfel zu sehen sein würde. Dabei zeigte sich wiederum ein statistisch ausgeprägter Unterschied im Verhalten der Gläubigen und der Skeptiker in Sachen außersinnliche Wahrnehmung: Alle Versuchspersonen vermieden, mehrmals hintereinander dasselbe Ereignis vorauszusagen. Die Gläubigen vermieden aber deutlicher als die Skeptiker, assoziativ verwandte Bilder, die auf dem Würfel erscheinen konnten, nacheinander vorauszusagen; also nach dem Bild »Hase« das Aufscheinen des Bildes »Möhre« oder nach »Ente« »Schilf« (22). »Diese Befunde lassen vermuten, dass der Glaube an paranormale Bezüge genährt wird von einer Unterschätzung dessen, was im Alltagsleben rein zufällig an Ähnlichkeiten aufeinander folgen kann, und einem ausgeprägten Sinn für assoziative Verwandtschaft«, kommentiert Peter Brugger. Der Glaube an außersinnliche Phänomene gehe einher mit einer erhöhten Bereitschaft, »selbst den banalsten Zufällen des Alltags einen tieferen Sinn abzugewinnen,« so der Züricher Neuropsychologe. Die bei Gläubigen ausgeprägtere Neigung, in irgendwelchen Mustern »Bedeutungsvolles« zu sehen, erklärt Brugger mit einer »relativen Überaktivierung der rechten Hemisphäre«. Zusammengefasst heißt dies: Es gibt Menschen, die eine große Fähigkeit haben, durch Assoziationen Zusammenhänge aufzuspüren. Diese Fähigkeit zeigt sich an der besonders leichten Aktivierung der rechten Gehirnhälfte. Zugleich sind eben diese Menschen auch besonders anfällig dafür, Zusammenhänge zu sehen, wo es gar keine gibt, also auch den blinden Zufall als bedeutungsschwer wahrzunehmen. Die Gefahr solcher Sensibilität besteht darin, Wahnvorstellungen zu entwickeln, also zum Psychotiker zu werden. Andererseits gibt es Personen, deren rechte Hirnhälfte nicht sonderlich leicht erregbar ist. Sie unterliegen nicht dem Bedürfnis übersteigerter Deutungszwänge, erkaufen das aber möglicherweise mit einem Mangel an Kreativität und einer eingeengten Weltsicht.

Interessanterweise kann man, wie Peter Brugger in weiteren Experimenten zeigen konnte, durch Gaben des Medikaments L-Dopa, welches im Gehirnstoffwechsel das Hormon (den sogenannten Neurotransmitter) Dopamin freisetzt, Skeptiker zu Gläubigen machen: Während sie vorher in einem abstrakten Bild kein Muster erkannten, identifizieren sie in demselben Bild auf einmal doch zum Beispiel ein Gesicht. Glauben hängt also womöglich auch mit dem Gehirnstoffwechsel zusammen. Das muss nicht sonderlich verwundern. Denn alle geistigen Fähigkeiten oder Unfähigkeiten haben ihr physisches Korrelat. Von dieser Erkenntnis ist es nicht weit zu der Überlegung, dass der Glaube auch eine genetische Komponente haben müsste. Untersuchungen an der University of Minnesota an erwachsenen 169 eineiigen und 104 zweieiigen Zwillingen legen zumindest nahe, dass dies tatsächlich der Fall ist. Die Bedeutung, die ein Mensch seinem Glauben beimesse, sei in hohem Maße erblich bedingt, so schließen die Psychologin Laura Koenig und ihre Kollegen aus ihren Tests (23).

Mystische Erfahrungen im Temporallappen

Bereits zu Beginn des 20. Jahrhunderts haben Forscher festgestellt, dass man bei Tieren bestimmte Reaktionen hervorrufen kann, wenn man ihr Gehirn elektrisch stimuliert. Abhängig davon, wo zum Beispiel ein Hahn gereizt wurde, konnte man den Gockel in hochaggressive Stimmung bringen, oder dazu, zu fressen, obwohl er längst gesättigt war.

Die Entwicklung feinster elektrischer Sonden erlaubte es dann in der Mitte des 20. Jahrhunderts, neben ausgefeilten Tierexperimenten auch das menschliche Gehirn punktgenau zu stimulieren. Wenn man bei Menschen die Gehirnrinde elektrisch reizte, konnte man akustische oder auch optische Bilderfolgen hervorrufen, ebenso aber auch Wünsche wach werden lassen. Das waren seinerzeit aufregende Entdeckungen. Seither wissen wir, dass sich die verschiedenen Fähigkeiten des Gehirns jeweils auf bestimmte Areale konzentrieren; die Forscher sprechen neuerdings von »neuronalen Korrelaten« – um deutlich zu machen, dass eine Landkarte des Gehirns, auf der die verschiedenen Funktionen an bestimmten Orten lokalisiert sind, ein zu einfaches Bild wäre. Man weiß inzwischen längst, dass das Gehirn eine große Plastizität besitzt. Deshalb kann es durch ausreichend intensive Übung den Ausfall gewisser Fähigkeiten, zum Beispiel nach einer Gehirnblutung oder einem Infarkt, kompensieren, indem andere Gehirnbereiche diese Aufgaben übernehmen.

Nun haben Forscher in den letzten Jahren festgestellt, dass es augenscheinlich auch bestimmte Areale gibt, die involviert sind, wenn der Mensch im weitesten Sinne religiöse Erfahrungen macht. »Es gibt eine neuronale Basis für religiöse Erfahrungen« sagt Ramachandran. Der Forscher beobachtete Menschen mit einer bestimmten Form von Epilepsie. Ein epileptischer Anfall lässt sich anschaulich als »Gewitter im Gehirn« beschreiben. Er ist mit unkontrollierten Erregungen der Nervenzellen in bestimmten Arealen verbunden. Epileptiker, bei denen die Anfälle sich im sogenannten Temporal- oder Schläfenlappen des Gehirns abspielen, berichten oft von »spirituellen Visionen«. Der Temporallappen ist anatomisch und funktionell eng mit Hippocampus und Amygdala verbunden. Die Amygdala spielt eine entscheidende Rolle bei der Produktion und Steuerung von Emotionen, der Hippocampus ist der Organisator des bewusstseinsfähigen »deklarativen« Gedächtnisses.

Die Bekehrung des eifrigen Christen-Verfolgers Saulus zu einem Apostel, der sich fortan Paulus nannte, könnte mit einem epileptischen Anfall verbunden gewesen sein. Die Bibel schildert das *Damaskus-Erlebnis* so (Apostelgeschichte 9): »Als er aber auf dem Wege war und in die Nähe von Damaskus kam, umleuchtete ihn plötzlich ein Licht vom Himmel; und er fiel auf die Erde und hörte eine Stimme, die sprach zu ihm: Saul, Saul, was verfolgst du mich?« Saulus wird vorübergehend blind, bis ihm ein Christ namens Hananias das Ereignis deutet. »Und sogleich fiel es von seinen Augen wie Schuppen, und er wurde wieder sehend.«

»Es gibt offensichtlich Schaltkreise im menschlichen Gehirn, die bei religiosen Erfahrungen beteiligt sind und die bei einigen Epileptikern hyperaktiv werden«, kommentiert Ramachandran. Diese Beobachtungen verwundern im Grunde nicht. Wenn der Mensch das entsprechende Sensorium nicht hat, kann er die Welt auch nicht wahrnehmen. Der Satz »Er redet wie der Blinde von der Farbe« drückt das aus. Wer blind ist, dem bleibt die Welt der optischen Eindrücke ebenso verschlossen wie dem Tauben die akustische Welt. Außerdem wissen wir, dass es sehr große Unterschiede in der Sensibilität von Wahrnehmungen gibt. Es gibt zum Beispiel den völlig Unmusikalischen und das musikalische Genie. Ebenso gibt es offenkundig auch Unterschiede in der spirituellen Sensibilität. Wenn man durch elektrische Stimulationen an jeweils den entsprechenden Gehirnkorrelaten optische oder akustische Erfahrungen hervorrufen kann, warum dann nicht auch »spirituelle Erfahrungen«? Tatsächlich hat Michael Persinger an der Laurentian Universität in Kanada 1999 entsprechende Experimente gemacht (4). Mit Hilfe von schwachen Magnetfeldern, die ein Helm im Kopf generiert, hat er so etwas wie spirituelle Erfahrungen auslösen können.

Meditierende aller Religionen machen die selben Erfahrungen, auch wenn sie diese unterschiedlich deuten. Die Geste der Erdberührung weist den Buddha Gautama als Künder der Wahrheit aus.

Andrew Newberg, Radiologe an der Universität von Pennsylvania in Philadelphia, hat Menschen beobachtet, während sie so meditierten, wie es der tibetanische Buddhismus lehrt. Mit Hilfe radioaktiver Markierungsmethoden konnte er »Schnappschüsse« des Gehirns von jenem Moment anfertigen, in dem, wie ein Proband beschrieb, »die Grenzen zerfließen« (4). In diesem Augenblick war ein bestimmtes Gehirnareal besonders wenig durchblutet, also nicht aktiviert: das »Orientierungs-Assoziations-Areal« (OAA) im Scheitellappen des Gehirns. Dieses Gebiet macht im aktivierten Zustand dem Menschen klar, wo der Körper seine Grenzen hat und die Außenwelt beginnt. Man hat also eine gute Übereinstimmung gefunden zwischen dem, was der Meditierende subjektiv erfährt, und dem, was der Zustand seines Gehirns nahe legt. Diese Experimente sind inzwischen erweitert worden zum Beispiel auf solche mit betenden Franziskanerinnen. Ergebnis: Der Effekt ist erkennbar religionsübergreifend wirksam. In den Momenten tiefster religiöser Versenkung schaltet das Orientierungsfeld, das zwischen dem Individuum und der Welt zu unterscheiden befähigt, auf taub (24). Der amerikanische Gehirnforscher Richard Davidson von der University of Wisconsin in Madison studiert ebenfalls, was in den Gehirnen meditierender Menschen passiert. Der Dalai Lama, das spirituelle Oberhaupt des tibetischen Buddhismus, der solchen Studien gegenüber sehr aufgeschlossen ist, hat besonders meditationserfahrene Mönche ausgewählt und zu Davidson ins Labor geschickt. Der Neuropsychologe interessiert sich dafür, was im Gehirn zu beobachten ist, wenn ein Zustand extremer Wachheit auftritt, den viele Meditierende beschreiben. Davidson stellte fest, dass die Aktivität sogenannter Gammawellen im Gehirn der Mönche, während diese meditierten, koordiniert über das ganze Organ stark anstieg. Dagegen macht sich die Aktivität dieser hochfrequenten Wellen von über 30 Hertz (Schwingungen pro Sekunde) bei Ungeübten kaum bemerkbar. Gammawellen sind, so vermuten Gehirnforscher aufgrund anderer Experimente, die Steuerfrequenzen, die Assoziationen ermöglichen, indem sie Informationen aus verschiedenen Hirnarealen zusammenführen. Sie begleiten anscheinend kognitive Höchstleistungen und spielen möglicherweise eine entscheidende Rolle bei der Entstehung von Bewusstsein. Der Neuropsychologe Ulrich Ott von der Universität Gießen interpretiert die Beobachtungen Davidsons so: Jene extrem koordinierten Gammawellen, wie sie bei den geübten Meditierenden beobachtet werden, würden unter normalen Umständen nie auftreten. »Wenn alle Nervenzellen synchron schwingen, wird alles eins, man differenziert weder Subjekt noch Objekt. Exakt das ist die zentrale Aussage der spirituellen Erfahrung« (25).

Mystische Erfahrungen als Ergebnis lang andauernder intensiver meditativer Bemühungen kennen die Menschen seit Urzeiten und in allen Religionen. Christliche Mystiker fanden für das, was im Moment tiefster Versenkung passieren kann, das Bild der *unio mystica*, der Vereinigung mit Gott. Aus ihrer eigenen Erfahrung der *unio mystica* schloss die

Als unio mystica hat Hildegard von Bingen ihre Visionen verstanden, die sie von 1141 an in lateinischer Sprache niederschrieb.

Benediktinerin Hildegard von Bingen im 12. Jahrhundert auf die Gleichrangigkeit der in der biblischen Schöpfungsgeschichte postulierten Gottesebenbildlichkeit von Mann und Frau. In der theologischen Auseinandersetzung mit dem Gedanken der *unio mystica* wurde freilich immer auch als Gegenposition vertreten: Gott steht als Schöpfer der Welt gegenüber und der Mensch ist ihm nicht wesensverwandt, kann sich also auch nicht mit ihm vereinigen.

Lange bevor sich die Neurobiologen des Themas angenommen haben, 1971, hat bereits der Physiker und Philosoph Carl Friedrich von Weizsäcker zusammen mit dem hinduistischen Weisen Gopi Krishna ein Buch veröffentlicht mit dem Titel »Biologische Basis religiöser Erfahrung« (26). Weizsäcker kommt darin zu der Schlussfolgerung: »Natur ist Geist, der nicht als Geist erscheint.« Lässt sich Analoges auch von der Seele sagen?

Auf der Suche nach der Seele

Zu den zentralen Glaubensvorstellungen des Menschen gehört, dass er eine Seele habe. Sie wird ihm, so das Bild der Verfasser des Alten Testaments, von Gott als »Odem des Lebens« eingehaucht (1. Mose 2,7):

»Und so ward der Mensch ein lebendiges Wesen.« Mit »Wesen« wird hier das hebräische *näfäsch* übersetzt. Das Wort bezeichnet eigentlich die Kehle, nicht nur das sichtbare Organ, sondern auch die hörbare, rufende, singende, jauchzende, sowie andererseits die trockene, durstige und hungrige Kehle. Die katholische Professorin für Altes Testament und biblische Umwelt in Bern, Silvia Schroer, und ihr Kollege Thomas Staubli haben die Zusammenhänge genauer untersucht (27). In Ninive im Zweistromland hat man im Palast des Assurbanipal (um 650 vor Christus) ein Relief entdeckt. Man sieht darauf, dass bei einer Siegesfeier für den assyrischen Herrscher die Frauen trällern, indem sie sich auf die Kehle schlagen; eine besondere Art des Singens, vielleicht mit unserem Jodeln vergleichbar. Das von Gott geschaffene »Wesen«, die »lebendige *näfäsch*« ist, so die Theologen, »auf Beziehung angelegt«, im Rufen nicht anders als in seiner Bedürftigkeit. »Lobe den Herrn, meine Seele«, beginnt der 103. Psalm. Eigentlich muss es nach Schroer/Staubli heißen: »Lobe den Herrn, meine Kehle.« Tatsächlich singt man nicht mit der Seele, sondern eben mit der Kehle. Jedoch kann der Gesang den ganzen Menschen erfassen, also »Leib und Seele«. Auch der 107. Psalm »Danket dem Herrn« ist falsch übersetzt, denn es heißt darin, »er sättigt die durstige Seele« anstatt: »die durstige Kehle«. An diesem Detail sehe man das Ergebnis »einer jahrhundertelangen, leibfeindlichen christlichen Auslegungsgeschichte der Bibel«, so die beiden Schweizer Forscher.

Mit der Verschmelzung von Ei- und Samenzelle, so die heutige Vorstellung der katholischen Kirche, wird der Mensch beseelt. Das hat kirchenpolitische Konsequenzen. Für den Erzbischof von Köln, Joachim Kardinal Meisner, sind Medikamente zur Schwangerschaftsverhütung nach dem Geschlechtsverkehr (»Die Pille danach«), welche die Einnistung (*Nidation*) der befruchteten Eizelle verhindern sollen, »Präparate, mit denen Menschenleben ausgelöscht werden sollen« (28). Biologen sehen dagegen das individuelle Leben und damit die Persönlichkeit nicht blitzartig, sondern in einem Entwicklungsprozess entstehen. Sie haben deshalb auch keine Probleme mit der Tatsache, dass sich aus einem Keim immer mal wieder eineiige Zwillinge entwickeln. Die biologischen Laien im Vatikan dagegen kommen ins Schwitzen, wenn sie das erklären sollen. Müsste sich mit der befruchteten und damit nach ihrer Lehre bereits beseelten Zelle im Frühstadium auch die Seele teilen? Schließlich hat doch jeder der so entstehenden Zwillinge seine eigene Seele.

Mit dem Tode verlässt die Seele den Körper, so der christlich-katholische Glaube, der sich spätestens seit der Zeit des Papstes Gregor I. im 6. Jahrhundert durchgesetzt hat, um im »Fegefeuer« ungesühnte aber »lässliche« Sünden abzubüßen – mit Nachhilfe der Lebenden, die für die entsprechenden Seelenmessen sorgen. Im Buddhismus und im Hinduismus herrscht dagegen der Glaube, dass die Seelen der Menschen bis zu ihrer endgültigen Erlösung eine Reihe von Wiederverkörperungen (Reinkarnationen) in anderen Menschen oder auch in Pflanzen oder Tieren durchlaufen. Dabei ist die Reinkarnation für die Gläubigen dieser Religionen nichts Wünschenswertes, denn man strebt ja die endgültige Erlösung an. Tröstlich ist der Gedanke dagegen neuer-

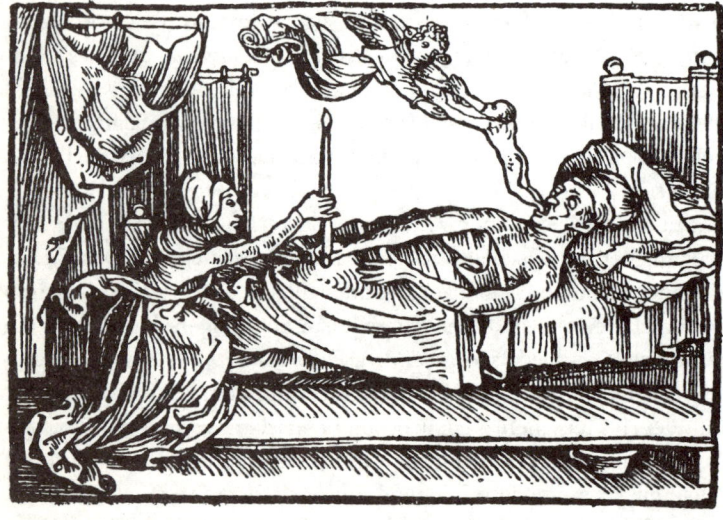

Mit dem letzten Atemzug verlässt die Seele in Gestalt eines Kindes den Körper des Sterbenden durch den Mund und wird von einem Engel aufgefangen. So stellte es sich dieser Holzschnitt-Meister im Jahre 1508 vor.

dings für abendländische Menschen, die mit fernöstlichen Weisheitslehren kokettieren. Die Hoffnung auf die Chance eines weiteren Lebens mindert die Angst vor dem Tod als dem definitiven Ende.

Der Gedanke einer Seelenwanderung ist auch den eingeborenen Völkern in Nordamerika nicht fremd. Im neuen Jahrtausend tummelte sich vor der westkanadischen Küste bei Vancouver Island ein Schwertwal (*Orcinus orca*, auch Killerwal genannt) in den Gewässern vor dem Gebiet der Indianergemeinde Gold River. Das kanadische Fischereiministerium hielt das im Sommer 2004 fünf Jahre alte und vier Tonnen schwere Tier für ein Sicherheitsrisiko für Schiffe und Wasserflugzeuge. Die Mitglieder des Indianerstammes der Mowachaht-Muchalaht dagegen meinen, der Wal, der mittlerweile den Namen Luna bekommen hat, sei Sitz der Seele ihres früheren Häuptlings Ambrose Maquinna. Drei Jahre zuvor und wenige Tage nachdem der Häuptling gestorben war, war Luna vor der Küste aufgetaucht, fernab von seiner Herde. Sohn Mike Maquinna berichtete Journalisten, dass sein Vater auf dem Sterbebett angekündigt habe, er werde als Killerwal zurückkehren: »Der Killerwal ist sehr wichtig in unserer Kultur, weil er der Verwalter des Meeres ist«, sagte Mike Maquinna, nunmehr selbst Häuptling (29). Mit Einbäumen versuchten die Indianer die Boote der Fischereibehörden daran zu hindern, den Killerwal ins offene Meer abzudrängen. Die Indianer beklagen, dass die Weißen sie nicht verstehen würden. »Lasst der Natur ihren Lauf«, forderte Häuptling Mike Maquinna; und dafür äußerten jedenfalls die Weißen in der Redaktion des Blattes *The Vancouver Sun* Verständnis, auch wenn ihnen der Glauben an die Reinkarnation eines Indianerhäuptlings als ein Killerwal fehlen mag. Da der Mensch keinen Sinn für den Zufall hat, kann er das Zusammentreffen von Ereignissen wie dem Tod des Häuptlings, der seine Rückkunft als Wal angekündigt hat, und das Erscheinen eines Wals kurz danach nur subjektiv deuten, entweder als ihm sinnvoll oder belanglos erscheinend.

Das Bild der Seele ist übrigens älter als die Religionen von Juden und Christen und auch als die asiatischen und uramerikanischen Religionen. Bereits vor 7000 Jahren haben »Chirurgen« der Steinzeit anderen Menschen Löcher in den Kopf gebohrt, mutmaßlich, damit die bösen Geister diesen verlassen könnten. In der Megalith-Kultur finden sich wie in den Steinplatten von frühchristlichen Sarkophagen »Seelenlö-

cher«, um der Seele des Verstorbenen das Verlassen des Grabes zu ermöglichen. Dabei hat man in alter Zeit als Sitz der Seele das Herz, die
Leber, das Blut, aber auch den Atem angesehen. Der griechische Dichter Homer kannte im 8. Jahrhundert vor Christus die Seele des Verstorbenen als armseligen Schatten in der Unterwelt. Für den um 400 vor
Christus lebenden Philosophen Plato dagegen war die Seele bereits eine
eigenständige, den Körper belebende Struktur. Die christliche Vorstellung von der Unsterblichkeit der Seele entstammt der griechischen
Philosophie. Bis heute ist der Pfarrer oder Priester auch der »Seelsorger«. Und Christen beten für das »Seelenheil« ihrer Toten. Allerdings
glauben bis heute Christen aller Konfessionen, wie im Bekenntnis des
Konzils von Nicäa im Jahre 325 bestätigt wurde, an die »Auferstehung
des Fleisches« (in der neueren Übersetzung ist von der »Auferstehung
der Toten« die Rede) – was die Vorstellung einer leib-seelischen Einheit
nahe legt.

Die Naturforscher dagegen haben den Begriff »Seele« aus ihrem wissenschaftlichen Wortschatz gestrichen. Denn sie haben keine Seele ent-
decken können. Selbst die »Seelenärzte« sprechen statt von seelischen
von psychischen Prozessen, was aber dasselbe meint.

Bereits im Jahre 400 vor Christus formulierte der weise griechische
Arzt Hippokrates, was bis heute das Axiom der Neurobiologie ist: »Der
Mensch soll wissen, dass seine Freuden und Vergnügen, sein Lachen
und sein Glück, doch auch sein Kummer, Sorgen, Trauer und Schmerz
seinem Gehirn und nur seinem Gehirn entspringen, weshalb ich be-
haupte, dass das Gehirn der Dolmetscher des Bewusstseins ist.« Was
die Naturwissenschaftler heute dazu zu sagen wissen, beschreibt der
Neurologe Detlef Kömpf (Universität Lübeck) so (30): »Das Verblüffende ist nun, dass das Gehirn dieselben Mechanismen, die es zur Interpretation der äußeren Welt benutzt, offenbar auch auf sich selbst
anwendet. Auch die inneren emotionalen Zustände werden zur Reprä-
sentation der (Innen-) Welt zusammengefügt. So entsteht die Konstruktion unseres Ichs, etwas, mit dem wir dann so real umgehen wie mit
einem Stuhl, also wie mit einer Wahrnehmung der Dinge dort draußen.
In diesem Sinne ist also auch unser Selbstbild, das Ich, nur eine Reprä-
sentation, eine Erfindung, wenn man so will, unseres Gehirns – das Ich-
Konstrukt ist eine Illusion. . . . Vom ›beseelten Menschen des Mittelal-

ters‹ zum ›Ich als Illusion, als Gehirnkonstrukt, als reine Vorstellung‹, natürlich ist das ein weiter Weg. Aber der Mensch musste schon viele metaphysische Kränkungen hinnehmen.« Der Neurologe meint damit:

- die »Kränkung durch Kopernikus«, wonach der Mensch *nicht* im Zentrum des Universums steht;
- die »anthropologische Kränkung durch Darwin«, wonach er *nicht* die Krone der Schöpfung ist;
- und die »psychologische Kränkung durch Freud«, wonach der Mensch *nicht* mehr Herr im eigenen Haus ist – denn das Unbewusste hat mehr Einfluss auf das Ich als umgekehrt.

John Eccles, der australische Gehirnforscher und Nobelpreisträger, hat in den 1970er Jahren formuliert: »Seitdem der Mensch erkannt hat, dass er ein denkendes Wesen ist, hat er zu verstehen versucht, was er eigentlich ist.« Detlef Kömpf zieht Anfang des 3. Jahrtausends das Fazit: »Die Frage ›wer sind wir eigentlich‹ ist weiter offen. Die Rätsel des Gehirns und der Seele sind auch durch die moderne Neurobiologie nicht enträtselt. Es bleibt weiter unklar, ob wir je unser Gehirn verstehen können. Wenn das Gehirn so einfach wäre, dass wir es verstehen könnten, dann wären wir wahrscheinlich auch nur so einfach, dass wir es nicht könnten.«

III.

Psychologische Erklärungen

Der Wunsch nach einfachen Regeln

Wer verstehen will, warum der Mensch glaubt, sollte etwas über psychologische Gegebenheiten wissen. Da empfiehlt es sich wieder, nicht erst beim Menschen anzufangen, sondern bereits beim Tier. Der US-Amerikaner Burrhus F. Skinner hat in den 1940er und 1950er Jahren an Tauben und Ratten das Entstehen von Ritualen beobachtet, die sehr stark an menschliche Verhaltensweisen erinnern. Ich habe darauf bereits in anderem Zusammenhang hingewiesen (31): Eine Ratte wird aus ihrem Käfig in einen Raum gelassen, an dessen Ende ein Napf steht. Wenn sich die Ratte genau zehn Sekunden nach dem Öffnen des Käfigs vor dem Napf einfindet, fällt Futter hinein. Das Tier benötigt für den Weg aber nur etwa zwei Sekunden. Was immer die Ratte nun zunächst ganz zufällig anstellt, um in genau zehn Sekunden vor dem Napf zu stehen, etwa indem sie eine bestimmte Zahl Pirouetten dreht oder nach Art der Echternacher Springprozession auf den Napf zu- und immer wieder auch ein kleineres Stück zurück läuft, es wirkt selbstbestätigend und selbstverstärkend. Denn wenn das Tier zur richtigen Zeit vor dem Napf ankommt, füllt sich dieser, andernfalls jedoch nicht. Die Ratte wiederholt also das, was zufällig zum Erfolg führte und bewertet es als erfolgsnotwendig. Ich erinnere an die alte Beamtenweisheit: »Das haben wir immer so gemacht.« Paul Watzlawick, der in Österreich geborene Psychoanalytiker, sieht sogar

Analogien zu menschlichen transzendentalen Vorstellungen. Für den Analytiker lässt sich »die frappierende Ähnlichkeit mit gewissen menschlichen Zwangshandlungen nicht übersehen, die auf dem Aberglauben beruhen, sie seien zur Beschwichtigung oder Günstigstimmung einer höheren Macht notwendig« (32).

Was zunächst im Tierexperiment beobachtet wurde, ist im Laufe der Zeit durch zahlreiche ausgeklügelte Experimente am Menschen ergänzt worden. Watzlawick hat die Ergebnisse so interpretiert: »Sobald einmal das Unbehagen eines Desinformationszustands durch eine wenn auch nur beiläufige Erklärung gemildert ist, führt zusätzliche, aber widersprüchliche Information nicht zu Korrekturen, sondern zu weiteren Ausarbeitungen und Verfeinerungen der Erklärung. Damit aber wird die Erklärung ›selbst-abdichtend‹, das heißt, sie wird zu einer Annahme, die nicht falsifiziert werden kann.« Eine weitere experimentelle psychologische Erfahrung, so Watzlawick, gehört ebenfalls in diesen Zusammenhang: »Wenn wir nach langem Suchen und peinlicher Ungewißheit uns endlich einen bestimmten Sachverhalt erklären zu können glauben, kann unser darin investierter emotionaler Einsatz so groß sein, daß wir es vorziehen, unleugbare Tatsachen, die unserer Erklärung widersprechen, für unwahr oder unwirklich zu erklären, statt unsre Erklärung diesen Tatsachen anzupassen.« So hat sich, denke ich, zum Beispiel seinerzeit bei Menschen, denen ein rational unerklärliches Unheil widerfahren war, die Gewissheit herausgebildet, verhext worden zu sein. Wir werden uns an diese Überlegungen zu erinnern haben, wenn es um die Inhalte unseres Glaubens geht.

»Neues nervt, es erzeugt Unmut und Missstimmung, eingeschliffene Wahrnehmungen und Denkformen revidieren zu müssen. Und deshalb werden neue Erfahrungen neuronal so lange wie irgend möglich nach dem Muster ›Alles schon mal da gewesen‹ verarbeitet.« So beschreibt der Philosoph Matthias Jung von der Universität Frankfurt a. M. den Befund der Neurowissenschaften, die »erzkonservativen Prinzipien«, nach denen unser Gehirn funktioniert (33). Angesichts der Unübersichtlichkeit und Komplexität der Welt kämen wir gar nicht umhin, »diese Komplexität auf ein handhabbares Maß zu reduzieren, indem wir uns an Vertrautes halten.« Auch dies ist eine Erklärung für das schlichte Weltbild vieler Menschen.

Hinzu kommt noch etwas: »Mehr als neunzig Prozent dessen, was wir zu wissen glauben, vermuten wir nur. Diese Vermutungen verkauft uns das Hirn als Realität.« So beschreibt es Vilayanur Ramachandran (31). Der Mensch bevorzugt in einer komplizierten Welt einfache Weltdeutungen und einfache Problemlösungen. Dabei bedeutet »einfach« nicht zu allen Zeiten das Gleiche. Unsere Ahnen haben sich die ganze Welt beseelt vorgestellt; eine Welt voller Götter, Dämonen und Geister. Für uns Heutige wäre dies gewiss keine einfache Weltdeutung. Auf evolutionär viel niedrigerem Niveau als dem des Menschen kennt das Leben nur die Zustände von Reiz und Reizlosigkeit. Davon ist auch dem Menschen noch einiges geblieben. Die Werbung lebt davon, mit bestimmten Reizen bestimmte Reaktionen zu provozieren. Zum Beispiel mit der Verknüpfung »Brille – Fielmann«; als gäbe es für den, der eine Brille benötigt, nur die Möglichkeit, eines der Geschäfte des Optikers Fielmann aufzusuchen. Von ähnlicher Schlichtheit sind politische Werbespots der Parteien – angefangen bei dem genial einfachen »Keine Experimente« aus dem Jahre 1957, der Zeit des Kanzlers Konrad Adenauer, bis zu dem nur noch einfachen »Weiter so. Deutschland« seiner politischen Enkel. Boulevard-Medien beglücken die Menschen seit eh und je mit einfachsten Weltdeutungen, indem sie komplexe Sachverhalte zu Schlagzeilen komprimieren. Das ist ein Kunststück, das durchaus gelingen kann wie ein Witz oder eine Karikatur. »Schröder zurück an die Leine« titelte einst die TAZ, als der spätere Bundeskanzler in die Provinz abgedrängt werden sollte. Man nutzte die Doppeldeutigkeit des Begriffes Leine; Name des Flusses, der durch Hannover fließt und Bändigungsmittel für einen Hund. Im allgemeinen sorgen freilich solche Vereinfachungen dafür, dass dadurch ein entsprechend einfaches Weltbild entsteht. Und da das menschliche Gehirn, wie das Zitat Ramachandrans verdeutlicht, darin geübt ist, sich aus wenigen Fakten ein ganzes Weltbild zu zaubern, schließt sich der Kreis: Das einfache Weltbild benötigt auch nicht mehr als Schlagzeilen zur geistigen Nahrung.

Nun wäre es sinnlos, ein solches Buch zu schreiben, wenn das eben gezeichnete schlichte Weltbild allgemein zutreffend wäre. Die Tendenz, einfache Weltdeutungen zu suchen, gilt allerdings auch auf hohem Niveau. Wenn es eine komplizierte und eine einfache Erklärung gibt, soll man zuerst die einfache Erklärung verwenden und diese so lange beibehalten, wie sie den Tatsachen standhält. Diese Sentenz wandte der englische Franziskaner Wilhelm von Ockham (Occam) – um 1285 bis 1349 – so scharf an, dass sie als *Occams Rasiermesser* (*Ockham‹s Razor* im englischen Sprachgebrauch) populär wurde. Insbesondere die exakten Naturwissenschaften haben sich so erfolgreich entwickeln können, weil sie sich auf *Occams Rasiermesser* verließen. Die mathematisch einfachere, »elegantere« Erklärung eines Sachverhalts erweist sich regelmäßig als die bessere. Es versteht sich von selbst, dass der Begriff »einfach« hier relativ zu verstehen ist.

Auf eine andere Art »einfach« ist die Weltdeutung, wie sie sich in den Volksmärchen in aller Welt ausdrückt. Sie sind ein Konzentrat von Lebenserfahrung vieler Generationen, wobei die ältesten heute noch bekannten Märchen bereits aus der Steinzeit stammen. Offenbar drückt sich in ihnen auch die von den Gehirnforschern neu entdeckte menschliche Lust zu Fabulieren aus.

Das Symbol als Stellvertreter

Vielleicht ist diese Lust zu Fabulieren nur eine Variante der Freude am Spielen. Ein kleines Kind spielt mit einer Schachtel, als sei sie ein Automobil. Tut-Tut-Rufe imitieren das Hupen. Vor einem kleinen Kätzchen rollt ein Wollknäuel über den Boden. Das Kätzchen springt ihm nach, als sei es eine Maus.

Vermutlich unterscheiden sich diese beiden Vorgänge nicht grundsätzlich. Der Karton symbolisiert für das Kind ein Auto, das Wollknäuel für das Kätzchen eine Maus. Beide »wissen«, dass es sich um ein Spiel handelt. Denn weder setzt sich das Kind auf den Karton und erwartet, dass das »Auto« nun von allein abfährt, noch frisst das Kätzchen die »Maus«, das Wollknäuel. Ein Symbol, so definiert es der *Brockhaus*, ist ganz allgemein »ein wahrnehmbares Zeichen oder Sinnbild (Gegenstand, Vorgang, Handlung, Zeichen), das stellvertretend für etwas nicht Wahrnehmbares, einen Sinngehalt, oft einen Komplex von Sinnbezügen steht«. Der Humanethologe Irenäus Eibl-Eibesfeld aus dem Max-Planck-Institut für Verhaltensphysiologie im oberbayerischen Seewiesen hat in den 1960er und -70er Jahren aus seinen Beobachtungen von Menschen ursprünglicher Kulturen abgeleitet: »Die Fähigkeit des Menschen zur Symbolbildung erlaubt es ihm . . . Gruppen aufzubauen, die nur über Symbolidentifikation zusammenhalten« (34). Solche Gruppen verbindet neben anderen Gemeinsamkeiten auch ein gemeinsamer Glaube. Die Mitglieder einer solchen Gemeinschaft kennen einander zwar nicht, sie sind aber, so Eibl, »durch gemeinsame Ideen, gemeinsame Repräsentanten (Staatsoberhäupter, Kirchenoberhäupter) und oft sehr einfache gemeinsame Symbole miteinander verbunden. . . . Wie wichtig eine solche Symbolidentifikation für das Zusammenhalten der Gruppe ist, geht u. a. daraus hervor, daß neu entstandene Nationen und politische Gruppen als erstes mit viel Kostenaufwand gewaltige Denkmäler errichten . . .« (35). Überall wo sich das Christentum im Laufe seiner Geschichte durchsetzte, wurden als erstes Kirchen und Kathedralen gebaut, entsprechend entstanden und entstehen Moscheen mit dem Vordringen des Islams. Gerhard Roth meint (36), »dass die Unterwerfung unter religiöse oder politische Systeme vornehmlich aus dem starken emotionalen Bedürfnis heraus geschieht, Sicherheit zu haben, ›dazu zu gehören‹, eingebunden zu sein. Natürlich spielen hierbei, gerade bei Männern, auch starke stammesgeschichtliche Einbindungsbedürfnisse in ›Gefolgschaften‹ eine Rolle. Anders ist es nicht erklärlich, dass hochintelligente Menschen an religiöse Dinge glauben, die haarsträubend unlogisch sind.«

Dazu zu gehören ist ein Bedürfnis, das sich bereits im Tierreich entwickelt hat, also sehr alte evolutionäre Wurzeln hat: Wenn man ein einzelnes Schaf von seiner Herde isoliert und allein lässt, läuft es aufgeregt und laut blökend durch den Stall, sein Herz schlägt um ein Fünftel schneller als in der Gruppe und sein Körper produziert vermehrt die Stresshormone Adrenalin und Kortisol. Wenn man einem solchen allein im Stall eingesperrten Schaf aber das Portraitphoto eines ihm persönlich unbekannten Artgenossen – ein Schaf kann sich die Gesichter von bis zu 50 anderen Schafen merken – an die Wand hängt, normalisieren sich der Herzschlag und auch der Stresshormon-Haushalt des einsamen Tieres wieder. Das hat anno 2004 eine Gruppe um Keith Kendrick vom Babraham Institute im englischen Cambridge beobachtet (37). Aus der Einsamkeit zu fliehen, ist für so manches fromme Schäfchen, das seine Heimat in einer religiösen Gemeinschaft findet, gewiss auch ein Motiv. Und ein Bild des »guten Hirten« findet ebenfalls seinen Platz.

Für den Psychologen ist freilich noch etwas anderes bemerkenswert, gewissermaßen die Kehrseite der Medaille: Ein Symbol ist nach den Beobachtungen von Sigmund Freud in der ersten Hälfte des 20. Jahrhunderts die verhüllte oder abgewandelte Form, in der verdrängte Bewusstseinsinhalte, Affekte, Triebkomplexe in Gestalt von Fehlhandlungen oder in Form von Träumen wiederkehren. Sigmund Freuds Schüler, der Schweizer Psychoanalytiker Carl Gustav Jung, hat sich intensiv mit der Rolle der Symbole auseinandergesetzt. Die Thesen Jungs sind gewiss nicht alle unumstritten, aber einige seiner Überlegungen sind im Zusammenhang dieses Buches doch bemerkenswert. Die kulturellen Symbole, wie Jung sie nannte, solche, die man bewusst verwendet habe, um »ewige Wahrheiten« auszudrücken, – »sie werden immer noch in vielen Religionen gebraucht« – seien im Laufe der Zeit zu kollektiven Bildern geworden, die »in manchen Menschen eine tiefe Gefühlsreaktion auslösen können, und ihre psychischen Ladung lässt sie in ähnlicher Weise wirken wie Vorurteile.« Diese Symbole seien »Faktoren, mit denen der Psychologe rechnen muss; es ist töricht, sie einfach abzutun, nur weil sie, rational betrachtet, bedeutungslos erscheinen. Sie sind wichtige Bestandteile unserer geistigen Struktur und lebenswichtige Kräfte im Aufbau der menschlichen Gesellschaft; sie können nicht ohne ernsten Schaden ausgerottet werden. Wo man sie unterdrückt oder vernachlässigt, da verschwindet ihre spezifische Energie mit unberechenbaren Folgen ins Unbewusste. Die psychische Energie, die auf diese Weise verlorengegangen zu sein scheint, dient in Wirklichkeit dazu, das, was im Unbewussten zuoberst liegt, wieder zu beleben und zu intensivieren – Tendenzen vielleicht, die bis dahin keine Gelegenheit gehabt hatten, sich auszudrücken. ... Solche Tendenzen bilden einen immer gegenwärtigen ›Schatten‹ unsres Bewusstseins« (38). Jung selbst verwies dabei auf Erfahrungen in der Zeit des Nationalsozialismus. Ich will mit einem eigenen Beispiel andeuten, was Jung wohl gemeint haben könnte:

Das Feuer gehört zu den die Menschen seit Urzeiten am stärksten bewegenden Bildern von hoher symbolischer Bedeutung. Es schenkt Licht und Wärme, ermöglicht kulturelle Entwicklung – und kann ungebändigt zerstörerische Kraft entfalten. Mit einem Fackelzug, einem alten studentischen Brauch, feierten die Nationalsozialisten am Abend des 30.1.1933 vor der Berliner Reichskanzlei, in die gerade Adolf Hitler eingezogen war, ihren zum Kanzler ernannten »Führer«. Archaische Feuerzauber-Spiele, Sonnenwendfeuer zum Beispiel, wurden Teil des nationalsozialistischen Kultes. Die Kehrseite: Aus den Freudenfeuern wurden Hexenfeuer. Zunächst verbrannte man die Bücher Andersdenkender, schließlich die Menschen selbst, die man vorher zu »Untermenschen« also Nicht-Menschen erklärt hatte – im Mittelalter waren sie als Hexen verurteilt worden – in Auschwitz und anderswo. Am Anfang berauschte man sich auf Reichsparteitagen an den in den Himmel ragenden »Lichtdomen«. Wenig später sollten die Scheinwerfer am Himmel nach feindlichen Flugzeugen suchen – und am Ende brannte die halbe Welt und das ganze Land. Das sind natürlich keine logischen Entwicklungsschritte. Aber es zeigt etwas über ein Symbol menschlicher Kultur und über menschliche Destruktivität.

Vom Nutzen des Aberglaubens

Der Mensch neigt dazu, sich etwas vorzumachen. Die weitaus meisten Autofahrer hierzulande sind zum Beispiel überzeugt davon, dass sie weit besser fahren als der durchschnittliche Mensch am Steuer. US-

Andersdenkende wurden in früheren Jahrhunderten als »Hexen« oder »Ketzer« ausgesondert und umgebracht. Die Federzeichnung aus der Zeit um 1250 stellt die Verbrennung eines Ketzers dar.

Psychologen haben vor wenigen Jahren festgestellt, dass die Fähigkeiten, die Kompetenz ausmachen, dieselben sind, die auch die Grenzen der eigenen Kompetenz erkennen lassen. Das heißt, wer sich für besonders fähig hält, ist womöglich nur zu dumm, seine eigene Unfähigkeit zu erkennen. Und es bedarf umgekehrt großer Weisheit, wie der griechische Philosoph Sokrates vor 2400 Jahren sagen zu können: »Ich weiß, dass ich nichts weiß.«

Der Göttinger Anthropologe Volker Sommer meint, falscher Glaube könne vorteilhafter sein als gar kein Glaube. Zumindest sei es »schwieriger, an nichts zu glauben, als irgendeiner Ansicht anzuhängen – und sei sie noch so absurd« (39). Denn das Gefühl von Unwissenheit sei extrem unangenehm. »Das Gefühl, Bescheid zu wissen, ist beruhigender.« Falscher Glaube neige dazu, sich selbst zu bestätigen, und Vorurteile »haben typische Merkmale von ›self-fulfilling-prophecies‹, die einen Teufelskreis der Selbstbestätigung in Gang setzen.« Vorurteile sind, resümiert Sommer, »von einer hartnäckigen Unzugänglichkeit gegenüber Fakten«. Der US-Psychologe Gordon Allport illustrierte das 1954 mit einem Dialog (zitiert nach Sommer) :

Herr X: Der Ärger mit den Juden ist, daß sie sich nur um ihre eigene Gruppe kümmern.

Herr Y: Der Finanzbericht der Gemeinde zeigt doch aber, daß sie im Verhältnis zu ihrer Zahl mehr für allgemeine Wohlfahrtseinrichtungen in der Gemeinde stiften als Nichtjuden.

Herr X: Da zeigt sich wieder einmal, daß sie immer versuchen, sich die Gunst anderer zu kaufen und sich in die Angelegenheiten der Christen einzumischen. Sie denken nur ans Geld. Deshalb gibt es so viele jüdische Bankiers.

Herr Y: Eine kürzlich durchgeführte Untersuchung zeigt aber, daß der Prozentsatz der Juden, die im Bankgeschäft tätig sind, minimal ist, weit kleiner als der Prozentsatz der Nichtjuden.

Herr X: Genau das ist es; anständige Arbeit interessiert sie überhaupt nicht. Nur im Filmgeschäft sind sie zu finden, oder sie haben Nachtklubs.

Unsere Psyche, so Sommer, »verfügt über einen Mechanismus, der Prophezeiungen hilft, sich selbst zu erfüllen, und der beispielsweise bei der Vorurteilsbildung am Werk ist.« Warum aber liebt der Mensch seine Vorurteile? Sommer versucht das biologisch zu erklären: Menschen mussten im Verlauf der Evolution in lebenswichtigen Situationen auf Anhieb die richtige Entscheidung treffen. Wenn sie jung sind, reicht dazu ihre Erfahrung nicht aus. »Vor allem von Artgenossen, mit denen ein Individuum vertraut ist – das sind in der Regel seine Verwandten – und denen es entsprechend ›vertrauen‹ kann, werden dann die Stereotype übernommen. In diesem Sinne kann Vorurteilsbildung adaptiv sein und von der Selektion begünstigt werden.«

Die Folge von Erwartungen

Was ich eben angedeutet habe, nennen die Wissenschaftler eine »sich selbst erfüllende Prophezeiung«, englisch *self-fulfilling prophecy* – oder Pygmalion-Effekt, nach dem sagenhaften Elfenbeinschnitzer Pygmalion, der sich eine Frau nach seinem Bild schuf, welche die Göttin der Liebe, Aphrodite, lebendig werden ließ. Pädagogen nennen dies auch den »Rosenthal-Effekt«. Der amerikanische Psychologe Robert Rosenthal machte in den 1960er Jahren das folgende Experiment: Zu Beginn eines Schuljahres testete er alle Kinder einer Schule. Dann gab er den Lehrern die Namen einzelner Schüler, die den Testergebnissen nach eine »ungewöhnlich gute schulische Entwicklung« nehmen sollten – insgesamt 20 Prozent der Schüler, die freilich nicht wirklich intelligenter waren, sondern von denen Rosenthal dies nur behauptete; Kinder, die streng nach dem Zufallsprinzip ausgewählt worden waren. Am Ende des Schuljahres testete Rosenthal die Schüler erneut. Ergebnis: Die zuvor positiv erwähnten Schüler hatten nun tatsächlich deutlich höhere Werte ihres Intelligenzquotienten (IQ) aufzuweisen als die anderen Kinder. Das zeigte sich in den höheren Klassen weniger ausgeprägt, war aber in den unteren Jahrgängen dramatisch: Der IQ der »klugen« Erstklässler war um 15 Punkte, der der »klugen« Zweitklässler um zehn Punkte angestiegen. Man hat den Effekt seither weiter untersucht und ist zu der Erkenntnis gekommen, dass der einem Schüler (fälschlicherweise) vorauseilende gute Ruf beim Lehrer zweierlei Wirkungen hatte: eine positivere emotionale Einstellung zu diesem Schüler und ein größeres Bemühen um ihn und seine Entwicklung.

Rosenthal hat ein weiteres Experiment gemacht und zwar mit Psychologiestudenten. Diese sollten 60 Albino-Ratten aus der gleichen Zucht trainieren, in einem einfachen Labyrinth den richtigen Weg zur Futterstelle zu finden. Robert Rosenthal instruierte seine Studenten allerdings fälschlicherweise, die Ratten würden sich aufgrund von Zuchtwahl darin voneinander unterscheiden, dass einige besonders lernfähig, andere aber besonders dumm seien. Sechs Studenten bekamen jeweils fünf Ratten, die angeblich besonders klug waren, weitere sechs Studenten mussten mit jeweils fünf vorgeblich besonders dummen Tieren arbeiten. Ergebnis: Die angeblich klugen Ratten waren den angeblich dummen Tieren an jedem Versuchstag deutlich überlegen. Die Versuchsleiter beurteilten ihre »klugen« Ratten nämlich, wie die Befragung im Nachhinein zeigte, viel positiver und behandelten sie deutlich liebevoller als die anderen Versuchsleiter ihre »dummen« Tiere.

Sich selbst erfüllende Prophezeiungen müssen sich nicht unbedingt auf »falsche« Erwartungen beziehen. Der gute oder schlechte Ruf, der zum Beispiel einem neuen Mitarbeiter vorauseilt, hat einen erheblichen Einfluss darauf, wie es ihm am Arbeitsplatz gehen wird – unabhängig davon, ob der schlechte Ruf Ergebnis einer Intrige ist oder der gute Ruf damit zusammenhängt, dass da jemand weggelobt wurde, oder ob der vorauseilende Ruf der Realität entspricht.

Jedermann kann analoge Erfahrungen machen. Ein Kind, dem die Eltern immer »Ungeschicklichkeit« vorgeworfen haben, wird sich im späteren Leben mutmaßlich nicht als besonders geschickt erweisen, weil es alsbald selbst glaubt, was die Eltern meinen. Wenn viele Börsenhändler in dem Glauben agieren, dass die Aktienkurse steigen werden, dann wird dieser Effekt auch todsicher eintreten. Im Zusammenhang dieses Buches ist mir nun wichtig, dass es auch bei den Glaubensvorstellungen die *self-fulfilling prophecy* geben muss, einfach, weil unser Kopf so funktioniert. Das erklärt zum Beispiel den Ruf mancher Wunderheiler in alter und neuer Zeit.

IV.

Auf der Suche nach dem Sinn

Die Vorgeschichte

Der Zufall spielt in der Evolution der Arten eine entscheidende Rolle. Das Erbgut einer Art ist nicht hundertprozentig stabil. Das heißt, es treten im Laufe der Zeit immer mal wieder kleine Veränderungen (Mutationen) auf, in denen sich die Nachkommen von den Vorfahren unterscheiden. Gleichzeitig ändert sich aber auch die Umwelt. Wenn eine zufällige Mutation dazu führt, dass eine Art besser an die veränderte Umwelt angepasst ist, bietet sie bessere Überlebenschancen. Die Nachkommen der Art mit dieser Mutation können sich besser vermehren als diejenigen ohne jene Veränderung im Erbgut. So ist der Zufall Voraussetzung für die optimale Anpassung der Arten an ihre Umwelt und zugleich Motor der Evolution. Das hat im 19. Jahrhundert als erster der Engländer Charles Darwin erkannt und beschrieben.

Biowissenschaftler interpretieren als Zielrichtung des Lebens einer Art, das Weiterleben einschließlich der unter Umständen notwendigen Weiterentwicklung eben dieser Art zu sichern. Die Frage nach der Zielrichtung des Lebens an sich, sollte es diese geben, können sie jedenfalls bis heute nicht beantworten; und schon gar nicht die Frage nach dem Sinn. Ein Wissenschaftler wie beispielsweise Volker Sommer betont im Gegenteil: Der Glaube an einen Sinn des Lebens »steht in starkem Gegensatz zur ›Botschaft‹ der Evolutionsbiologie, daß dieses Leben recht eigentlich keinen Sinn hat, sondern daß die natürliche Auslese bei allen Organismen lediglich die Anpassungsfähigkeit an bestimmte Umweltbedingungen ›herauskitzelt‹. Der Zweck des Lebens – im Sinne seiner Zweck-Ursache besteht aus dieser Perspektive lediglich darin, Gene zu verbreiten . . .« Der 1975 verstorbene US-amerikanische Evolutionsforscher Theodosius Dobzhansky formulierte als Ergebnis seiner Wissenschaft: »Nichts in der Biologie macht Sinn, außer im Lichte der Evolution.«

Wie oben beschrieben, hat sich der Mensch im Laufe der Evolution biologisch so entwickelt, dass er als einziges Lebewesen nach dem Warum fragt. Er baut darauf, dass es keine Wirkung ohne Ursache gibt, denn nur so kann er die Welt verstehen, sich darin orientieren und sie kontrollieren. Diese Vorstellung entspricht im allgemeinen auch der Erfahrung. In der Welt des Mikrokosmos sind die Verhältnisse allerdings anders. Das zu akzeptieren, ist den Physikern, die dies im 20. Jahrhundert entdeckt haben, zunächst sehr schwer gefallen. Die Entdeckung Darwins akzeptieren fundamentalistische christliche Gruppen bis heute nicht.

Unabhängig davon, ob der Mensch die Sinnfrage auch beantworten kann, die Suche nach dem Sinn ist offensichtlich biologisch zweckmäßig. Wie hat sich das Bedürfnis und die Fähigkeit, nach dem Warum zu fragen, in der Evolution des Lebens entwickelt? Auch hier gibt es eine Vorgeschichte. Wolfgang Wickler vom Max-Planck-Institut für Verhaltensphysiologie im oberbayerischen Seewiesen, darauf angesprochen, fällt dazu spontan ein: Tiere können bereits stutzen, sichtbar überrascht sein, wenn im Experiment etwa ein Dreieck hinter einer Wand verschwindet und auf der anderen Seite ein Viereck herauskommt. »Tiere machen ununterbrochen Anamnese«, so beschreibt der Konrad-Lorenz-Schüler: Wenn man einem Huhn eine Brille aufsetzt, durch die es die Welt plötzlich verkehrt herum sieht, lässt sich das Tier davon nicht entmutigen, nach Körnern zu suchen. Das misslingt natürlich zunächst. Aber der Vogel übt so lange, bis er sich auch in der verkehrten Welt zurecht findet. Kolkraben sind in der Lage, den Blicken eines Menschen zu folgen, und wenn ein Sichtschirm zwar den Vögeln, nicht aber einem Experimentator den Blick verstellt, dann fliegen die Raben sofort dorthin, wo es für den Menschen was zu schauen gibt (40).

»Was denkt die Maus am Donnerstag?«, heißt der Titel eines Kinder-
buchs. Die Frage können Verhaltensforscher nicht beantworten. Wohl
aber können sie erkennen, dass zum Beispiel Affen ganze Ketten von logischen Schritten der Art durchdenken: Wenn A so handelt, dann denkt
B, dass A denkt . . ., und handelt entsprechend. Wenn ein Tier ein anderes täuschen will, dann muss es (nicht anders als ein Mensch) solche
Überlegungen anstellen. Die britischen Forscher Richard Byrne und
Andy White von der schottischen Universität in St. Andrews haben
1986 einen ganzen Katalog, den »St. Andrews-Katalog der taktischen
Täuschung unter Primaten« veröffentlicht, der dies belegt. Der bereits
erwähnte Anthropologe und Primatologe Volker Sommer (Universität
Göttingen) hat daraus in seinem Buch zitiert (39). Byrne beobachtete
zum Beispiel Paviane in Südafrika: Ein junges Pavian-Männchen, Paul
genannt, sieht, dass ein erwachsenes Weibchen schmackhafte Knollen
ausgräbt. Paul schreit laut, was Paviane normalerweise nur tun, wenn
sie bedroht werden. Sekundenschnell ist Pauls Mutter zur Stelle und
verjagt die Knollen-Gräberin. Paul macht sich über die Knolle her und
verzehrt sie. Wie sich herausstellte, war das kein Zufalls-Zusammen-
treffen. Vielmehr schrie Paul auch sonst um Hilfe und machte seine
Mutter erfolgreich glauben, dass er bedroht werde, um an die Knollen
zu kommen, die er selbst noch nicht ausgraben konnte.

Ein anderer Trick ist bei Trickfilmzeichnern sehr beliebt, wenn sie
Verfolgungsjagd-Szenen komponieren. Sie nutzen dabei einen Einfall,
den die Tiere selbst zuerst hatten. Der halbstarke Pavian Melton etwa är-
gerte ein Baby und wurde von dessen Clan verfolgt. Melton rannte nicht
weg sondern stellte sich plötzlich auf die Hinterbeine und ließ den Blick
schweifen. Eben dies tun Paviane, wenn sie Fressfeinde entdeckt haben.
Folge: Die angreifende Meute fing ebenfalls an, die Gegend abzusuchen
und vergaß dabei den Missetäter Melton.

Der Prozess kann noch ungleich komplexer sein, wie im Yerkes-Pri-
matenzentrum in Atlanta beobachtet wurde: In einem Gehege versteck-
ten die Wärter Futter und zeigten einem Tier das Versteck, welches dann
anschließend gemeinsam mit den Artgenossen das Gehege betreten
durfte. Das Schimpansenweibchen Belle, die solch ein Versteck zuerst
sehen durfte, machte die Erfahrung, dass Rock, das dominante Männ-
chen, das Futter für sich allein beanspruchte, sobald Belle das Versteck

verriet. Also verriet Belle nichts mehr, sondern setzte sich auf das Versteck. Das durchschaute Rock nach kurzer Zeit und raubte Belle das Futter unterm Hintern, weshalb Belle sich bald immer weiter entfernt von dem Versteck hinsetzte. Doch ganz unbeachtet lassen konnte sie ihren Schatz nicht. Rock bemerkte dies mit der Zeit und begann dort zu suchen, wohin Belle immer mal wieder schaute – mit Erfolg. Belle entwickelte daraufhin die Strategie, zunächst in die dem Versteck entgegengesetzte Ecke zu laufen und, wenn Rock dort suchte, zu dem richtigen Versteck zu eilen und das Futter rasch zu verzehren. Auch das durchschaute Rock am Ende. Alles dies setzt bereits bei den Affen die Fähigkeit voraus, zu interpretieren und den anderen glauben zu lassen.

Diese Fähigkeiten haben sich bereits bis zum Erscheinen der Vorfahren des Menschen deutlich weiter entwickelt. Vor 370 000 Jahren bewohnte bei Bilzingsleben im nördlichen Thüringen eine Gruppe von Urahnen des *Homo sapiens*, die man zur Spezies des *Homo erectus* zählt, eine Siedlung, die man hat ausgraben können. Nach genauer Erforschung dieser Fundstelle zieht der Grabungsleiter Dietrich Mania das Resümee: »Nicht erst der *Homo sapiens*, das haben uns über drei Jahrzehnte Grabungen in Thüringen gezeigt, erfand die menschliche Kultur, symbolisches Denken, planvolles Handeln und Sprache. Die Grundsteine dazu hatte der *Homo erectus* gelegt« (41). Man hat bei Bilzingsleben Knochenstücke mit eingeritzten Mustern gefunden – kaum glaubliche 370 000 Jahre alt! Mania: »Der Frühmensch, der jenes Muster ritzte, legte in die zusammen angeordneten Striche einen Symbolgehalt. Es handelt sich um das älteste uns bekannte kulturelle Objekt dieser Art. Da sich abstrakte Gedankengänge nur mit Wortsymbolen mitteilen lassen, liefern die eingravierten Strichmuster auch einen Hinweis darauf, dass diese Menschen eine Sprache hatten.« Man hat ferner in der Siedlung einen besonderen Platz gefunden, an dem sich Anzeichen für eine Art von postmortalem Schädelkult identifizieren lassen. Aus dieser und anderen Beobachtungen zieht Mania den Schluss: »Selbst wenn das alles noch relativ frühe Entwicklungsstadien waren – es bedeutet, dass sich der Frühmensch eine eigene künstliche Umwelt schuf. Wer aber dazu fähig ist, der hat auch schon ein einfaches Weltbild: Er beginnt, nach Erklärungen für lebenswichtige Phänomene seiner Naturumwelt zu suchen.« Das heißt, bereits die Ahnen des Menschen waren fähig zu abstraktem Denken und damit in der Lage, abstrakte Muster zu schaffen. Sie konnten auch bereits den Dingen Bedeutung geben. Das wiederum heißt nichts anderes, als dass die Frage nach dem Warum bereits den Frühmenschen der Gattung *Homo* beschäftigt hat. Diese Besonderheit ist, zumindest in Ansätzen, viel älter, als man noch vor kurzem hat wissen können.

Sinnvolle Zufälle

Die Kenntnis der Gesetze des Zufalls, also der Zusammenhänge, die deutlich werden, wenn man es mit großen Mengen von Daten, von Gegenständen, oder einer großen Anzahl von Personen zu tun hat, ist heute Voraussetzung für wissenschaftliche Arbeit auf den verschiedensten Fachgebieten. Sie erlauben freilich keine Aussagen im Einzelfall. Der Statistiker kann sagen, wie viele Verkehrsunfälle sich im Durchschnitt auf einem bestimmten Abschnitt einer Autobahn ereignen, aber nicht, welches Individuum davon betroffen sein wird. Gerade im Einzelfall drängt es uns nun, nach dem Warum zu fragen, nach dem Sinn zu suchen. Wie schon gesagt, für die Wahrnehmung des Zufalls ist unser Gehirn nicht ausgerüstet. Das Zusammentreffen von dem Anschein nach zufälligen Ereignissen, die der Einzelne als bedeutsam erfährt, hat der Psychoanalytiker C.G. Jung beobachtet und dabei den Begriff *Synchronizität* eingeführt. Jung fand, »dass es psychologische Parallelerscheinungen gibt, die sich kausal schlechterdings nicht aufeinander beziehen lassen, sondern in einem anderen Geschehenszusammenhang stehen müssen. Dieser Zusammenhang erschien mir wesentlich in der Tatsache der relativen Gleichzeitigkeit gegeben«. Und weiter: »Ich habe den Terminus ›Synchronizität‹ gewählt, weil mir die Gleichzeitigkeit zweier sinngemäß, aber akausal verbundener Ereignisse als ein wesentliches Kriterium erschien. Ich gebrauche hier also den allgemeinen Begriff der Synchronizität in dem speziellen Sinne von zeitlicher Koinzidenz zweier oder mehrerer nicht kausal aufeinander bezogener Ereignisse, welche von gleichem oder ähnlichem Sinngehalt sind. Dies im Gegensatz zu Synchronismus, welcher die bloße Gleichzeitigkeit zweier Ereignisse darstellt.« Jung glaubte: »Es ist nur die eingefleischte

Überzeugung von der Allmacht der Kausalität, welche dem Verständnis Schwierigkeiten bereitet und es als undenkbar erscheinen läßt, daß ursachelose Ereignisse vorkommen oder vorhanden sein könnten« (42).

Ich habe oben die experimentelle Erfahrung der Neurowissenschaftler beschrieben, wonach Menschen mit einer ausgeprägten Neigung, Zusammenhänge zu assoziieren, einerseits zwar sehr kreativ, andererseits aber im Extremfall auch Psychose-gefährdet sind. Der Münchner Psychoanalytiker Paul Matussek, der lange am Max-Planck-Institut für Psychiatrie gearbeitet hat, veröffentlichte 1997 ein Buch über Psychosetherapie (43), in dem er sich unter anderem auch mit C.G. Jung beschäftigt. Dieser ist ein Beispiel für die beiden Seiten einer Extrembegabung. Matussek diagnostizierte: »Jung dürfte ein lehrreiches und vieldiskutiertes Beispiel für einen dauernden Kampf mit einer drohenden bzw. ausgebrochenen Psychose sein. Durch sein ganzes Leben zog sich die Abwehr einer psychotischen Entgleisung, unabhängig davon, wie man sie damals und heute bezeichnen mag.« Das sagt selbstverständlich nichts darüber, ob Jungs Assoziationen einen objektiven Hintergrund haben oder nur subjektive Weltdeutungen sind. Wohl aber würde es, falls Matusseks Diagnose zutreffen sollte, bestätigen, dass ein extremer Deutungszwang und Wahnvorstellungen nahe beieinander liegen können.

Die Ideen Jungs über sinnvolle Zufälle spielen in der Psychotherapie auch heute eine Rolle. So meint der Psychotherapeut Robert H. Hopcke: »Zufälle gibt es nicht.« Hopcke glaubt Synchronizitäten besonders in Situationen des Übergangs beobachten zu können: »In solchen Phasen, in denen wir häufig auf Hilfe von außen hoffen und bei unseren Mitmenschen Rat suchen, lässt uns die Psyche manchmal eine Art innere Hilfe zukommen in Form von bedeutsamen Zufällen.« Ursula Nuber bezieht sich auf Hopcke und fasst es so zusammen (44): »...sinnvolle Zufälle – Synchronizitäten – sind Winke des Schicksals, das uns damit den Weg weisen will.« Nuber zitiert den Psychotherapeuten Theodor Seifert mit einem Beispiel: »Eine Kollegin muss beim Arzt warten und greift sich zufällig aus dem Stapel der im Wartezimmer ausliegenden Zeitschriften eine heraus. Es ist ein Wissenschaftsmagazin, auf der Titelseite prangt die Zeile ›Gibt es Schutzengel?‹. Als sie nach Hause kommt, wird sie von ihrer 16-jährigen Tochter aufgeregt empfangen:

›Heute hatte ich einen Schutzengel.‹ Was war passiert? Die Tochter wäre beinahe überfahren worden. In der Rekonstruktion stellt die Mutter fest: Der Beinaheunfall hatte exakt zu dem Zeitpunkt stattgefunden, als sie die Zeitschrift in der Hand hatte. Den Sinn dieser Synchronizität konstruiert die Mutter so: Sie erkennt, dass sie eine 16-jährige nicht mehr schützen kann. Aber gleichzeitig empfindet sie Zuversicht, denn offenbar gibt es Kräfte, die der Tochter Schutz geben.«

Der Neuropsychologe Peter Brugger dagegen kommt zu völlig anderen Schlussfolgerungen: »Religiöse Dimensionen kann unsere Jagd nach dem ›bedeutungsvollen Zufall‹ dann erhalten, wenn wir unsere eigene Person als plötzlich in den Mittelpunkt gerückt erleben. Der Mensch, der einen Flugzeugabsturz überlebt, weil er einer Eingebung folgend in letzter Minute vom Besteigen des Flugzeugs abgesehen hat, mag Gott für den wohlwollenden Schutz und die von Menschenliebe zeugende Gütigkeit danken. Seine egozentrisch ausgerichtete Denkweise lässt ihn dabei übersehen, dass derselbe Gott in demselben Ereignis, vor dem er uns bewahrt hat, Hunderte von Mitmenschen in den Tod schickte. Weniger gottesgläubige Personen würden die rettende Eingebung auf hellseherische oder prophetische Kräfte zurückführen und damit der Parapsychologie als Religionsersatz huldigen. Im Übersinnlichen einen archaischen Schutzmechanismus vermutend, würden diese Personen dabei nicht in Betracht ziehen, dass einige Passagiere die Unglücksmaschine vielleicht nur deswegen wählten, weil sie einer plötzlichen Eingebung folgend, den Flug davor übersprungen hatten ...« (19).

Auch hier lässt sich einiges psychologisch erklären: Offensichtlich sind die Menschen unterschiedlich achtsam. Wie ich an anderer Stelle beschrieben habe (21), unterscheiden sich »Glückspilze« von »Pechvögeln« darin, dass die Glückspilze eine wesentlich bessere Menschenkenntnis haben. Das heißt, sie erkennen leichter Zusammenhänge. Pechvögel dagegen sind eher davon überzeugt, dass ein böses Schicksal ihr Leben bestimmt. Das enthebt sie der Mühe, Ursachenforschung zu treiben oder gar an sich zu arbeiten. Menschen, die besonders achtsam sind, können manches richtig voraussehen, das den weniger Aufmerksamen verborgen bleibt. Und jedermann kann dem, was ihm zufällig passiert, einen Sinn abgewinnen. So könnte man zum Beispiel das oben genannte »Schutzengel«-Zusammentreffen ebenfalls interpretieren. Der Mensch kann aktiv gestalten, er kann jedenfalls das, was er erfährt, für sich persönlich deuten. Und er hat nun einmal das Bedürfnis, seinem Leben einen Sinn zu geben, es selbst in den extremsten Situationen als sinnvoll zu erfahren.

Der österreichische Psychoanalytiker Viktor E. Frankl hat als Jude das Konzentrationslager Auschwitz überlebt. Er hat dort die Erfahrung gemacht, »daß man dem Menschen im Konzentrationslager alles nehmen kann, nur nicht: die letzte menschliche Freiheit, sich zu den gegebenen Verhältnissen so oder so einzustellen. Und es gab ein ›So oder so‹! … Die geistige Freiheit des Menschen, die man ihm bis zum letzten Atemzug nicht nehmen kann, läßt ihn auch noch bis zum letzten Atemzug Gelegenheit finden, sein Leben sinnvoll zu gestalten.« Damit meint Frankl im Zusammenhang mit Auschwitz auch das ›So oder so‹ zu sterben. Wenn das Leben überhaupt einen Sinn habe, dann müsse auch das Leiden einen Sinn haben. Frankl setzte sich als KZ-Häftling mit der Ansicht seiner Mitgefangenen auseinander: »Werden wir das Lager überleben? Denn wenn nicht, dann hat dieses ganze Leiden keinen Sinn.« Angesichts des Sterbens seiner Mitgefangenen in den Gaskammern fragte Viktor Frankl anders: »Hat dieses ganze Leiden, dieses Sterben rund um uns, einen Sinn? Denn wenn nicht, dann hätte es letztlich auch gar keinen Sinn, das Lager zu überleben. Denn ein Leben, dessen Sinn damit steht und fällt, daß man mit ihm davonkommt oder nicht, ein Leben also, dessen Sinn von Gnaden eines solchen Zufalls abhängt, solch ein Leben wäre nicht eigentlich wert, überhaupt gelebt zu werden« (45). Frankl verwendet hier das Wort »Zufall«. Dieser hindert den Menschen, wie er aus seiner Extremerfahrung heraus weiß, nicht daran, dem Leben und Sterben einen Sinn zu geben. Natürlich hat Frankl genau gesehen: »nur wenige haben sich im Lager zu ihrer vollen inneren Freiheit bekannt und zur Verwirklichung jener Werte aufschwingen können, die das Leiden ermöglicht. Aber wenn es auch nur ein einziger gewesen wäre – er genügte als Zeuge dafür, daß der Mensch innerlich stärker sein kann als sein äußerliches Schicksal, und nicht nur im Konzentrationslager.«

Die Losung des Tages

Insbesondere wenn uns Schlimmes widerfährt, fragen wir nach dessen Sinn. Nicht nur Viktor Frankl, sondern auch viele andere Menschen haben versucht, die Erlebnisse im und nach dem Zweiten Weltkrieg für sich selbst zu deuten und Antwort auf die Frage nach dem Warum? zu finden. Seit dem Jahre 1731 erscheint jedes Jahr ein Buch mit »Losungen« für den Tag, mittlerweile in einer Auflage von über einer Million Exemplaren in rund fünfzig Sprachen. Ein Sinnfindungsbuch nach den Gesetzen des Zufalls gewissermaßen.

Die Idee hatte Nikolaus Ludwig Graf von Zinzendorf in der sächsischen Oberlausitz. Der fromme evangelische Christ hatte im Jahr 1722 Protestanten aus Böhmen und Mähren, die um ihres Glaubens willen von den Katholiken verfolgt wurden, auf seinem Landgut aufgenommen und »unter der Hut des Herren« die »Gemeine Herrnhut« gegründet. Diese »Gemeine« lebte nach dem Vorbild der frühen Christen ohne dogmatische Scheuklappen mit der Bibel. Mittlerweile ist aus diesen Anfängen die Herrnhuter Brüdergemeine mit weltweit über 830 000 Mitgliedern geworden, davon zwei Drittel in Afrika und nur 6500 in Deutschland. Denn die den Pietisten nahestehende evangelische Freikirche missioniert in aller Welt. Genauer gesagt tun das vor allem die Evangelikalen aus den USA. »Sie nutzen bewusst – und ungefragt – das gute Image der Herrnhuter Unität«, beklagte der Pfarrer von Herrnhut, Andreas Tasche im Herbst 2004 (46). Zinzendorf hatte seinerzeit die Idee, die Bibel zu verzetteln und aus dem Alten wie dem Neuen Testament allerlei ihm wichtige Sprüche herauszusuchen. Zettel mit diesen Sprüchen kamen in eine Schale. Daraus wurden dann wie bei einer Lotterie die »Losungen« gezogen, Sprüche für jeden Tag des Jahres. Das Verfahren hat sich seither nicht geändert. Der fromme Benutzer versucht, jeden seiner Tage unter die jeweilige Losung zu stellen.

Nun widerspricht ein solches Verfahren gewiss jedem historischen Denken. Die Lektüre der täglichen Losung hat formal durchaus Ähnlichkeit mit der täglichen Lektüre eines Zeitungshoroskops. Doch viele Menschen haben mit den Losungen (wohl kaum aber mit dem Horoskop) ihr Leben in guten und vor allem in bösen Tagen besser bewältigt, als es ihnen sonst möglich gewesen wäre. Einer von ihnen war der protestantische Theologe Helmut Gollwitzer, der nach dem Krieg an der Freien Universität in Westberlin lehrte. Gollwitzer hat seine Erlebnisse in russischer Gefangenschaft nach seiner Rückkehr als Buch veröffentlicht, das rasch zu einem internationalen Bestseller wurde. Der Titel ».. . und führen, wohin du nicht willst« (47) ist ein solches Losungswort aus dem Johannes-Evangelium (21, 18, wo es heißt: ».. . ein anderer wird dich gürten und führen, wohin du nicht willst«). Der Pfarrer und Sanitätssoldat hat es in besonderer Weise auf sich bezogen. Helmut Gollwitzer beschreibt, was den meisten der heute Lebenden sicher völlig fremd ist, nämlich wie sehr es ihm und ein paar seiner Mitgefangenen geholfen hat, dass sie die Bibelworte als ganz persönlichen Anruf Gottes verstanden. Das galt zum Beispiel auch für die Losung vom 14. Mai 1945 aus dem Buch Jesaja (54,8): »Ich habe mein Angesicht im Augenblick des Zorns ein wenig vor dir verborgen; aber mit ewiger Gnade will ich mich dein erbarmen, spricht der Herr, dein Erlöser.«

Zumindest im Abendland gibt es kein anderes Buch als die Bibel, das es verträgt, dass ihm einzelne Sätze entnommen werden, die, selbst aus dem Zusammenhang gerissen, bedenkens- und besinnenswert sind. Bis heute ist das christliche Leben so ritualisiert, dass für jede Gelegenheit, die Predigt am Sonntag, Hochzeit, Kindstaufe oder Beerdigung jeweils ein »Spruch« aus der Bibel zur Interpretation herhalten muss. Das spricht, wie gesagt, für den Gehalt des Werks, dass es auch tröpfchenweise noch seine Wirkung entfaltet. Für alle Christen ist das »Buch der Bücher« die Glaubensgrundlage und zumindest für den evangelischen Christen gibt es auch keine andere.

Aus der Bibel, so die christliche Hoffnung, kann man jederzeit immer wieder neu die entscheidenden Antworten auf der Suche nach dem Sinn des Lebens gewinnen. Kritisch kann man freilich anmerken: Wir wissen nicht, was Gottes Wille ist, und deshalb wird immer und immer wieder nachgeplappert, was die biblischen Antworten in jeweils ganz konkreter Situation unter einmaligen Zeitumständen waren, in der Hoffnung, sie seien allgemeingültig. Künstler haben das Leben außerhalb der jeden Moment, jede Begegnung einmalig machenden Geschichte auf unterschiedliche Weise ironisiert: In der Filmkomödie *Und täglich grüßt das Murmeltier* schreitet die Zeit nicht fort. Für den Fernseh-Meteorologen Phil Connors wiederholt sich immer wieder hintereinander der zweite Februar, der *Groundhog Day* in Punxsutawney, an dem sich das erste Murmeltier als ein Frühlingsbote zeigt. Und in dem Film *Jakubowski und der Oberst* nach Franz Werfel verabschiedet sich ein polnischer Oberst in Gestalt von Kurt Jürgens von seiner jeweiligen Geliebten mit stets demselben denkwürdigen Satz: »In der Kathedrale meines Herzens wird immer eine Kerze für dich brennen.«

Der Hang zum Okkultismus

In unserer Zeit findet sich Frömmigkeit, wie sie Helmut Gollwitzer bekannt hat, kaum mehr außerhalb der christlich-fundamentalistischen Gruppierungen. Freilich gibt es dazu auch einen modernen Kontrapunkt, den Hang zum Okkultismus. »Wenn sich Heranwachsende dem Esoterischen, Spirituellen und Magischen zuwenden, drückt sich darin meist die Suche nach einem Lebenssinn aus«, beobachtete Gunther Klosinski, ärztlicher Direktor der Abteilung Psychiatrie und Psychotherapie im Kindes- und Jugendalter an der Universität Tübingen (48). Er zitiert den Erziehungswissenschaftler Werner Helsper von der Universität Halle-Wittenberg, der von der Sehnsucht der Menschen nach »Beheimatung« oder »Wiederverzauberung« spreche, einem Wunsch, der sich freilich, so Klosinski, »keinesfalls auf Heranwachsende beschränkt, wie das in der Bevölkerung breite Interesse für Esoterisches zeigt.« Aus eigener Erfahrung als Therapeut weiß Klosinski, dass er von Patienten aus der Esoterik-Szene nur ernst genommen wird, wenn er sich »als Kundiger in Sachen Okkultismus« ausweist: »Häufig fragen mich junge Patienten, ob ich es für möglich halte, dass sich bei einer Séance Gläser oder Stühle verrücken oder ob es so etwas wie Voodoo-Zauber gebe. Solche Fragen stellen in der Regel eine Falle dar: Wenn der Therapeut dies verneint, schließt der Jugendliche sogleich, man nehme ihn nicht ernst oder halte ihn für seelisch krank.« Klosinski meint, der Therapeut müsse solche Grenzerlebnisse »als subjektive Erfahrungen anerkennen, die sich nur begrenzt hinterfragen lassen«.

»Immer mehr Jugendliche« in Deutschland schließen sich »satanistischen« oder anderen okkulten Gruppen an, wie der Sektenbeauftragte der evangelischen Kirche in Bayern, Bernhard Wolf, beobachtete. »Die

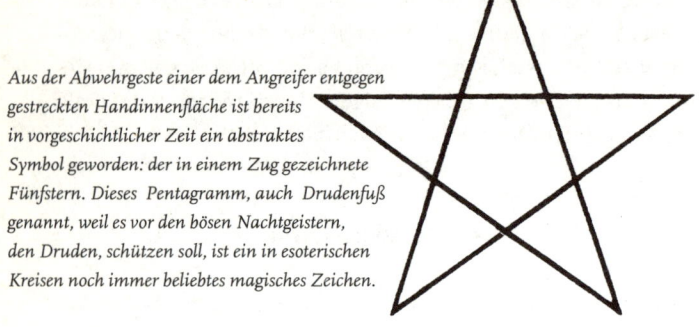

Aus der Abwehrgeste einer dem Angreifer entgegen gestreckten Handinnenfläche ist bereits in vorgeschichtlicher Zeit ein abstraktes Symbol geworden: der in einem Zug gezeichnete Fünfstern. Dieses Pentagramm, auch Drudenfuß genannt, weil es vor den bösen Nachtgeistern, den Druden, schützen soll, ist ein in esoterischen Kreisen noch immer beliebtes magisches Zeichen.

Todessehnsucht und Suizidneigung steigt« (49). Drei junge Leute in München, die der »Gothic-Szene« angehörten, hatten im November 2003 vergeblich versucht, eine 18-jährige Schülerin auf deren eigenen Wunsch zu töten. Im August 2001 sprangen drei Jugendliche von der 78 Meter hohen Göltzschtalbrücke im sächsischen Vogtland in den Tod. »Unzufriedenheit mit dem Leben« sollen die jungen Männer, die ebenfalls der Gothic-Szene zugerechnet wurden, in einem Abschiedsbrief geäußert haben. Sie hätten sich etwas Besseres vorgestellt. Die Lebenserfahrung, die sich in dem von den Gebrüdern Grimm aufgezeichneten Volksmärchen von den *Bremer Stadtmusikanten* niedergeschlagen hat, besagt dagegen: »Etwas Besseres als den Tod findest du überall.«

Im Juli 2001 ermordete ein Pärchen in Witten einen 33-jährigen Mann bestialisch: »Satan gab mir den Befehl zu töten«, so der junge Mann gegenüber der Polizei. Satanisten im 21. Jahrhundert hängen einer Vielzahl unterschiedlicher Kulte an, wenn auch Anhänger dieser Gruppen keineswegs alle Satanisten sind. Man findet diese jedoch unter Anhängern der Hardrock-Variante *Death Metal* oder der Modebewegung *Gothic*, die den schwarzen Kleidungsstil der Teufelsanbeter kultiviert.

»Weltlichen Sekten« sind in unserem Kulturkreis in der Auseinandersetzung mit dem Christentum entstanden, und sie üben manchmal unerwarteten gesellschaftlichen Einfluss aus. Der Brite Aleister (Alexander Edward) Crowley gilt als Begründer des neueren Satanismus und spielt heute noch in okkultistischen Kreisen eine Rolle. Der 1875 in einer Bierbrauerfamilie Geborene wird christlich-fundamentalistisch erzogen, wogegen er rebelliert. Weil die Mutter damit nicht zurecht kommt, steckt sie den 13-jährigen in ein christliches Internat. Dort versucht man ihn mit Gewalt – durch lang andauernde Isolierung – umzuerziehen, was seinen Hass gegen alles Christliche nur steigert. Bei einem Besuch in Kairo im Jahre 1904 steht Crowley in einem Museum vor dem Ausstellungsstück mit der Nummer 666; diese Zahl wird im biblischen Buch der Offenbarung (13,18) mit dem »Tier« gleichgesetzt, weshalb sich Crowley selbst »The Beast – 666« nennt. Die Nummerierung in Kairo gilt einer Holzstele aus der Zeit um 650 vor Christus, die es Crowley besonders angetan hat. Sie stellt eine Opferszene dar: Der Besitzer der Stele steht vor dem ägyptischen Gott Re-Harachte. Später im Hotel erscheint dann dem mit magischen Praktiken vertrauten Crowley nach seiner Darstellung ein Abgesandter des ägyptischen Gottes mit dem schönen Namen Aiwaz und diktiert ihm das »Buch des Gesetzes«. Darin verbinden sich anti-moralistische Thesen (»Der Mensch hat das Recht zu lieben wie er will; auch erfüllet euch nach dem Willen in Liebe, wie ihr wollt, wann, wo und mit wem ihr wollt«) mit fernöstlicher Mystik. Auf seine Ideen (»Die Sklaven sollen dienen«) berufen sich später die Nationalsozialisten, die sich in der Thule-Gesellschaft zusammenfinden. 1914 eröffnet Crowley einen »Tempel« in Vancouver, 1920 in Neapel die »Heilige Abtei Thelema«, lässt sich 1925 von einer Gruppe deutscher Okkultisten im thüringischen Weida zum »Weltheiland« ausrufen, geht wieder zurück nach Vancouver. Dort macht er einen Jack Parsons zum Leiter seines Tempels. Dieser bildet L. Ron Hubbard aus, den späteren Gründer der *Scientology*-Sekte. Vermutlich an einer Überdosis Heroin stirbt Crowley 1947.

Die Faszination des Todes ist, so der Sektenbeauftragte Wolf, kennzeichnend für die schwarze Szene unserer Zeit. So seien bei den Gothic-Anhängern die Grenzen zwischen dem Ausleben einer Symbolik und der tatsächlichen Selbstgefährdung fließend. Aus den Liedtexten der von ihnen bevorzugten Musik werde ihre depressive Grundeinstellung deutlich. Hier drückt sich also im Grunde das verzweifelte Bemühen aus, in der Gemeinschaft mit Gleichgesinnten im Leben oder Sterben einen Sinn zu finden. »Sehr langsam, den Kopf nach unten hängend, einen Schritt vor und zwei zurück – das, sagen Spötter, sei der Tanzstil von sogenannten Grufties, Gothics und allen anderen, die Interesse daran finden, sich mit den dunklen Seiten des Lebens zu beschäftigen« (50). Und wie das in unserer Zeit so ist, auch hier nimmt sich der Kommerz entstehender Bedürfnisse an: Nicht nur eine dazugehörige Musikszene hat sich entwickelt – wobei der Verfassungsschutz »häufig Berührungspunkte zwischen neofaschistischen und satanistischen Umtrieben« sieht (51). Es entstehen auch Spezialgeschäfte mit Kleidung und Schmuck für Gothic-Fans sowie Kneipen, die sich auf diese Zielgruppe spezialisieren, wie Bernhard Wolf beobachtet.

Heute sind die Kirchen jedenfalls in Europa wenig gefragt. Doch das Bedürfnis nach Sinnfindung und nach Gemeinschaft mit Gleichgesinnten bleibt. Die Menschen suchen nach Wegen, diese Bedürfnisse zu leben. Weltliche Institutionen haben längst im Esoterischen eine Marktlücke entdeckt und werben dafür in einer quasi-religiösen Sprache. In München wurde im Juni 2004 ein »1. Internationales Genesis Symposium« abgehalten mit so brisanten Themen wie »Erschafft die Melodie der Schöpfung das Universum immer wieder neu?« oder »Ist das kosmische Bewusstsein ein globales morphogenetisches Hintergrundfeld?« oder »Die Exkarnation der Schöpfung«. Hier wird im Gewande der Wissenschaft neuer Aberglauben produziert. Man kann auch sagen, es ist »wissenschaftlicher Kitsch«, weil mit unverständlichen, irgendwie bedeutsam klingenden Worten »Bedeutsamkeit« suggeriert werden soll. Es gibt mittlerweile eine umfangreiche esoterische Literatur, in der eben dies praktiziert wird.

V.

Archaische Wurzeln des Glaubens

Der Kinderglaube

Vermutlich den meisten Menschen hierzulande sind die Geschichten, die die Bibel erzählt, immer noch – auch wenn sich das rasch zu ändern scheint – von Kindheit an vertraut, von den Eltern erzählt, im Kindergottesdienst, im Kindergarten, in der Schule. Sie sind ein Fundament unserer Kultur und unseres Glaubens, der oft ein Kinderglauben geblieben ist, der ohnedies von vielen Menschen nur noch in Extremsituationen in Anspruch genommen wird.

Die Grundlage des jüdischen und christlichen Glaubens, das Alte und das neue Testament, Thora und Bibel, sind geniale Kompositionen von Theologen mit jeweils politischen Ambitionen, dazu bestimmt, die Menschen zum Glauben zu bringen und darin zu bestärken. Wenn man die Bibel allerdings in ihre Bestandteile zerlegt und mit den Mitteln der Wissenschaften analysiert, geht der Kinderglaube verloren. Davor haben viele Menschen Angst, und das stimmt sie traurig, wie es traurig stimmen kann, kein Kind mehr sein zu dürfen. Es gehört aber zum Leben, dass ein Kind erwachsen wird, auch wenn mancher Mensch das zu vermeiden sucht. Die große Mehrheit aller Gläubigen in der Welt, ob sie nun Ultraorthodoxe sind oder Biblizisten oder Islamisten, versucht das zu vermeiden, indem sie darauf beharrt, dass ihre »heiligen Schriften« direkt von Gott offenbart worden seien und nicht hinterfragt werden dürften. Eine Deutungsmöglichkeit für solche Verhaltensweisen bieten, meine ich, die oben zitierten Beobachtungen von Paul Watzlawick über »selbstabdichtende« Erklärungen; Annahmen, die nicht falsifiziert werden können. Für die Fundamentalisten wären die emotionalen Konsequenzen unerträglich, wenn ihr Weltbild auch nur angekratzt würde. Denn es handelt sich um ein sehr fragiles Weltbild, so dass »Kratzer« darauf unabsehbare Folgen hätten.

Freilich, so wie ein Kind das Bedürfnis hat, »groß«, also erwachsen zu werden, hat der erwachsene Mensch das Bedürfnis, die Dinge zu hinterfragen. Und so geht der Kampf weiter zwischen Aufklärung und dem frommen Opfer des Verstandes (*sacrificium intellectus*); ein Kampf, der andauert, seit es Menschen gibt, und dessen Spuren sich bereits im Alten Testament finden. Die alten Bilder haben freilich, wie ich zuvor geschildert habe, eine andauernde Wirkung. Sie sind tief im Gehirn verankert, dem Bewusstsein kaum zugänglich. Dagegen hilft keine Aufklärung. Deshalb haben auch die Kirchen und vor ihnen die Verfasser der biblischen Schriften die Bilder, die sie bereits vorgefunden hatten, nicht abgeschafft, sondern nur umgedeutet. Und Mohammed hat die Wallfahrt nach Mekka, die es bereits lange vor seiner Zeit gab, nicht verboten, sondern im Gegenteil sogar zu einer Pflicht für jeden männlichen Muslim gemacht.

Die Idee der zwei Welten

Der Urmensch lebte in einer Welt voller übermächtiger Gewalten. Die Kräfte, denen er ausgesetzt war, konnte er sich nur, wie sich selbst, als beseelt vorstellen. Immerhin konnte er die eigene Ohnmacht reflektieren. Aus diesen Erfahrungen entstand das Bild der zwei Welten: der natürlichen Welt mit Menschen und Tieren und einer spirituellen Welt der höheren Gewalten, der Götter, der Ahnen und der Geister. Anders gesagt: der profanen Welt wurde eine heilige Welt gegenübergestellt. Das ist die erste fundamentale Antwort, die der Mensch auf die Frage nach dem Warum gefunden hat. Die älteste religiöse Kultur ist der Schamanismus. Der Schamane ist der Vermittler zwischen diesen beiden Welten. Indem er sich in Ekstase versetzt, kann er sich, wie er glaubt, zwischen ihnen hin und her bewegen. Auf der Schwäbischen Alb lebten vor 36 000 bis 30 000 Jahren Menschen, die aus Elfenbein Tier-Menschen-Figuren schnitzten, etwa Wesen mit menschlichem Unterleib und Kopf und Armen beziehungsweise Vorderbeinen eines Löwen. Man fand auch Figuren, die ein Mammut darstellen, ein Wildpferd oder einen Wasservogel. Einige Archäologen interpretieren die Figuren als dem Umfeld des Schamanismus zugehörig. Ein Wasservogel zum Beispiel ist in verschienenen »Welten« oder Elementen zu Hause: auf dem Boden, im Wasser und in der Luft. Diese Analogie könnte auch den damals lebenden Menschen aufgefallen sein. Sie waren ja nicht dümmer oder weniger fantasievoll als wir Heutigen sind. Die Vorstellung war nun, wie gesagt, dass sich der Schamane ähnlich wie eine Ente, freilich nur im Zustand der Ekstase, zwischen den Welten bewegen könne. Die Medizin bezeichnet die Ekstase als rauschhaften, ins Extrem gesteigerten Gemütszustand, verbunden mit dem Verschwinden der Grenzen des Ich- und des Gegenstandsbewusstseins und der Kritikfähigkeit, unter Umständen im Zusammenhang mit epileptischen Anfällen. Psychologen sprechen von einer individuellen Entpersönlichung bei starker Gefühlsüberflutung und Entrückung aus der Wirklichkeit. Die Schamanen nutzen Techniken des Tanzes, sowie rhythmusbestimmte Musik, um sich in einen Zustand der Trance zu versetzen. Das gelingt im übrigen auch mittels halluzinogener Drogen. Melodie und Rhythmus wirken, so weiß man heute, auf jene Regionen im Gehirn, die zum Beispiel für die Verarbeitung von Trauer, Freude und Sehnsucht zuständig sind. Die Klänge können Weinen auslösen oder eine Gänsehaut und Schauer den Rücken hinunterjagen.

Der zum Schamanen bestimmte junge Mann muss sich einer Initiations-Prozedur unterziehen, in der Regel wird er symbolisch getötet – das heißt, er ist danach ein anderer Mensch. Im Traum oder im Zustand der Trance kann er, so die Vorstellung, seinen Körper unbeweglich zurücklassen und seine Seele auf die Reise in ein Jenseits schicken. Der hypnoseähnliche Zustand der Trance ist verbunden mit der Einengung des Bewusstseins sowie der Fähigkeit, sich in andere Menschen einzufühlen. Ich werde darauf noch zurückkommen. Vor allem in Nordasien hat sich der Schamanismus erhalten. Wie der Evangelische Pressedienst (epd) am 8. Juli 2004 meldete, ist in der russischen Wolga-Region eine Schamanen-Gewerkschaft *Marij kumaltysch* gegründet worden. Vorsitzender sei ein ehemaliger Kolchos-Direktor! Die neue Gewerkschaft wolle sich unter anderem um die Ausbildung von Nachwuchs kümmern. Schamanen in traditioneller Kleidung sind in unserer Zeit als exotische Gäste etwa eines internationalen Psychotherapeuten-Kongresses gerne gesehen. Unter ihnen finden sich sehr erfahrene Heiler, die mit ihrem tradierten Wissen vom Menschen auch heute dort Kranken helfen können, wo die Schulmedizin nicht weiter weiß. Es gibt auch westliche Mediziner, die das anerkennen und – wie auf einer Fachtagung in München im Oktober 2004 – sagen können (52): »Wer heilt, hat Recht.« Die Frage, ob ein ehemaliger Kolchos-Direktor aus der Zeit des Materialismus als offizieller Weltanschauung tatsächlich Schamane werden kann, muss allerdings unbeantwortet bleiben.

Nach uralter Vorstellung kann der Schamane im Zustand der Trance in jene andere Welt reisen und dort mit höheren Wesen verhandeln, Er-

Der Engel Gabriel teilt dem Propheten Mohammed die göttliche Botschaft mit.

kundigungen einziehen und Hilfe erhalten. Auch Mohammed, der Begründer des Islams, wurde im Alter von 40 Jahren, etwa um 610 nach Christus, von Visionen und Auditionen bedrängt, verbunden mit epilepsieartigen Anfällen. Ein Engel, so berichtete er, habe ihm die Botschaften mitgeteilt, die er dann Schreibern diktierte. So ist anscheinend der Koran entstanden. Mohammed unternimmt nach Schamanenart auch eine Reise ins Jenseits, wo ihm »im siebenten Himmel« Allah (von *al-ilah* gleich Der Gott) begegnet.

Die Christen feiern bis heute am Himmelfahrtstag die in der Bibel beschriebene Himmelfahrt Jesu –und erwarten seine Rückkehr zum »Jüngsten Gericht«. Wie deuten die Fachwissenschaftler diese biblischen Bilder? Im folgenden beziehe ich mich auf die Arbeit des katholischen Alttestamentlers und Religionswissenschaftlers an den Universitäten Paderborn und St. Andrews in Schottland, Bernhard Lang (53). »Mit guten Gründen stellt die neuere Forschung auch Jesus in die Reihe der Jenseitsfahrer«, schreibt Bernhard Lang. Allerdings habe er ein solches mystisches Erlebnis »nicht am Ende (als Himmelfahrt nach seinem Tode) sondern am Anfang seines Auftretens« erfahren. Als mystische Jenseitserfahrung könne man die Taufe Jesu verstehen, bei der er sah, dass »sich der Himmel auftat« (Markus 1, 10), oder auch die »Verklärung Jesu«, seine Verwandlung zu einem von himmlischem Glanz durchleuchteten Wesen auf einem Berg, in Anwesenheit von Petrus, Johannes und Jakobus, wobei auch Moses und Elia »verklärt« erscheinen (Lukas 9, 28–36). »Religionsgeschichtlich ist das Ereignis als eine in hypnotischer Trance erlebte Halluzination zu bewerten. Auf den hypnotischen Zustand verweist die Erwähnung des ›Schlafs‹ der Jünger«, so Lang. Wenn die Erklärung stimme, dann finde Jesu hohes Selbstbewusstsein eine ebenso einfache Erklärung wie der Glaube der frühen Gemeinde an Jesus als göttliches Wesen. Jesus habe offenbar seine Jünger zu mystischen Erfahrungen angeleitet. »Er leitete seine Jünger zur Jenseitsfahrt an und gelangte mit ihnen in den dritten Himmel, d. h. das Paradies, in dem sich die verstorbenen Gerechten befinden«, interpretiert Lang (53).

Schamanentum wird, wie gesagt, seit der Steinzeit bis heute praktiziert. In der sich dem Neolithikum, der Jungsteinzeit, anschließenden Bronzezeit, die im Vorderen Orient um 3400 vor Christus einsetzte,

Ein bronzezeitlicher Beamter der Keilschriftkultur: Moses mit den Zehn Geboten Gottes, in einer Darstellung aus dem 17. Jahrhundert.

kam allerdings ein neuer Gedanke auf, ohne dass die alte Vorstellung verschwunden wäre. Der Kreis der Vermittler zwischen beiden Welten wurde nämlich erweitert.

Die neuen Mittlergestalten der Bronzezeit

Die große Errungenschaft der Bronzezeit ist nicht, wie der Name nahe legt, die Fähigkeit des Menschen, aus Kupfer und Zinn Bronze zu legieren und daraus Waffen herzustellen. Vielmehr ist die größte Leistung dieser Zeit die Erfindung der Schrift bis hin zum Alphabet. Die entscheidende Voraussetzung dafür, dass sich in jener Zeit der Stand der Beamten bildete, war, dass sie schreiben und lesen konnten. Man gründete Schulen, in denen dies gelehrt wurde, und in folgenden Schritten auch das Rechnen (verbunden mit Messtechniken), bis hin zur Astronomie und damit der Zeitbestimmung.

Mit den »Beamtenstaaten« entstanden neue Mittlergestalten zwischen den beiden Welten, die der Schicht der Schreiber, der Gebildeten, angehörten: Priester und Propheten sowie die Könige als die Ranghöchsten. Im Zweistromland an Euphrat und Tigris entwickelte sich die Vorstellung, dass sich die Götter in jedem neuen Jahr träfen um das Schicksal der Welt zu bestimmen und auf Schicksalstafeln festzuhalten. Natürlich konnte sich diese Idee erst entwickeln, nachdem die Menschen die Schreibtafeln erfunden hatten. Die weitergehende Vorstellung war dann, dass die Menschen gewisse Anhaltspunkte dessen erhielten, was die Götter beschlossen hatten, diese aber deuten mussten. Das geschah jeweils in einem am königlichen Hof arbeitenden Kollegium. Aus der Zeit des assyrischen Königs Assurbanipal, der eine große Bibliothek von Keilschrift-Tontafeln in Ninive angelegt hatte, ist die Liste der Teilnehmer eines solchen Kollegiums erhalten geblieben. Die Gruppe der Esoteriker bestand aus sieben Sterndeutern, neun Exorzisten, fünf Vorzeichenkundigen, neun Ärzten, sechs Sängern von Klageliedern, drei Auguren, drei ägyptischen Magiern und drei ägyptischen Schreibern. Heute, über zweieinhalb Jahrtausende später, ist der Wunsch, in die Zukunft zu schauen, vermutlich ähnlich stark wie damals. Das Kollegium der Zukunfts-Seher ist weitgehend auf die Zunft der Astrologen geschrumpft, die allerdings in den Boulevard-Medien einen zur Zeit des Assurbanipal noch unvorstellbaren Resonanzboden gefunden haben. Und so kann *Bild* die Weisheit der nicht weiser, wohl aber fantasievoller gewordenen modernen Sterndeuter verkünden (54): »Der Mars jagt Lustwellen durchs All« – verbunden mit der unbeantworteten Frage der natürlich Vorzeichen-unkundigen Redaktion: »Werden heute Nacht Helden gezeugt?«

Die neuen Vermittler zwischen beiden Welten handeln symbolisch, sie müssen dazu nicht mehr in Trance fallen. Wie Lang schreibt, sind Vorstellungen aus dem Schamanentum auch im Alten Testament nachweisbar, und das heißt in der altorientalischen Welt, die diese Schriften geprägt hat: Es geht um die Reise ins Jenseits und die Verwandlung des Amtsträgers in eine den Göttern nahestehende Gestalt.

Die Thronbesteigung eines Königs symbolisiert nämlich jene Reise in die andere Welt. Das ist nicht ohne weiteres zu erkennen. »Mit der Jenseitsfahrt war ein in heutigen Augen wenig spektakulärer ritueller Vorgang gemeint, dem gleichwohl große symbolische Bedeutung zukam«, schreibt Lang. Der angehende König besteigt im Tempel einen zur Rechten des den Gott sitzend darstellenden Bildes den Thron. (»Er sitzt zur Rechten ‹Gottes› des Vaters«, heißt es von Jesus im Glaubensbekenntnis der Christen). Ein Mythos aus dem seit etwa 2400 vor Christus in Keilschriften bezeugten Stadtstaat Ugarit an der Mittelmeerküste im heutigen Syrien ermöglicht es, die Thronbesteigung und ihre Bedeutung zu rekonstruieren. Bernhard Lang: »Wenn der Kandidat bei seiner Einsetzung auf dem Thron Platz nahm, wurde dies als Inthronisation im Himmel verstanden, die ihn in einen Gott verwandelt. Verläßt er den Thron, so kehrt er zur Erde zurück, um sein Volk zu regieren. Der König hat Zugang zu den Göttern; macht er von diesem Vorrecht Gebrauch, so durchläuft er eine Reihe ritueller Handlungen: Betreten des Heiligtums, Besteigen des Tempelturms und Erheben der Hände zur Bestätigung der hergestellten Verbindung.« Auch in der christlichen Welt erhebt ein Priester oder Pfarrer rituell seine Hände, wenn er den Segen Gottes erbittet.

Biblische Spuren der altorientalischen Götterwelt

In der Bibel, vor allem in den Schriften des Alten Testaments, hat die ganze Götterwelt des Vorderen Orients ihre Spuren hinterlassen. Das fällt dem heutigen Bibel-Leser kaum auf. Erfährt er doch darin nur von dem einen Gott, dem Gott der Juden und Christen, der mächtiger ist als alle Götzen der Heiden. Doch die Lektüre der Jahrtausende alten Schriften ist interpretationsbedürftig. Das darf nicht verwundern. Die deutsche Verfassung zum Beispiel, das Grundgesetz, ist erst ein gutes halbes Jahrhundert alt und ein ganzer Berufsstand, der der Verfassungsjuristen, tut nichts anderes, als das Grundgesetz auszulegen.

Noch vor wenigen Jahrzehnten erschien für die Theologen, die die Bibel deuten wollten, alles klar. So interpretierte der hoch angesehene protestantische Heidelberger Alttestamentler Gerhard von Rad 1960 das ganze Alte Testament »heilsgeschichtlich«. Das heißt, er stellte es unter das Leitmotto des Bekenntnisses Israels zum fortgesetzten Wirken des einen Gottes in der Geschichte. Heute erzwingen die neuen Erkenntnisse eine neue, weniger geradlinige Sicht. Die Bibel ist eine geniale Komposition, aus vielerlei Teilstücken zusammengesetzt, die aus ganz verschiedenen Zeiten stammen und den unterschiedlichsten Intentionen dienten – zuzeiten ihrer Entstehung oft anderen als für die Verfasser der biblischen Bücher. Und nun lösen sich unter dem Seziermesser der Forscher »die als gesichert geltenden Quellenschriften J und E in kleinere Erzähleinheiten auf . . .«, wie die katholische Professorin für Theologische Frauenforschung an der Universität Münster, Marie-Theres Wacker, betont (55). In dem Zitat steht J für die Gottesbezeichnung Jahwe, E für Elohim, Die sogenannte J-Quelle, die älteste des Pentateuchs (der die fünf Bücher Mose umfassenden Thora) hat man lange auf das 9. vorchristliche Jahrhundert datiert. Archäologen beweisen jedoch heute »ihre ursprüngliche Abfassung im 7. Jahrhundert« (56).

Jahrhunderte später erst seien im Alten Testament »Sagen, Personen und Bruchstücke von Erzählungen . . ., die in eine weit zurück liegende Zeit reichen . . . geschickt zusammengefügt« worden. Wenn man dies erkenne, so die beiden Archäologen Israel Finkelstein und Neil A. Silberman, beginne man auch, »das wahre Genie und die anhaltende Kraft dieser einmaligen, einflußreichsten literarischen und geistigen Schöpfung der Menschheitsgeschichte zu ermessen.« In der jüdischen und christlichen Glaubenswelt stehen freilich weiterhin die bekannten biblischen Geschichten im Zentrum, von der Wanderung der Erzväter, dem Auszug aus Ägypten, der Eroberung Kanaans bis zu dem ruhmreichen Großreich der Könige David und Salomon – allesamt Erzählungen, an deren Historizität die modernen Wissenschaften »nachhaltige Zweifel« anmelden (56).

Man kann in der Bibel die Evolution eines Gottesbildes erkennen, dessen archaische Wurzeln sich inzwischen sehr gut freilegen lassen. Der französische Religionswissenschaftler Georges Dumézil (†1986) hat sich genauer damit beschäftigt, dass die indoeuropäische Kultur ihre Wurzeln in der Dreiteilung der Gesellschaft hat: Priester, Krieger und Bauern. Diese findet, so erkannte Dumézil, in einer Dreigliederung der Götterwelt ihre Entsprechung: Herrschende Götter, Kriegsgottheiten und göttliche Vermittler von Reichtum. Bernhard Lang hat eine solche Dreiteilung der Götterwelt auch in den Schriften des Alten Testaments gefunden. Den Gott der Weisheit, den Kriegsgott und den Gott des Lebens (der Tiere, der Ernte und des einzelnen Menschen). Die Bilder, die man sich von diesen drei verschiedenen Gottheiten gemacht hat, verbinden sich im Laufe der Zeit mit noch weiteren zum Bild des einen Gottes Israels. Das zeigt die detaillierte Untersuchung.

Der höchste ugaritische Gott heißt El und regiert die Welt mit seinen göttlichen Söhnen und Töchtern, die er mit seiner Gemahlin Aschera gezeugt hat. Archäologische Funde belegen, dass die Göttin Aschera lange Zeit auch als Gemahlin Jahwes verehrt wurde. Die Bibel erzählt, dass der Erzvater Jakob seinem Gott einen Altar errichtete »...und nannte die Stätte El-Bethel, weil Gott sich ihm daselbst offenbart hatte ...« (1. Mose 35, 7). Da erscheint ebenfalls der Name El. Der biblische Schöpfergott wird Jahwe genannt, »hieß ursprünglich aber wohl El (wie der göttliche Weltherr Ugarits) oder Elohim«, schreibt Lang. Ähnlich wie im Götterhimmel Ugarits ist auch dem biblischen El eine Göttin untergeordnet, nicht zu verwechseln mit einer Gemahlin. »In der Bibel läßt sich die polytheistische Mythologie Syriens vor allem in Texten erkennen, die von monotheistischer Revision unberührt blieben. Im Mittelpunkt solcher unzensierter Texte stehen ein weiser Schöpfergott und eine ihm zugeordnete Weisheitsgöttin«, so Bernhard Lang. Diese

Göttin heißt Hokma. Der Name wird in der Bibel mit »Weisheit« übersetzt. Lang: »Da die Weisheitsgöttin dem Schöpfergott deutlich untergeordnet ist, konnten sich ihre Spuren in der Bibel behaupten.« Im *Buch der Sprichwörter*, auch *Sprüche Salomos* genannt, dem nach Lang vermutlich ältesten biblischen Buch, ist von Hokma die Rede: »Ich, die Weisheit ... Ich bin eingesetzt von Ewigkeit her, im Anfang, ehe die Erde war ... Als er die Himmel bereitete, war ich da ...« (Sprüche 8, 12, 23 und 27) heißt es im Alten Testament in der 1984 revidierten Übersetzung Martin Luthers. Weil die Göttin von Anfang an dabei war, kennt sie die Geheimnisse der Welt; ein Gedanke, der auch im Olymp der griechischen Götter seine Spuren hinterlassen hat.

Weisheit, Klugheit und Einsicht sind die der Göttin Hokma zugeordneten Attribute, und dies sind in der damaligen Zeit »Beamtentugenden« (Lang), im Unterschied zu Attributen, die man etwa einem Kriegsgott gab. Das ist positiv zu verstehen, was heute nicht mehr selbstverständlich erscheint. Denn ein Beamter genoss wegen seiner besonderen Fähigkeiten, schreiben und lesen zu können, im Alten Orient großes Ansehen. Die Organisation der Herrschaft lag damals in den Händen des Königs und seiner Beamten. Der babylonische König Hammurabi zum Beispiel, der um 1700 vor Christus lebte, wird nach Lang als »der Gott unter den Königen, mit Weisheit vertraut« bezeichnet. Aus diesen Vorstellungen heraus entwickelte sich das Bild des Gottes als höchstem Gesetzgeber. Der irdische Herrscher empfängt von diesem seine Gebote. So wurde dem Mose auf dem Berg Sinai von Gott das göttliche Gesetz in Form von »zwei Tafeln« mitgeteilt, »die waren beschrieben auf beiden Seiten« (2. Mose 32, 15). Anschließend sah man dem zurückkehrenden Mose an, dass »die Haut seines Angesichts glänzte, weil er mit Gott geredet hatte« (2. Mose 34, 29). Für Bernhard Lang sind dies »Spuren einer Vergöttlichung«. Die einzige Kultur, in der man Tontafeln auf beiden Seiten beschriftet hat, war die der Babylonier und Assyrer an Euphrat und Tigris. Und daraus folgt, so Lang: »Die Tradition, welche Gott selbst die Aufzeichnung von Gesetzen zuschreibt, stellt sich den Urheber in der Gestalt eines weisen Beamten der Keilschriftkultur vor.« Nach der Zerstörung Jerusalems und seines Tempels in Jahre 586 vor Christus konnte die Weisung Gottes nicht mehr auf einer »Jenseitsfahrt« eingeholt werden. Denn die Monarchie war am Ende, es gab keinen König mehr, der auf die Reise hätte gehen können. So entwickelte man die Vorstellung, dass die Jenseitsfahrt auch nicht mehr nötig sei. Denn die göttliche Weisung stand ja bereits im Gesetzesbuch der Hebräer. Deshalb nennt man die jüdische Religion auch »Gesetzesreligion« – im Gegensatz zum Christentum, das sich als Offenbarungsreligion versteht, weil sich Gott (in) Jesus offenbart habe. Ähnlich wie die Herrscher im Zweistromland mit ihren Vasallen Verträge abschlossen, in denen Rechte und Pflichten genau geregelt waren, entstand im Judentum die Idee eines Bundes zwischen Gott und den Israeliten. Entwickelt wurde die Idee des Bundesverhältnisses zwischen Gott und Volk vermutlich in der Zeit von König Joschija, der im Jahre 622 vor Christus religiöse Reformen vornahm.

Die zweite wichtige Gottheit neben dem Gott der Weisheit war im Vorderen Orient der Kriegsgott. Bernhard Lang identifizierte als »das große Dogma der bronzezeitlichen Theologie . . .: Gott ist siegreicher Kämpfer und Feldherr.« Dabei könne man zwei Kriegsideologien unterscheiden: eine archaische, nach der Gott das Heer auf dem Schlachtfeld unterstütze, und eine »postarchaische«, wonach Gott den Feind ohne menschliches Zutun vernichte. Die erste Variante belegt die »Geierstele«, ein sumerisches Kriegsdenkmal aus der Zeit um 2500 vor Christus. Hier kämpft der König Eannatum im Auftrag seines Gottes Ningirsu einen »heiligen Krieg«. »Der Staatsgott ist Kriegsgott«, schreibt Lang, womit er meint, dass die bronzezeitliche Auffassung in Israel, Ägypten und dem Zweistromland ungebrochen weiterlebte. Man kann ergänzen: bis in das 21. nachchristliche Jahrhundert. Heilige Kriege werden bis heute im Vorderen Orient geführt. Und in Europa zogen »Seine Kaiserliche und königliche Apostolische Majestät von Gottes Gnaden«, der Kaiser von Österreich, sowie der deutsche Kaiser, ebenfalls »von Gottes Gnaden«, gegen den Zaren »von Gottes Gnaden, Kaiser und Selbstherrscher aller Reussen«, anno 1914 in den Ersten Weltkrieg. »Mit Gott für Kaiser und Reich« hieß das Motto der deutschen Soldaten. »Thron und Altar« waren jeweils eng miteinander verbunden.

Die postarchaische Variante der bronzezeitlichen Theologie drückt sich in einem Mythos aus: dem Kampf eines göttlichen Kriegers gegen das Chaos. Um 1380 vor Christus wurde, wiederum in der Stadt Ugarit, der Mythos vom Kampf zwischen dem Wettergott Baal und dem Meeresgott Jam aufgezeichnet. Baal ist derjenige, der – in einem regenarmen Gebiet besonders wichtig – den Regen und damit die Fruchtbarkeit spendet. Donner und Blitz sind seine Waffen. Der Gott des ungestümen Meeres dagegen machte den Menschen am Mittelmeer Angst. Im Altertum konnte wegen der Stürme das Meer im Winterhalbjahr nicht befahren werden, und man sehnte sich danach, dass wieder Ruhe einkehrte. Man verstand Gewitterstürme und Meereswellen als Kampf zwischen dem Wettergott Baal und dem Meeresgott Jam. Am Ende siegt Baal, die Wolken bringen den ersehnten Regen, und die Erde beginnt in jedem Frühling neu zu grünen.

Spuren dieses nie endenden mythologischen Kampfes der Götter finden sich auch in der Bibel. So heißt es im Psalm 74 (13–14) von Gott: ». . . Du hast das Meer gespalten durch deine Kraft, zerschmettert die Köpfe der Drachen im Meer. Du hast dem Leviatan die Köpfe zerschlagen . . .«. »Der Mythos vom Chaoskampf offenbart uns das Weltbild der alten Kriegergesellschaften. Nach ihrer Auffassung ist die gegenwärtige geordnete Welt das Ergebnis des Sieges der Götter (oder Gottes) über die finsteren, dämonischen Mächte des Chaos«, interpretiert Lang.

Der Meeresdrachen Leviatan, den später auch das Alte Testament erwähnt, auf einem Muscheltäfelchen, vermutlich aus der Zeit 2350 bis 2150 vor Christus.

Die Autoren der biblischen Schriften haben ihr Gottesbild weiterentwickelt, indem sie »die aggressive Rolle des göttlichen Kriegers mit dem ruhigeren Gericht des Herrn der Weisheit« (Lang) verknüpften. So werden apokalyptische Vorstellungen entwickelt, wonach am Ende aller Kämpfe Gott als Richter für alle Zeit die Guten zu sich nimmt und die Bösen verdammt. »Die Schreiber der alten Welt begeistern sich nicht für Waffen«, weiß Lang. Ich spekuliere nun: Das letzte Wort hatten nicht die Generale dieser alten Welt, sondern die Schreiber, denn sie allein konnten ihre Gedanken der Nachwelt erhalten. Vor rund 4050 Jahren regierte in Ägypten der Pharao Merikare. Für ihn notierten die Beamten, gewissermaßen als Testament des Vaters Achthoes III. für seinen Sohn, obwohl erst nach dem Tode des alten auf Veranlassung des neuen Pharaos aufgeschrieben: »Sei ein Meister im Reden, um zu siegen. Eines Königs Schwertarm ist seine Zunge. Worte besiegen besser als jede Waffe.« In diesem Testament stehen auch Sätze wie diese: »Es nützt einem Mann nichts, wenn er wieder aufbauen will, was er zerstört hat. . . . Jeder Schlag wird mit seinesgleichen vergolten. Das ist die Aufeinanderfolge aller Taten« (57). Wenn diese über viertausend Jahre alte Weisheit beachtet worden wäre, wären der Welt viele Nahostkriege erspart geblieben. Allerdings ging die Herrschaft des Geschlechts Merikares nur wenige Monate nach dessen Tode zuende.

Die Idee, dass am Ende aller Kämpfe das Böse endgültig besiegt sein würde, hatte als erster wohl Zarathustra, der Prophet einer persischen Religion, der etwa um 1300 vor Christus im südlichen Russland lebte. »Die jüdische und christliche Apokalyptik hat ihr Drama nach der persischen Auffassung gestaltet, die sich ihr durch Kulturkontakt vermittelt haben muss«, so Lang. Ich werde später darauf zurückkommen und schildern, welche große Rolle heute die apokalyptischen Vorstellungen für christliche Glaubensgemeinschaften vor allem in den USA spielen.

Spuren der Jäger und Sammler

Das jüdisch-christliche Bild von Gott fügt sich, wie ich gezeigt habe, aus den älteren Bildern des Weisheitsgottes und des Kriegsgottes zusammen. Um den dritten Aspekt von einem »Gott des Lebens« zu verstehen, müssen wir einen Schritt zurück in noch fernere Vergangenheit machen. Aus den Jägern und Sammlern der Altsteinzeit wurden, zuerst im Vorderen Orient, in der sogenannten neolithischen Revolution Bauern und Hirten. Diese Entwicklung vollzog sich am Ende der letzten Eiszeit vor zehntausend bis achttausend Jahren. Auch die Spuren einer Jägerkultur und -religiosität haben sich bis heute erhalten; ja sie sind sogar zu einer zentralen Ideologie innerhalb des Christentums geworden.

Die Evolutionsforscher lehren uns, dass der Mensch, den großen Raubtieren in ihrem Lebensraum an Kraft, Ausdauer und Sinnesschärfe deutlich unterlegen, deshalb überleben konnte, weil er Verstandeskräfte entwickelte. Dies aber war nur möglich, indem er Fleisch verzehrte, das er mit Raffinesse, und offensichtlich auch bereits zur Kommunikation mit seinen Artgenossen fähig, erjagte. Denn das Gehirn benötigt zu seiner Entwicklung so viel mehr Energie als der Bizeps, dass ein vegetarisches Leben und zugleich eine evolutionäre Entwicklung über das intellektuelle Niveau der übrigen Primaten hinaus nicht möglich gewesen wäre. Ich habe das an anderer Stelle genauer beschrieben (21). Das Erlegen eines Tieres aber bereitete dem Menschen – was die Vegetarier von heute sehr gut nachfühlen können – ein schlechtes Gewissen. Der vorgeschichtliche Mensch hat, wenn wir seine überkommenen Bilder richtig interpretieren, das Tier durchaus als ihm gleichberechtigt anerkannt. Die Tiere besaßen selbstverständlich wie der Mensch eine Seele. In der Bilderwelt unserer Ahnen gab es als Mensch und Tier übergeordnete Wesenheiten die Göttinnen und Götter als die Herrinnen und Herren auch der Tiere. Man entwickelte die Vorstellung, dass diese Götter dem Menschen das Jagdglück gewährten, aber ihren Anteil davon beanspruchten. Die Jäger und später auch Bauern und Hirten hatten ihrem Gott Opfer zu bringen. In dieser Opferkultur, die noch zur Zeit von Jesus in der ganzen Alten Welt selbstverständlich praktiziert wurde, konnte der Apostel Paulus die Idee vom »Opfertod« Jesu am Kreuze entwickeln, eine für die Christenheit bis heute verbindliche Interpretation des Todes von Jesus. Ich komme darauf zurück.

Wir sind zunächst aber noch in viel früherer Zeit. Die dem Tieropfer zugrunde liegende Ideologie beschreibt der Religionswissenschaftler Bernhard Lang so: »Wirtschaftlich gesehen dient das Töten eines Tieres der Nahrungsbeschaffung. Religiös betrachtet handelt es sich jedoch um ein Opfer, das dem Höchsten Wesen eine Tierseele übereignet, damit Gott diese in einer neuen Inkarnation wieder aufleben läßt. Ohne den Rückfluß des Lebens zur letzten, göttlichen Lebensquelle würden sich die Tiere nicht mehr vermehren und die Menschen müßten verhungern. Jagd und Opfer verhindern nicht nur einen verhängnisvollen Stillstand des Lebenszyklus, sie halten ihn auch in Bewegung. In abgewandelter Weise kehrt dieser Gedanke auch bei der Tötung eines Herdentieres wieder. Dabei kommt ein neuer Gedanke ins Spiel – die rituell inszenierte Gottebenbildlichkeit des Herdenbesitzers.«

Das ist so zu verstehen: Im Psalm 50 (10–11) stehen die Sätze: »Denn alles Wild im Walde ist mein, und die Tiere auf den Bergen zu Tausenden. Ich kenne alle Vögel auf den Bergen; und was sich regt auf dem Felde ist mein«. Das scheine, so Lang, den geläufigen Bibelkommentatoren nicht als besonders bemerkenswert. Wenn man den Text jedoch religionsgeschichtlich lese, erkenne man sogleich das archaische Weltbild des Verfassers: »die Gotteserkenntnis der frühen Jäger und Sammler zusammenfassend, bezeichnet er Gott als den Besitzer der wilden Tiere.« Wie aus dem Weltbild der Zeit verständlich wird, erlaubt Gott dem Menschen ausdrücklich den Verzehr auch der Tiere. So steht im biblischen Buch Genesis nach dem Ende der Sintflut (1. Mose 9): »Und Gott segnete Noah und seine Söhne und sprach: Seid fruchtbar und mehret euch und füllet die Erde. . . . Alles was sich regt und lebt, das sei eure Speise.« In der etwa um 500 vor Christus entstandenen Schöpfungsgeschichte (1. Mose 1) heißt es noch deutlicher: »Und Gott schuf den Menschen zu seinem Bilde, zum Bilde Gottes schuf er ihn; und schuf sie als Mann und Weib. Und Gott segnete sie und sprach zu ihnen . . . herrschet über die Fische im Meer und über die Vögel unter dem Himmel und über das Vieh und über alles Getier, das auf Erden kriecht.« Heute sehen manche Forscher diese Vorstellung der biblischen Autoren als verhängnisvoll an. »Viele Wissenschaftler sind der Meinung, es sei insbesondere für die Welt des Lebens ein Unglück gewesen, daß ein Fleischfressender Primat und keine gutartigere Tierart den Durchbruch geschafft hat.« Das schrieb der US-amerikanische Evolutionsforscher Edward O. Wilson von der Harvard Universität im Jahre 1993 (58). Und der Historiker und Psychotherapeut Charles Patterson hat erst jüngst untersucht, wie die Methoden der Tierhaltung den Umgang des Menschen auch mit Seinesgleichen geprägt haben: Die Sklaven sind auf die selbe Weise wie das Vieh kastriert, gebranntmarkt und angekettet worden. Und nachdem man bestimmten Menschen ihr Menschsein aberkannt hatte, wurden sie wie Vieh in den Schlachthof in die Konzentrationslager transportiert und dort – in einer Steigerung der Perversionskette – vergast (59).

Gott ähnlich, so beschreiben es die Verfasser der Schöpfungsgeschichte im Alten Testament, wird auch der Mensch zu einem Herren der Tiere mit allen Konsequenzen. Im biblischen Buch Hiob wird im Original sogar der Name des göttlichen Herren der Tiere genannt: *Schaddai* – in der deutschen Einheitsübersetzung mit »der Allmächtige« wiedergegeben. Lang: »Diese Wiedergabe gilt heute als problematisch und auf einem Mißverständnis beruhend. Offenbar ist Schaddai eine Kurzform von El Schaddai, eine Bezeichnung, die sich als »Gott der Fluren« oder »Gott des Feldes« wiedergeben läßt.« Das Feld ist die vegetationslose Masse des Berglandes, wo die wilden Tiere ihren Lebensraum haben. Im alten Ägypten hat ein Gott der Tiere übrigens den Namen Sched – ein nach Lang aus Vorderasien stammender Gott, der ägyptisiert und dem Knabengott Horus angeglichen wurde. Dieser war noch zu Zeiten des frühen Christentums in Ägypten beliebt, so dass er in den Legenden vom Knaben Jesus diesem gleich gesetzt wurde. Das ist eine Erklärung dafür, dass Jesus in der Krippe im Stall von Bethlehem bereits von Ochs und Esel verehrt wurde.

Mit dem Beginn des Ackerbaus im Vorderen Orient traten auch die für die Bauern wichtigen Götter auf. Zum einen, wie schon angedeutet, der Wettergott, zum anderen der Gott, der den Ackerboden segnet oder verflucht. Die nahöstliche Regenzeit gehört dem Wettergott Baal oder im biblischen Israel Jahwe. Der Prophet Jeremia trat um 600 vor Christus als »Wetterprophet« auf. Er spricht vom Wettergott, »der uns Frühregen und Spätregen gibt zur rechten Zeit und uns die Ernte treulich und jährlich gewährt« (Jeremia 5, 24). Es gab damals auch Rituale zur Beförderung des lebenswichtigen Regens. Nach Lang sind in dem bis heute von frommen Juden gefeierten Laubhüttenfest Spuren eines solchen archaischen Regenrituals zu finden. Gott als derjenige, der den Boden segnet, ist derjenige, der ihn, wie die Tiere, fruchtbar werden lässt. Und so heißt es zum Beispiel im 5. Buch Mose (5. Mose 28, 4–5): »Gesegnet wird sein die Frucht deines Leibes, der Ertrag deines Ackers und die Jungtiere deines Viehs, deiner Rinder und deiner Schafe.« Ob wohl die evangelische Kirche in Gadenstedt im Landkreis Peine daran anknüpfen wollte? Jedenfalls meldete die Deutsche Presseagentur (dpa) am 17. August 2003 unter »Kirchen/Tiere«: »Die evangelische Kirchengemeinde des Ortes und der Verein ›Kulturelle Landpartie‹ laden am Sonntag zu einem Tiergottesdienst ein. Von 10 Uhr an sind Tiere aller Art auf dem Festplatz in Gadenstedt willkommen. Großtiere sollten im Pfarrhaus angemeldet werden.«

Schließlich hat sich in Ägypten einerseits und im Zweistromland andererseits der Gedanke des persönlichen Gottes entwickelt, ein Gedanke, den dann die Verfasser der biblischen Bücher aufnehmen. So ist im 12. Jahrhundert vor Christus in Ägypten ein als »Lehre des Amenemope« zusammengestelltes Weisheitsbuch entstanden. Der Text des im Britischen Museum in London verwahrten Manuskripts wurde 1923 veröffentlicht. Bald danach bemerkte man, dass dieses Manuskript in weiten Teilen die Vorlage für das vermutlich vierhundert Jahre später aufgeschriebene biblische *Buch der Sprichwörter* war, das bis in die heutige Zeit zu unserem Kulturgut zählt mit Formulierungen wie: »Des Menschen Herz erdenkt sich seinen Weg; aber der Herr allein lenkt seinen Schritt« (Sprüche 16, 9) – vereinfacht als Sprichwort »Der Mensch denkt, Gott lenkt« oder, noch bekannter: ». . . Hochmut kommt vor dem Fall« (Sprüche 16, 18).

Eine ähnliche Entwicklung hin zu einem persönlichen Gott hat sich, wie die Assyriologen festgestellt haben, nach dem Jahr 2000 vor Christus auch im Zweistromland vollzogen. Die persönliche Gottheit gilt als Vater oder Mutter des einzelnen, an den sich dieser im Gebet wendet. Ein Gedanke, den die Hebräer aufnahmen. So heißt es im Alten Testament (Psalm 27, 10): ». . . mein Vater und meine Mutter verlassen mich, aber der Herr nimmt mich auf.« Gott als lieben Vater zu verstehen, lehrte schließlich auch Jesus seine Jünger.

Warum habe ich das alles erzählt? Ich meine, dabei wird etwas von den Bedingtheiten des menschlichen Glaubens deutlich – »sowat kommt von sowat« sagt der Berliner flapsig – und davon, warum ein Ludwig Feuerbach im 19. Jahrhundert sagen konnte: »Der Mensch schuf Gott nach seinem Bild und Gleichnisse« (60). Wir tragen mit unserem Gottesbild gewissermaßen die Blaupausen der Bilder unserer

Ahnen mit. Das besagt freilich, wie ich betonen möchte, nichts über die Existenz oder Nichtexistenz Gottes, aber viel über die Entwicklung des Menschen und seine Ideologien, also die aus seinen Bildern entstandenen Lehren. Es überrascht mich allerdings, dass die eben beschriebenen Erkenntnisse der Fachwissenschaftler im allgemeinen keinen Einfluss auf die Predigt des Pfarrers am Sonntag haben, oder gar, mit welcher Sicherheit der Papst mitteilen kann: »Es ist eine von Gott offenbarte Wahrheit, dass . . .«

Himmelsvögel und anderes Geflügel

Die Bilder, die sich die Menschen heute von Gott und der Welt, vom Diesseits und vom Jenseits machen, sind großenteils viel älter als die Bibel und erst recht der Koran. Kurz vor dem Ende des 30jährigen Krieges, im Jahre 1647, hat der protestantische Dichter Paul Gerhardt einen Text geschrieben, »Nun ruhen alle Wälder«. Ein Vers daraus ist zu einem bekannten Kinderlied geworden: »Breit aus die Flügel beide, o Jesu, meine Freude, und nimm dein Küchlein ein. Will Satan mich verschlingen, so laß die Englein singen: ›Dies Kind soll unverletzet sein.‹«

Nun hat sich Paul Gerhardt dabei keinen geflügelten Jesus vorgestellt. Vielmehr hatte er das Bild vor Augen, dass eine Glucke ihre »Küchlein«, die Küken, unter ihre Fittiche nimmt, also unter ihren Flügeln versteckt, wenn zum Beispiel ein Raubvogel diese bedroht.

Ein uraltes Bild. Die Ägypter haben es entwickelt. Sie stellten sich vor, das riesige Flügelpaar eines »Himmelsvogels« sei schützend über der Erde ausgebreitet. Während man damals wie heute im Allgemeinen von »Mutter Erde« sprach und spricht, die der Himmel mit Tau und Regen befruchtet, war für die alten Ägypter, deren Land nicht direkt der Regen, sondern der Nil fruchtbar macht, der Himmel ein mütterlich bergender, schützender Raum (61). Geflügelte Wesen, Engel beziehungsweise Dämonen, waren im Alten Orient vertraute Bilder. Die Zugänge zu den assyrischen Tempeln und Palästen hüteten menschenköpfige Stiere mit Adlerflügeln, die auch *kuribu* genannt wurden. Daher haben die Cherubim ihren Namen, jene Engel, die das verlorene biblische Paradies mit feurigem Schwert bewachen.

»Breit aus die Flügel beide ...«:
Ein Bild aus dem alten Ägypten,
2600 bis 2480 vor Christus,
Zeichnung nach einer Statue.

Die Menschen der Frühzeit konnten sich ihre Götter nicht anders als ihre Herrscher vorstellen, also mit mächtigem Gefolge. So entstanden auch die Heerscharen der Engel. Und weil in alter Zeit die Kommunikation nicht per Telefon oder gar SMS möglich war, brauchte man dazu Boten. So schickte auch der Gott der Bibel seine himmlischen Boten zu den Menschen. Etwa um die Geburt Jesu den Hirten mitzuteilen. »Und der Engel sprach zu ihnen: Fürchtet euch nicht! Siehe, ich verkünde euch große Freude« – heißt es in der Weihnachtsgeschichte (Lukas 2, 10). Und gleich darauf »war da bei dem Engel die Menge der himmlischen Heerscharen ...« (Lukas 2, 13).

Das Christentum hat die alten Bilder übernommen. Der katholischen Kirche bleibt es vorbehalten, sie nicht als wunderbare Bilder anzusehen, sondern die Existenz der Engel als eine »Glaubenswahrheit« zu definieren und ganz genau zu wissen, dass es »geistige, körperlose Wesen« sind. »Als rein geistige Geschöpfe haben sie Verstand und Willen; sind sie personale ... und unsterbliche ... Wesen«. So steht es im *Katechismus der Katholischen Kirche (Weltkatechismus)* von 2003. Ich habe an anderer Stelle (31) beschrieben, dass wir uns Bilder von der Welt machen und diese leicht für die Wirklichkeit halten.

Hinzu kommt ein biologisches Phänomen, das überall da eine besondere Rolle spielt, wo fromme Bilderwelten entstehen: Das menschliche Gehirn hat die problematische Fähigkeit, beim wiederholten Durchspielen einer Erinnerung diese kreativ zu ergänzen. »Wenn wir nur die Rohinformationen hätten, die unsere Sinnesorgane erreichen, könnten wir gar nichts verstehen«, erklärt der Psychologe Henry Roedinger von der Washington University in St. Louis/USA. Das Gehirn komponiert also ein Bild aus vielen Details und kann dabei Erinnerung mit der Stimulation von Vorstellungskraft verwechseln. Um das Gedächtnis zu täuschen, genügt es unter Umständen, sich ein einziges Mal ein Ereignis vorzustellen, das niemals stattgefunden hat. Diese Erkenntnisse der Gedächtnisforschung haben sich bisher weder bei den Gerichten noch bei den Historikern, geschweige denn bei den Theologen hinreichend weit herumgesprochen. Wir werden uns daran erinnern, wenn wir später über die Entstehung des Neuen Testaments, der Grundlage des christlichen Glaubens, nachdenken.

Opferkulte: Von der Steinzeit zu Jesus und Maria

Dem steinzeitlichen Menschen machte es, wie oben geschildert, schwer zu schaffen, dass er für seine Ernährung das Wild jagte und tötete. Denn noch im Paläolithikum fühlte er sich diesen Tieren nicht überlegen, sondern sehr verbunden. Die altsteinzeitlichen Höhlenbilder zeigen, dass der Mensch damals großen Respekt vor diesen Tieren hatte, die ihm in vielerlei Hinsicht tatsächlich überlegen waren. Unsere Ahnen auf der Jagd konnten ihr schlechtes Gewissen nur beruhigen, indem sie die Vorstellung entwickelten, es genüge, den Göttern einen Teil der Jagdbeute abzugeben, also zu opfern, um den Rest dann guten Gewissens selbst verzehren zu dürfen. In den verschiedenen Kulturen entstanden im Laufe der Jahrtausende unterschiedliche Spielregeln. Im Alten Orient entwickelten die Juden und später die Moslems besondere Schlachtrituale. Sie glaubten und glauben bis in unsere Zeit, das Blut sei ein ganz besonderer Saft. So entstand die Vorstellung, man gebe seinem Gott, dem man opferte, mit dem Blut die Seele des Opfers zurück. Wie schon erwähnt, galt in alter Zeit auch das Blut als Sitz der Seele.

Die Bilder sind freilich viel älter. Bereits die Neandertaler, keine direkten Vorfahren des Menschen, haben nicht nur vor etwa 60 000 Jahren bereits ihre Toten beigesetzt, sondern in Höhlen an besonders geschützten Stellen auch Schädel des Höhlenbären bestattet. *Homo sapiens*, der nach dem Aussterben des Neandertalers dessen Lebensraum bewohnte, hat in der Altsteinzeit neben den Bären auch andere Tierarten ganz oder teilweise begraben. So fand man im Kreis Neuburg an der Donau in Bayern ein Mammutskelett auf einer Rötelschicht liegend und mit Rötel bestreut. Auf das Tier hatte man ferner Perlen aus Mammutstoßzahn und Feuersteingeräte gelegt. Die rote Farbe des Rötel-Kalks war offensichtlich ein Symbol für das rote Blut, das bei den Opfern mehrere zehntausend Jahre später eine ähnliche Rolle spielt.

Das Schlachten war im Judentum ursprünglich nur der Kaste der Priester erlaubt. Um das Blut zu opfern, werden die Tiere *geschächtet*: Mit einem einzigen Schnitt eines schartenfreien Messers wird dem Tier die Halsschlagader durchtrennt, so dass es ausbluten kann. Im Judentum wie im Islam drückt das rituelle Schlachten bis heute noch etwas von dem Respekt vor dem Tier aus. Der mit dem Schächten – selbst wenn man die Technik heute aus Tierschutzgründen ablehnen mag – verbundene Respekt vor dem Tier ist freilich im Christentum verloren gegangen. Der Fleischer ist kein sonderlich geachteter Handwerker. Im Gegenteil, der Metzgerberuf war nach dem katholischen Kirchenrecht bis 1983 Hindernis dafür, Priester zu werden, das eigens durch einen

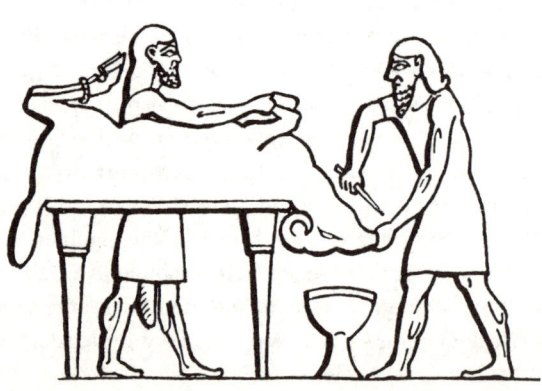

Mit dem Blutopfer erhält Gott nach uralter Vorstellung die Seele des Tieres zurück, den Rest darf der Mensch verzehren. Deshalb werden im Orient die Tiere geschächtet, wie hier in Ninive um 700 vor Christus.

kirchenamtlichen Dispens ausgeräumt werden musste. In den modernen Schlachthäusern wird in einem Fließbandprozess der Tod des einzelnen Tieres gar nicht mehr sichtbar.

Der Gedanke des Tieropfers war zu Lebzeiten von Jesus in der ganzen Alten Welt selbstverständlich. Desgleichen gab es in der Antike das gemeinschaftliche Abendmahl, wo zu Ehren eines Gottes gefuttert und gebechert wurde. Nach dem Tod von Jesus am Kreuz hat vor allem der Apostel Paulus dieses Ereignis als ein Opfer interpretiert und damit das Bild geprägt, das sich die Christen bis heute machen. »Denn da durch *einen* Menschen (gemeint ist Adam, der erste Mensch) der Tod gekommen ist, so kommt auch durch *einen* Menschen (gemeint ist Jesus) die Auferstehung der Toten«, erklärt Paulus im 1. Brief an die Korinther (15, 21). Das Blut des unschuldig zum Tode verurteilten Jesus wurde nach dieser Interpretation zur Sühne für die Sünden der Menschheit vergossen. Das Ritual des bis heute von den Christen gefeierten Abendmahls hängt aufs Engste damit zusammen. Jesus selbst, so berichten es die Evangelisten des Neuen Testaments, gab seinen Jüngern, bevor er von seinen Gegnern festgenommen wurde, Wein und Brot – den Wein als sein Blut, das Brot als seinen Leib. Freilich glauben auch wieder nur die Katholiken, dass bei jeder von einem ordentlichen katholischen Priester zelebrierten »Wandlung« Brot und Wein tatsächlich in Leib und Blut Christi verwandelt werden. Für die Christen der Reformation ist dies eher als eine symbolische Handlung zu verstehen.

Jeder junge Mensch erlebt irgendwann, dass die zauberhaften Bilder seiner Kindheit sich eben nur als Bilder herausstellen: der Osterhase, der Nikolaus oder der Weihnachtsmann. Wenn dies zu früh geschieht, kann die Enttäuschung riesengroß sein. Und manches Kind reagiert dann bockig. So kann man auch die trotzige Haltung der vatikanischen Kongregation für die Glaubenslehre unter ihrem einstigen Chef, dem Kardinal Josef Ratzinger interpretieren. Im August 2000 gab sie eine Erklärung mit dem Titel »Dominus Jesus« heraus, in der sie alle, die das im Grunde schaurige Bild vom Abendmahl nicht akzeptieren wollen, kirchenjuristisch abwertet: »Die Kirchlichen Gemeinschaften hingegen, die den gültigen Episkopat und die ursprüngliche und vollständige Wirklichkeit des eucharistischen Mysteriums nicht bewahrt haben, sind nicht Kirchen im eigentlichen Sinn . . .« Katholische Priester, die es wagen, gemeinsam mit Protestanten das Abendmahl (die Eucharistie) zu feiern, verlieren ihr Amt. Noch bevor die ausdrücklich vom damaligen Papst gebilligte Erklärung herauskam, am 30. Juni, wies Glaubenswächter Ratzinger bereits die katholischen Bischofskonferenzen in aller Welt an, im Zusammenhang mit den Evangelischen die »Verwendung von Formulierungen wie *unsere beiden Kirchen* zu vermeiden.«

Im Jahre 1950 verkündete Papst Pius XII. allen Ernstes als ein Dogma, also als »die von Gott geoffenbarte Glaubenslehre, daß die Unbefleckte Gottesgebärerin und immerwährende Jungfrau Maria nach Vollendung des irdischen Lebenslaufes mit Leib und Seele in die himmlische Herrlichkeit aufgenommen wurde.« Sollte »einer wagen, das entweder zu leugnen oder absichtlich in Zweifel zu ziehen, so soll er wissen, daß er vom göttlichen und katholischen Glauben völlig abgefallen ist.« Die »immerwährende Jungfrau« ist Maria, die Mutter von Jesus sowie einer Reihe weiterer in der Bibel zum Teil namentlich erwähnter Kinder.

Die Erbsünde kam in die Welt, weil Adam und Eva im Paradies verbotenerweise Früchte vom »Baum der Erkenntnis des Guten und Bösen« aßen. Holzschnitt von 1486.

Der Mensch ist das einzige Lebewesen, das zu sich selbst Distanz haben kann. Er kann zum Beispiel in einem Witz seine Zweifel ausdrücken. Die Juden in der Diaspora hatten sogar die innere Freiheit, über das, was ihnen sehr wichtig war, lachen zu können: ihren Glauben. Christliche Fundamentalisten dagegen schreien sehr schnell: »Blasphemie!« Zu den Bildern der sündenfreien Maria gibt ebenfalls ein Witz eine Antwort, die den frommen Marienverehrern sicher nicht gefällt: Im Johannesevangelium wird berichtet, dass die Pharisäer Jesus mit einer Ehebrecherin konfrontierten. Nach dem archaischen Gesetz des Mose war sie zu steinigen. Jesus, um eine Meinung gebeten, sagte: »Wer unter euch ohne Sünde ist, der werfe den ersten Stein . . .« (Johannes 8, 7). Soweit die Bibel. Der Witz erzählt die Geschichte weiter: Da kommt aus der Menge der erste Stein geflogen, und trifft Jesus am Kopf. Dieser blickt die Werferin an und sagt: »Also Mutter, jetzt bist du aber zu weit gegangen!«

Am Dogma von der Himmelfahrt der gänzlich sündenfreien Maria, der das Werfen des ersten Steines erlaubt gewesen wäre, lässt sich besonders gut demonstrieren, wie sich der Mensch ganze Bilderlehren (das heißt Ideologien) schafft, ohne zu merken, dass es sich nur um Bilder handelt. Um zu erklären, welche Vorstellungen bei Pius XII. zusammenfließen, muss ich noch einmal auf den Opferkult zurückkommen. Anders als alle anderen Menschen, so definierte 1854 Papst Pius IX. ein Dogma, war Maria vom ersten Augenblick an, bereits als sie im Leib ihrer Mutter empfangen wurde, frei von der »Erbsünde«. *Immaculata Conceptio*, unbefleckte Empfängnis, wird das kirchenlateinisch genannt. Diese Erbsünde kam in die Welt, weil die ersten Menschen verbotenerweise vom Baum der Erkenntnis aßen. Maria dagegen war wundersamerweise nicht erlösungsbedürftig wie alle übrigen Menschen sondern eine bereits »Vorerlöste«. Ja sie konnte sogar an der Erlösung der Menschheit durch Jesu Opfertod mitwirken. Denn dass sie später mit der Empfängnis Jesu in ihrem Leib durch den Heiligen Geist einverstanden war (»mir geschehe, wie du gesagt hast«, so zitiert sie das Lukas-Evangelium 1, 38), interpretiert der fromme Katholik als »Mitbeteiligung« der Maria an der Erlösung. Und so wird, nicht ganz zwanglos, die Mutter des »Königs« Jesus selbst zur »Himmelskönigin«. Zum Königtum gehört, wie bereits die Schamanen der Bronzezeit wussten, die Himmelfahrt. Was für den aufgeklärten Teil der Menschheit bizarre Konstruktionen sind, Ergebnisse des »Konfabulierens« unseres Gehirns, nennen die Dogmatiker in allen religiösen Kulten »Geheimnis«, griechisch Mysterium. Die Gehirnforscher erklären das Geheimnis mit der fehlenden Direktleitung zwischen Bewusstsein und Unbewusstem im Gehirn.

Die vielen schönen Legenden aus dem Leben seiner Heiligen, die der Volksglaube aller Religionen kennt, wären ohne diese Fähigkeit des Gehirns, »formbar wie Knetmasse« zu sein (Elisabeth Loftus, University of Washington), nicht entstanden. Dabei beschreiben die Legenden den jeweiligen Erfahrungshintergrund ihrer Zeit. Bei frommen Katholiken, in der Neuzeit, insbesondere bei den Päpsten Pius XII. und Johannes Paul II., spielt Maria, die Mutter Jesu, eine herausragende Rolle. Die geistlichen Herren waren zum Beispiel überzeugt davon, dass Maria, anno 1858 in einer Höhle bei Lourdes, der Maria Bernarda Soubirous (Bernadette) erschienen ist. Die katholische Kirche hat 1862 diese Erscheinung amtlich als real bestätigt. Sollte nicht misstrauisch stimmen, dass die Maria immer nur frommen Katholiken in einem ebenso frommen Umfeld erschienen ist und nicht *einmal* zum Beispiel einem gebildeten Buddhisten? Die Reinkarnation der Seele eines Verstorbenen, zum Beispiel eines tibetanischen Lama, in einem anderen Menschen beobachtet man dagegen nur in buddhistischen Kreisen, und nicht auch *einmal* zum Beispiel in einer katholischen Familie.

VI.

Weltliche Glaubensvorstellungen

Würfel-Orakel

An den Zufall mag niemand so recht glauben, denn der Mensch hat keinen Sensus dafür. Das Würfeln ist zwar zu einem Symbol dafür geworden, den Zufall entscheiden zu lassen, aber selbst damit soll eigentlich der Zufall beherrscht werden. Würfelspiele sind in alter Zeit und mancherorts bis heute im Grunde keine Spiele, sondern Orakel, Hilfsmittel, um in die Zukunft zu schauen.

Bereits in den 5000 Jahre alten Königsgräbern von Ur in Mesopotamien hat man Würfel gefunden. Im Berliner Pergamonmuseum wird ein Würfel aus dem Zweistromland gezeigt, auf dem die Punkte in der heute noch gültigen Weise gesetzt worden sind, die drei zum Beispiel in Diagonalform. Nach Vorstellung der Alten Griechen hatte der sagenhafte Palamedes, der Heros »von den Handgriffen und Kunststücken«, den Würfel erfunden. Palamedes war ein Konkurrent des listenreichen Odysseus, mit dem zusammen er in den Krieg gegen Troja gezogen war. Weil er die Tricks des Odysseus durchschaute und diesen einmal bloßstellte, sorgte Odysseus mit einer Intrige dafür, dass die eigenen Leute den Palamedes für einen Verräter hielten und vor Troja steinigten.

Während man heute in US-Spielkasinos Würfel von etwa zwei Zentimeter Kantenlänge verwendet, die auf drei Zehntausendstel Inch (etwa 7,6 Tausendstel Millimeter) genau kubisch gearbeitet sind mit zusätzlich integrierten Sicherheitselementen, und diese noch dazu alle acht Stunden auswechselt, benutzte man in der Antike Fußgelenkknochen des Widders, sogenannte Astragale. Sie haben vier natürlich nicht gleichmäßig ausgebildete Flächen, die sie zum Würfeln geeignet machen. Man würfelte jeweils mit fünf Astragalknochen. Das geschieht noch heute zum Beispiel in Termessos in der Türkei, einem Örtchen nordwestlich von Antalya. Alexander der Große versuchte anno 334 vor Christus vergeblich, Termessos zu erobern, worauf man immer noch stolz ist.

Die mit den fünf Astragal-Würfelknochen geworfenen Zahlenreihen ergeben eine Zahlenkombination. Mit deren Hilfe konnte man seinerzeit auf Orakelsteinen den erwürfelten Text ablesen. Dabei standen anscheinend auf den vier Seiten des Astragal-Knochens nur die Zahlenwerte eins, drei vier und sechs. Auf zahlreichen in Kleinasien hier und dort heute noch zu findenden rund zwei Meter hohen Stelen hat der Münchner Epigraphiker Johannes Nollé in den letzten Jahrzehnten diese Orakeltexte entziffert und damit, wie er glaubt, den Urtext mit insgesamt 56 Sprüchen rekonstruiert. Die einfachen Leute, die es sich nicht leisten konnten, eines der berühmten Orakel wie das in Delphi zu konsultieren, benutzten in der Antike, so Nollé, das Würfelorakel. Unter der Würfelnummer 11164 bekamen sie zum Beispiel die Voraussage: »Geh, wohin du wünschst. Denn fröhlich wirst du nach Hause kommen. Finden wirst du und tun, was du in deinen Sinnen überlegst.«

Als Alternative gab es in der Spätantike das Orakelbuch für den Hausgebrauch. Es enthielt im ersten Teil Fragen, unter denen man sich die passende aussuchen musste, sowie im zweiten Teil zu jeder Frage zehn mögliche Antworten. Die jeweils richtige Antwort sollte man nach komplizierter Rechnung herausbekommen, bei der, genau genommen, das Element des Zufalls entscheidend war. Ein paar solcher Fragen seien als Beispiele genannt (62):

ob ich von meinem Freund einen Vorteil haben werde?
ob ich von meiner Frau geschieden werde?
ob ich vergiftet worden bin?
ob ich den Lohn erhalten werde?
ob ich bleiben werde, wohin ich reise?
ob ich entfliehen soll?

Der Glaube an die Sterne als Orientierungshilfe kommt aus dem Zweistromland. Eine tatsächliche Hilfe waren die Sterne damals bei der Berechnung des Kalenders. Die Spielregeln zur Anfertigung von Horoskopen wurden im wesentlichen im 3. und 2. vorchristlichen Jahrhundert im griechisch sprechenden Ägypten entwickelt, von wo aus sie ihren Siegeszug durch die Alte Welt antraten. Etwa genau so alt ist die Tradition intellektueller Skepsis gegenüber der Astrologie, die seit dem 2. Jahrhundert vor Christus überliefert ist. Der größte Redner Roms, Marcus Tullius Cicero (106–43 vor Christus) kommentierte nach einer Beschreibung der Astrologie: »Welch unglaublicher Wahnsinn!«

Die astrologischen Prognosen in den Boulevardzeitungen heutzutage haben etwa die Qualität der antiken Würfelorakel. Das Motto »Die Sterne lügen nicht« sagt nichts über Kunst und Moral der »Sterndeuter«. Kein Astrologe hat die großen Veränderungen in der Welt am Ende des 20. Jahrhunderts vorausgesagt: nicht den Fall der Berliner Mauer und nicht den Zusammenbruch des Sowjetreiches. Auch diese Erfahrung hindert im übrigen das russische Verteidigungsministerium nicht, immer noch eine astrologische Abteilung zu unterhalten (63). »Militärastrologen« behaupten, man könne zum Beispiel das Schicksal von Kriegsschiffen voraussagen, da jedes Schiff einen Geburtstag habe. Irgendwie müssen sie da nicht richtig gerechnet haben, als am 12. August 2002 das Atom-U-Boot *Kursk* nach der Explosion eines Torpedos mit 118 Mann Besatzung in der Barentsee versank.

Der hilfreiche Talisman

Seit Urzeiten erlebt der Mensch einen bestimmten Gegenstand als für sich persönlich bedeutsam – vorausgesetzt, er besitzt einen solchen Talisman oder ein Amulett. Das Wort Talisman kommt aus dem Arabischen von *tilasm*, gleich Zauberbild. Daraus wurde im Mittelgriechischen *telesma*, das heißt geweihter Gegenstand. Offensichtlich bietet ein Talisman dem Menschen in einer als gefährlich oder jedenfalls unsicher empfundenen Welt das Gefühl von Sicherheit, indem dieser glaubt, dass der Talisman Übles von ihm fernhält. Amulett, lateinisch *amuletum*, kommt von *a-molinetum* gleich Fernhaltung. Ein Amulett kann, so die ursprüngliche Vorstellung, durch sein Aussehen Unheil abwehren. Es entfaltet seine Wirkung nur, wenn es von seinem Besitzer am Körper getragen wird. Mittlerweile geraten die Begriffe ein wenig durcheinander. Bedeutsame Gegenstände spielen aber nach wie vor eine große Rolle, vor allem bei öffentlich auftretenden Personen. Der Autorennfahrer Michael Schumacher zum Beispiel trägt einen Haifischzahn um den Hals (64). Die Golden-Globe-Preisträgerin Angelina Jolie trug ein Amulett mit einem Tropfen Blut ihres Mannes – was freilich nicht verhinderte, dass die beiden sich scheiden ließen (65). Der Münchner Profi-Boxer Alexander Petkovic trägt einen Silberring, den ihm sein Vater geschenkt hat, als er mit 13 Jahren seinen ersten größeren Kampf gewann. Er erzählte der *Süddeutschen Zeitung* (66): »Ich wollte ihn dann in jedem Kampf dabei haben, und weil du als Boxer keinen Schmuck tragen darfst, habe ich ihn am Schuh. Der Ring gibt mir Kraft. Der Ring ist meine Familie. Der Ring sagt: Deine Familie steht hinter dir.«

Bei all dem ist nicht das *Was* wichtig sondern das *Dass*; also dass mit dem Talisman oder mit dem Amulett Vorstellungen verbunden sind, die das Gefühl der Sicherheit entstehen lassen. Und da auch hier entscheidend ist, welche Bilder von der Welt wir uns im Kopf machen, nicht, wie die Welt an sich ist, sind sie nützlich. Das heißt ganz allgemein: Der Glaube ist hilfreich.

Bei einem Amulett ist oder vielmehr war ursprünglich das Aussehen wichtig, und daraus lässt sich das archaische Weltbild erschließen, das dem zugrunde liegt. Auch hier haben Glaubensvorstellungen eine biologische Grundlage.

Wenn Blicke töten könnten ...

»Wenn Blicke töten könnten ...«, die Formulierung ist sozusagen zu einem geflügelten Halbsatz geworden. Verhaltensforscher haben vor einigen Jahrzehnten festgestellt: sie *können* töten – jedenfalls im Tierreich. Tupajas, eichhörnchengroße Verwandte der Halbaffen, die in Südostasien ihre Heimat haben, sind ideale Versuchstiere für Forscher, die sich für das Phänomen psychosozialer Stress interessieren. Wenn zwei Tupaja-Männchen miteinander kämpfen, bis nach kurzer Zeit der Besiegte, äußerlich unbeschädigt, das Feld räumt, scheint das auf den ersten Blick wenig aufregend zu sein – für den Sieger. Der Besiegte aber, auch wenn er durch eine Käfigwand vom Sieger getrennt ist, also objektiv von ihm nichts mehr zu fürchten hat, starrt wie gebannt auf seinen Bezwinger. Innerhalb von wenigen Tagen verliert er bis zu 40 Prozent seines Körpergewichts, bekommt Muskelkrämpfe und stirbt am Anblick des Siegers. Physiologen notieren als Todesursache gedrosselte Nierendurchblutung und Nierenversagen; eine »Schockniere«, wie man sie auch beim Menschen kennt.

Auch Hunde vertragen es nicht, angestarrt zu werden. Und in noch nicht lange zurückliegenden Zeiten glaubten in Deutschland Männer, Akademiker, ihre »Ehre« verteidigen zu müssen, wenn sie von einem männlichen Gegenüber »fixiert« wurden. Das war ein Grund, um Satisfaktion zu verlangen, das heißt zum Duell zu fordern. Wird allerdings beim Hinschauen der Kopf nur leicht geneigt, so dass – technisch gesehen – die beide Augen verbindende Achse nicht mehr waagerecht steht, ist die Situation gleich entschärft: Eine Mutter schaut ihr Baby mit geneigtem Kopf an, und auch beim Flirten neigt man den Kopf.

Aus dem Gefühl heraus, dass große Augen, genauer: große Pupillen, ein Gesicht schön machen, träufelten sich Frauen in früheren Zeiten gerne ein paar Tropfen »Belladonna« in die Augen, den Saft der Tollkirsche. Das darin enthaltene Atropin weitet die Pupillen. Man sieht dann zwar schlechter, aber man wird bemerkt. In den 1970er Jahren hat Eckhard Hess, Psychologe an der Universität von Chicago, einer Gruppe von Männern das Bild einer jungen Frau in zweifacher Ausführung gezeigt. Auf den im übrigen völlig gleichen Bildnissen waren von einem Retuscheur einmal die Pupillen vergrößert, das andere Mal verkleinert worden. Die Versuchspersonen wurden darauf allerdings nicht eigens aufmerksam gemacht. Sie sollten vielmehr die Frau auf den Bildern nur beschreiben. Die Dame mit den »großen« Augen wurde als weich, eher feminin und hübsch beschrieben, die selbe Frau mit den verkleinerten Pupillen jedoch als hart, selbstsüchtig und kalt.

Ein Mann reagiert auf die großen Augen einer Frau, indem sich seine eigenen Pupillen vergrößern. Thomas Simms experimentierte an der Universität von Toronto zur gleichen Zeit wie Hess in Chicago ebenfalls mit Photos, die sich lediglich in der Größe der Pupillen unterschieden. Die Augen von Männern, stellte Simms fest, weiten sich am stärksten, wenn sie Bilder von Frauen mit großen Augen erblicken. Umgekehrt weiten sich auch die Pupillen von Frauen besonders stark, wenn sie Bilder von Männern mit großen Augen anschauen. Eine Frau reagiert jedoch beim Anblick einer anderen Frau konträr: Hat die Frau auf dem Bild besonders große Augen, so verengen sich die Pupillen der Betrachterin besonders stark. Männliche Homosexuelle bevorzugen übrigens, so stellte Simms fest, das Bild einer Frau mit schmalen Pupillen. Eine zunächst vielleicht überraschende Beobachtung machte Simms, als er mit Männern arbeitete, die Frauen rasch und in schnellem Wechsel eroberten. Diese Don Juans reagierten mit den Augen wie homosexuelle Männer. Von Frauen mit geweiteten Pupillen, die mit ihren Augen unbewusst ein erotisches Interesse verraten, wenden sie sich ab. Die Erklärung: Don Juan sucht nicht die Partnerin, der ihm wirkliche Zuneigung entgegenbringt, sondern das Abenteuer, das er leicht wieder beenden kann.

Blauäugige Menschen reagieren stärker auf große Augen als braunäugige. Die schwarze Pupille hebt sich von der blauen Umrandung stärker ab als von einer braunen. Pupillen-Reaktionen sind deshalb bei blauäugigen Menschen besser zu erkennen als bei braunäugigen. Deshalb hat sich, so interpretierte Hess, während der Evolution die Fähigkeit, mit der Pupille zu reagieren, bei blauäugigen stärker als bei braunäugigen Menschen entwickelt. In dem deutschen Volkslied *Wenn alle Brünnlein fließen* heißt es: »Ja winken mit den Äugelein ...«, und dazu wird eigens erwähnt: »Sie hat zwei *blaue* Äugelein.« Das »Winken mit den Äugelein«, der Augengruß, das rasche Hochziehen der Augenbrauen, ist eine ebenfalls unbewusste, den Menschen aller Kulturen angeborene Verhaltensweise, wie der österreichische Verhaltensforscher Irenäus Eibl-Eibesfeld festgestellt hat.

Bereits eine unvollkommene Augen-Attrappe genügt, um das menschliche Auge reagieren zu lassen. Hess hat seinen Versuchspersonen zwei Kreise mit in der Mitte jeweils einem schwarzen Punkt vorgehalten. Je größer der schwarze Punkt – die »Pupille« – erschien, desto größer wurden auch die Pupillen, die auf diese Attrappe blickten – bei Männern wie bei Frauen. Die Augen haben offensichtlich bereits sehr frühzeitig während der Evolution den Charakter eines Signalzeichens bekommen. Bereits die tierischen Fressfeinde des Schmetterlings lassen sich durch die Augenflecken etwa des Abendpfauenauges abschrecken.

Damit komme ich zurück zum Amulett. Der Fachmann kann in seinen vielfältigen Abwandlungen das Augenmotiv erkennen. Im Grunde haben die Konstrukteure von »Katzenaugen« für den Straßenverkehr etwas aufgenommen, was es seit der Steinzeit gibt: die Idee, sich mit Hilfe von Bildern vor Bedrohungen aller Art zu schützen. Das hat eine biologische Grundlage: Ähnlich wie selbst kleine Vögel vor den großen Augen der sich öffnenden Flügel eines Schmetterlings zurückschrecken, haben auch Menschen seit Urzeiten Angst vor dem »bösen Blick« eines anderen Menschen. Und sie wehren sich ähnlich wie ein Schmetterling. Dahinter steckt außerdem die alte Volksweisheit, die von der Schulmedizin zwar als unsinnig abgelehnt wird, aber zum Beispiel Grundlage der Homöopathie ist: »Gleiches wird durch Gleiches geheilt«. Nach diesem »Gesetz« glaubt(e) man, sich vor dem bösen Blick am besten durch ein abschreckendes Augenmuster schützen zu können. Das Abwehrauge hat die Funktion des Blickableiters. »Das Zuvorkommen mit dem Erstblick gilt nämlich als magisch überaus vorteilhaft und wichtig«, erläuterte Otto Koenig in seinem grundlegenden Werk über das »Urmotiv Auge« (67). Im Zusammenhang dieses Buchs genügt es, zu erwähnen, dass man im Amulett in den verschiedensten Abwandlungen sehr oft das Augenmotiv als Unheil-abwehrendes Hilfsmittel findet. Zum Beispiel kann man das Herz in seiner symbolischen Form als Augenpaar erkennen, wenn man es senkrecht in der Mitte durchschneidet. Es entstehen dann zwei »Mandelaugen«. In ein vierblättriges Kleeblatt kann man sogar gleich vier Herzen oder acht Augenpaare hineinsehen. Quasten, Wedel und Besen sind nach den Untersuchungen Koenigs »Spezialformen des Prinzips Auge mit Wimpern«. Das heißt, auch der Tiroler Gamsbarthut behütete seinen Träger einst in doppeltem Sinn. Sehr viel später sind zu den steinzeitlichen Amulettformen solche mit christlichem Hintergrund hinzugekommen, etwa ein Kreuz als Anhänger. Heute schafft sich der Amulett-Träger seine individuelle Bedeutungslehre. Wenn man weiß, dass es bei einem Formel-1-Autorennen zugehen kann wie sprichwörtlich im Haifischbecken, dann hängt man sich eben, wie Michael Schumacher, einen Haifischzahn um den Hals.

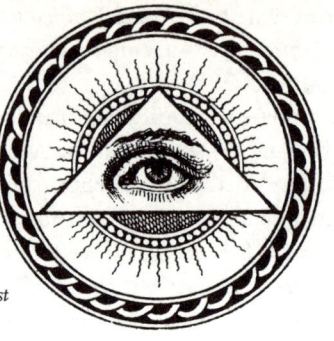

*Das Auge ist ein Urmotiv des vor Gefahr
schützenden Amuletts. Eine ähnliche
Funktion hat in der christlichen Ikonographie
das »Auge Gottes«. Die dreieckige Form verweist
auf die »Dreieinigkeit« Gottes.*

Die Hoffnung stirbt zuerst

»Die Hoffnung stirbt zuletzt«, lautet ein zum modernen Sprichwort ge-
wordener Satz. Es ist aber genau umgekehrt: Die Hoffnung stirbt
zuerst. Wer den Glauben an sich selbst und damit die Hoffnung aufgibt,
der stirbt. Diese Erfahrung beschreiben Menschen, die Konzentrationslager überlebt haben oder Flüchtlingslager, Situationen größten Elends.
Es sterben auch Menschen, die aufgrund einer schweren Krankheit oder
eines schweren Unglücks, das ihnen widerfährt, ihrem Leben keinen
Wert mehr beimessen. Es passiert verhältnismäßig oft, dass beide Part-
ner einer besonders glücklichen Beziehung kurz nacheinander sterben,
weil der Zurückgebliebene das Leben nach dem Tode des Partners nicht
mehr für lebenswert hält. Eine Langzeitstudie an der Universität Yale an
660 über 50 Jahre alten Probanden (68) belegt, dass es mit zunehmen-
dem Alter zunehmend vom Lebenswillen abhängt, wie lange man noch
lebt. Entscheidend ist, was im Kopf passiert.

Gesundheit und Krankheit sind Zustände, die in ungemein komplexer Weise mit den weltlichen Glaubensvorstellungen eines Menschen
zusammenhängen. Wie so oft, wenn man etwas nicht versteht, führt
man wenigstens einen Begriff ein. In unserem Fall das Wort *Placebo*,
übersetzt: »Ich werde gefallen«. Man hat nämlich festgestellt, dass ein
solches Placebo, ein Scheinmedikament ohne jeden pharmazeutisch
wirksamen Inhalt, sehr oft die selbe Wirkung, wenn auch zumeist etwas

schwächer, entfaltet, wie das *Verum*, das wahre Medikament, für das es vom Patienten gehalten wird. Ja, nicht nur die Wirkung, sondern auch etwaige Nebenwirkungen eines Verums kann ein stattdessen verabreichtes Placebo entfalten. Es genügt der Glauben an eine Wirkung beziehungsweise Nebenwirkung, um sie entstehen zu lassen. Man hat auch beobachtet, dass ein Placebo besser wirkt, wenn es von einem Arzt appliziert wird als von einer Krankenschwester. Selbst wenn man sagt: Das ist ein Fall von Suggestion oder Autosuggestion, so sind das ebenfalls nur Worte, die nichts erklären. Auch bei Medikamenten, deren Wirksamkeit erwiesen ist und möglicherweise sogar verstanden wird, kommt zusätzlich eine Placebowirkung verstärkend hinzu, ebenso wie jeder Mediziner etwas von der »Droge Arzt« also der positiven Wirkung des Mannes oder der Frau im weißen Kittel auf die Befindlichkeit des Patienten weiß. Dieses Wissen hatten zweifellos bereits die Medizinmänner in der Steinzeit. Völlig richtig hat Jesus, auf dessen Wort hin ein Blinder sehend wurde, diese Wirkung so interpretiert: »dein Glaube hat dir geholfen« (Markus 10, 52). Nach heutigem Wissen hat dieses Heilen damit zu tun, dass Jesus intuitiv etwas von den Zusammenhängen zwischen Körper und Seele verstand. Auch von dem, was Leiden und was Schuld bedeuten, haben Jesus und seine Jünger gewusst; und dass sie mit Gesundheit und Krankheit zusammenhängen.

Im Johannes-Evangelium wird die Geschichte von der Heilung eines seit 38 Jahren chronisch krank Daniederliegenden erzählt (Johannes 5). Jesus wird mit der Frage an den Kranken zitiert: »Willst du gesund werden?« Als dieser bejaht, sagt Jesus: »Steh auf, nimm dein Bett und geh hin! Und sogleich wurde der Mensch gesund und nahm sein Bett und ging hin.« Für den Ordinarius für Medizintheorie und Komplementärmedizin an der Universität Witten/Herdecke, Peter F. Matthiessen, ist die der Heilung vorausgehende Frage besonders bemerkenswert. Denn Jesus verzichte auf »numinose Rechtfertigungen« und lasse den Kranken »mit eigener Kraft ›einsehen‹« (69). Der Mediziner analysiert, was es mit dem Glauben der Menschen zu tun hat, die nach den Berichten des Neuen Testaments von Jesus als dem »Heiland« geheilt worden sind. Dieser Glauben, so Matthiessen, stehe nicht im Gegensatz zum Erkennen, sondern sei »Kraft zu einer höheren Erkenntnis«, im Gegensatz zu blindem Glauben, der in Dogmatismus und Fanatismus ausarte.

»Dein Glaube hat dir geholfen«:
Jesus heilt einen Blinden.
Holzschnitt um 1020.

Im 18. Jahrhundert spottete der französische Philosoph Voltaire: »Ärzte geben Medikamente, über die sie wenig wissen, in Menschenleiber, über die sie noch weniger wissen, zur Behandlung von Krankheiten, über die sie überhaupt nichts wissen.« Der Satz enthält immer noch sehr viel Wahrheit. Denn die Medizin gründet zwar auf Erfahrung und hat deshalb heute, anders als zu Zeiten Voltaires, große Erfolge bei der Behandlung kranker Menschen. Sie hat aber kein Bild, kein Modell des Menschen entwerfen können, weil sie ihn bis heute nicht versteht. Und sie ist insofern auch keine Wissenschaft. Spezialisten medizinischer Teilgebiete können zwar Funktionskreisläufe verstehen und bis auf die molekulare Ebene herab Ursachen und Wirkungen identifizieren und beeinflussen. Aber das Ganze ist bekanntlich mehr als die Summe seiner Teile und der Mensch mehr als seine Moleküle. Die wesentliche Frage, warum Gesundheit und Krankheit mit den Bildern zu tun haben, die sich der Mensch im Kopf macht, warum also ein Placebo Wirkungen entfaltet oder gar, warum unter den gleichen Bedingungen der Mensch, der sich selbst aufgibt, stirbt, derjenige aber, der sein Selbstvertrauen behält und auch anderen Menschen vertraut, gesund wird – kann kein Arzt beantworten.

Die Beschränktheit ärztlicher Kunst sowie die Tatsache, dass jedenfalls in Deutschland ein Arzt die Zeit, die er einem Patienten widmet, nur schlecht vergütet bekommt, bleibt nicht ohne Folgen. Ein erheblicher Teil der Patienten sucht dort Hilfe, wo er den Eindruck bekommt, dass er als Individuum gesehen und behandelt wird. Der Patient geht auf eigene Kosten zum Heilpraktiker, wenn er die primäre Ursache seines Leidens als vom Körper ausgehend versteht. Andernfalls geht er zum Psychotherapeuten. Die Vertreter auch dieser beiden Heilberufe machen zwar die Erfahrungen, manchen Menschen helfen zu können, anderen wiederum nicht, aber sie wissen im Grunde ebenfalls nicht, warum ein Mensch durch ihre Behandlung gesund oder eben nicht gesund wird.

Die Tatsache, dass ein Placebo auch die vom Patienten erwarteten Nebenwirkungen des entsprechenden Verums entfaltet, für das der Patient dieses Placebo hält, hat, meine ich, noch weitergehende Konsequenzen. Offenbar spielt ganz allgemein das jeweilige Weltbild des Patienten oder des Arztes eine Rolle. Die Schulmediziner sind mehr oder weniger stark von den organischen Ursachen allen Leidens überzeugt. Deshalb war ihre Begeisterung groß, als in den 1980er Jahren entdeckt wurde, dass das Bakterium *Helicobacter pylori* Verursacher von Magengeschwüren ist. Bis dahin galten Magengeschwüre als klassische Folge von Stress und damit als »psychosomatisch« – also körperliche Folge seelischer Befindlichkeiten. Nun waren die Schulmediziner glücklich: Wieder einmal konnte man einen organischen Befund erheben. Mittlerweile stellte sich heraus, dass viele Menschen zwar das Bakterium Helicobacter in sich tragen – aber dennoch *kein* Magengeschwür entwickeln.

Bemerkenswerter Weise wird derselbe körperliche Befund – zum Beispiel Muskelschmerzen, Müdigkeit und Kopfschmerzen – von einem Rheumatologen völlig anders interpretiert, nämlich als Anzeichen von Weichteilrheumatismus (Fibromyalgie) als von einem Gastroenterologen oder einem Neurologen, der eher ein chronisches Erschöpfungssyndrom zu erkennen glaubt. Thomas Zimmermann, Psychologe und Experte für sogenannte Funktionelle Beschwerden am

Universitätskrankenhaus Hamburg-Eppendorf analysierte britische Untersuchungen aus den letzten Jahren so (70): »Zwischen 30 und 70 Prozent aller Patienten, die in der rheumatologischen Praxis ein Fibromyalgiesyndrom bescheinigt bekommen, erhalten in einer gastroenterologischen Praxis die Diagnose Reizdarmsyndrom – und umgekehrt. Eine Diagnose erlaubt somit eher Rückschlüsse auf das Fachgebiet des diagnostizierenden Arztes als auf den körperlichen Zustand des Patienten.« Das heißt, das Weltbild des Facharztes entscheidet über die Diagnose und damit die Therapie, kein objektiver Befund. Ich selbst erinnere mich daran, dass am Ende des Zweiten Weltkriegs ein Arzt meine kindlichen Bauchschmerzen als Anzeichen eines Magengeschwürs deutete und – besonders schmerzlich in einer Zeit, als es ohnedies nicht genug zu essen gab – mich mit Hungerkuren traktierte, bis wenig später ein anderer Arzt autoritativ feststellte: »Er hat kein Magengeschwür«. Meine Mutter und ich glaubten ihm, und damit waren erstaunlicherweise auch die Bauchschmerzen weg.

Die in diesem Kapitel geschilderten Erfahrungen lassen in den letzten Jahren allerlei Psychotherapeuten sowie »Coachs« auftreten und die Droge Optimismus predigen. Selbst Rundfunk- und Fernsehmoderatoren verabschieden sich mit der Glaubensformel zum Nachbeten: »Alles wird gut«. Und selbstverständlich behaupten dies auch die Politiker aller Parteien, wenn auch mit einer kleinen Einschränkung: Man muss nur jeweils ihnen und nicht etwa den anderen glauben. Nun gibt es freilich unter den Menschen nicht nur die geborenen Optimisten, sondern auch die geborenen Pessimisten – und daran lässt sich dann im Laufe des Lebens nur wenig ändern. Es gibt auch objektive Sachverhalte, die pessimistische Prognosen angemessen erscheinen lassen und Optimismus als Realitätsblindheit. Die Psychologin Julie K. Norem vom Wellesley College in Massachusetts in den USA arbeitet wissenschaftlich über »Die positive Kraft des negativen Denkens«. Wenn ein Mensch glaubt, dass die Dinge schief laufen werden, kann das einen Prozess auslösen, bei dem alle Möglichkeiten im Kopf durchgespielt werden. »Defensiven Pessimismus« nennt das Norem und schreibt: »Der defensive Pessimismus befähigt ängstliche Menschen dazu, gut zu planen. Sie können erst dann effektiv nachdenken und organisieren, wenn sie ihre Angst unter Kontrolle haben. Dafür müssen sie mit dem

Schlimmsten rechnen, alle Notfälle durchdenken und anstrengende Fantasien durchleben, um dann in den Prozess effektiver Planung eintreten zu können« (71). »Defensive Pessimisten unterdrücken ihre Angst nicht, sie lassen sie zu.« Den strategischen Wert des negativen Denkens sieht die Forscherin darin, dass man ihn vor dem Eintreten der befürchteten Situation einsetzt. Nach dem Eintreten einer solchen Situation würde negatives Denken dagegen schnell in unproduktives Grübeln ausarten.

Der Pessimist erwartet »Es wird schon schief gehen« – und Kreativität hilft ihm, indem er sich das Schlimmste vorstellt, Gegenstrategien zu entwickeln. Etwas ganz anderes sind die diffusen Ängste, die aufkommen, wenn die Situation undurchschaubar und Regeln nicht erkennbar sind, man sich also rational nicht damit auseinandersetzen kann. Alle Glaubensvorstellungen und Rituale des Menschen haben damit zu tun. Man stelle sich vor, es hätte den Computer mit allen seinen Macken bereits in alter Zeit gegeben. Vermutlich hätte man dann einem Computergott geopfert, um sich vor dem Abstürzen des Systems zu schützen. Tatsächlich kursiert unter Computer-Freaks ein Text, genannt »Computer Unser«, in dem es heißt: ». . . Deine Eingabe komme, Dein Wille geschehe / Wie im Speicher so auch auf dem Drucker . . .« Einen solchen Witz können freilich nur Menschen mit einer christlichen Sozialisation verstehen, die irgendwann einmal das »Vater unser« kennengelernt haben.

Feuerzauber

Eine der ganz großen Entdeckungen des Menschen war die der Nutzung des Feuers, von dem oben schon die Rede war. Es spendete ihm Licht in der Finsternis sowie Wärme und revolutionierte die Küche; denn nun konnte man kochen, backen und braten und musste die Nahrung nicht mehr, wie in den Jahrmillionen zuvor, roh verzehren. Eine ungeheure Bereicherung. Nur ein übermenschliches Wesen konnte nach den damaligen Vorstellungen der Menschheit dieses Geschenk gemacht haben. Die Alten Griechen glaubten, dass der Titan Prometheus, der »zum voraus Wissende«, dem Menschen das Feuer gebracht habe. Feuer ist freilich auch gefährlich. Die Menschheit musste mühsam lernen, damit umzugehen. Die Tatsache, dass es heutzutage eine Brandversicherung gibt und eine Feuerwehr, beweist, dass dies nach wie vor nicht immer gelingt. In alter Zeit hat man die Zusammenhänge nicht durchschaut. Deshalb entwickelten sich mit der Nutzung des Feuers umfängliche Glaubensvorstellungen. Das Feuer durfte weder verlöschen noch unkontrolliert brennen – denn es gab noch auf lange Zeit keine Streichhölzer. Und als es sie dann gab, waren sie zunächst gefährlich, weil sie sich an jeder rauen Fläche entzünden konnten. Sicherheits-Zündhölzer wurden um 1850 in Deutschland erfunden. Erst recht musste man sich vor dem Blitzschlag schützen; ein bis in die Neuzeit dem Menschen unbegreifliches Phänomen, das selbstverständlich nur dem Wirken eines erzürnten Gottes zugeordnet werden

In der Antike war die Sonne göttlich, und der Titan Prometheus machte den Menschen das Feuer zum Geschenk. Noch im 12. nachchristlichen Jahrhundert personifizierte man, wie hier zu sehen, das Licht.

konnte. Der Blitzableiter wurde 1752 in den USA erfunden. Die Angst vor dem Blitz ist als eine Art Urangst wohl geblieben. »Potz Blitz« ist eine Verballhornung von »Gottes Blitz«, und dahinter verbirgt sich der Glauben, dass ein Blitzschlag eine Strafe Gottes ist. Martin Luther ist aus der Erfahrung der Todesangst während eines schrecklichen Gewitters Mönch geworden.

Noch bis zum Beginn der Neuzeit haben in deutschen Landen die Nachbarn einem neu Zugezogenen nicht nur, wie zum Teil heute noch, Brot und Salz, sondern auch Holz und Torf gebracht, um das erste Feuer zu machen. Das zündete man nach alter Weise mit Stahl und Stein, indem man daraus Funken schlug, die den Zunderschwamm entflammen können. Gelingt das nicht, und das Feuer brennt nicht, dann wird man in der Wohnung nicht warm und zieht bald wieder aus. Wenn man sich das Feuer von den Nachbarn holte, durfte man sich dafür nicht bedanken – außer »für die Mühe«, das Feuer war heilig. Die Heiligkeit des Feuers hat man auf den Ofen übertragen. Herbert Freudenthal hat bereits 1931 allerlei Belege dafür zusammengetragen (72). Dem Ofen vertraute man seine intimsten Geheimnisse an, wie überlieferte Sprüche zeigen, zum Beispiel aus der Schweiz:

O Ofen, Ofen, ich muss Dir klagen,
Ich darf es keinem Menschen sagen.

Hier geht es um das Geständnis eines Mordes. Ein Kinderreim lautet:

Lieber Ofen ich bete dich an,
hast du eine Frau, hätt ich einen Mann!

In alten Volksmärchen spielt der Ofen ebenfalls eine besondere Rolle. Zum Beispiel ist im Märchen *Der Eisenofen* der Gebrüder Grimm ein Königssohn in einen Ofen hinein verzaubert worden, wo er der Erlösung durch die künftige Braut harrt.

Ich vermute, der bis heute verbreitete Glaube vom Schornsteinfeger als Glücksbringer hat mit den alten Bildern zu tun. Der Beruf des Kaminkehrers entwickelte sich im deutschen Sprachraum vom 16. Jahrhundert an – auch wenn bereits das Gesetzeswerk »Der Sachsenspiegel« aus dem ersten Drittel des 13. Jahrhunderts vorschrieb: »Ein jeder soll behüten und beschützen seinen Ofen und seine Feuermauer, dass die Funken nicht fahren in den Nachbarshof und ihm schaden.« Die Schornsteinfeger selbst erklären die Idee vom Glücksbringer so: In

Norddeutschland wurde das Kehrgeld meist am Neujahrstag erhoben. Der Schornsteinfeger ging von Haus zu Haus und wünschte ein gutes Jahr. Deshalb galt er als Glücksbringer. Freudenthal allerdings weiß von uralten Ängsten zu berichten, mit dem Feuer gebe man das Glück aus dem Haus. Mir scheint es plausibel, dass aus dieser Tradition heraus der mit dem Feuer so eng verbundene Schornsteinfeger traditionell als Glücksbringer angesehen wird. Sonst könnte man heute auch die Müllmänner oder den Postboten oder den Zeitungsausträger als Glücksbringer ansehen. Denn sie alle hoffen zu Weihnachten oder zum Neuen Jahr auf ein Trinkgeld.

VII.

Fromme und unfromme Rituale

Das Gefühl von Sicherheit

»Wenn ein Haubentaucher aus der Tiefe des Sees ein Bündel Nistmaterial heraufholt und seinem Ehegenossen hinhält, so versteht auch der naive Mensch die Botschaft: ›komm, wir wollen miteinander Nest bauen‹.« Konrad Lorenz beschreibt (73) einen Vorgang, der sich nicht sehr davon unterscheidet, dass auch wir Menschen Blumen mitbringen, wenn wir zu Besuch in eine fremde Wohnung kommen. Nun wissen wir zwar, dass es unstatthaft ist, die Tierwelt mit menschlichen Augen zu sehen, was man Anthropomorphismus nennt. Der Verhaltensforscher und Nobelpreisträger Lorenz betonte freilich, dass die »Ähnlichkeiten zwischen menschlichen und tierischen Verhaltenssystemen – ich nenne Rangordnungsstreben, Eifersucht, Bindungsverhalten – tatsächlich vorhanden und bemerkenswert sind«. Viele Rituale, die wir bereits in der Tierwelt beobachten können, spielen im menschlichen Zusammenleben eine ähnliche Rolle. Sie haben sich aus einfachen Gesten entwickelt. Nicht erst der Mensch streckt zum Beispiel die Hände aus, wenn er Kontakt aufnehmen will und zugleich demonstriert, dass dies in friedlicher Absicht geschieht. Dasselbe tun auch Schimpansen. Alle Gebetshaltungen »sind ursprünglich Grußsitten« (74). Die Gesten des Betens und des Segnens, aus denen sich die oft komplizierten liturgischen Rituale entwickelt haben, sind nicht nur selbst bereits uralt, sondern sie haben auch noch viel ältere Vorbilder.

Rituale sind die Antwort auf das Leben in einer gefährlichen Welt. Sie geben mit der Ordnung, der permanenten Wiederholung des Gleichen, das Gefühl von Sicherheit, von Geborgenheit. Ein Ritual, so definiert der *Brockhaus*, ist »jedes Verhalten, das mit Regelmäßigkeit zu bestimmten Anlässen in immer gleicher Form abläuft«. Kleinkinder entwickeln sehr oft bestimmte Einschlafrituale. Sie haben zum Beispiel immer dasselbe Kissen, an dem sie schnüffeln, oder ein »Schlaftier«. Vor dem Einschlafen wird eine Geschichte erzählt, oder ein Buch angeschaut, oder eine Spieluhr erklingt. Ich erinnere mich noch, dass zu meinem Einschlafritual als Kleinkind gehörte, dass mir meine Mutter die immer gleichen Fragen zu beantworten hatte: »Wann geht die Sonne auf?« Und: »Kann ich morgen früh aufstehen?«

Natürlich hat ein solches kindliches Ritual etwas Zwanghaftes. Es gibt freilich auch die Möglichkeit, zwanglose Rituale zu nutzen. In einer Titelgeschichte der Zeitschrift *Psychologie heute* (75) plädieren Psychologen ausdrücklich dafür, Rituale zu pflegen: »Nutzen Sie die Kraft sinnvoller Traditionen.« Gemeint sind lebensfreundliche, ganz private Rituale, »etwa die Tasse Kaffee zwischendurch«. Solche Rituale im Alltag »dienen der Selbstvergewisserung. Wir lehnen uns zurück, folgen unseren Gedanken, prüfen unser Körpergefühl und erleben uns als lebendig. Wir fühlen uns zu Hause in unserer Haut. Wir bilanzieren, wo wir in unserem Leben unseren Platz haben. Sie verstärken das Gefühl und die Sicherheit der eigenen Identität ...«

Jede Gemeinschaft entwickelt ihre Gruppenrituale. Auch hier sehen Wissenschaftler eine biologische Grundlage: Wenn ein Gänsepaar in die Nähe eines fremden Artgenossen kommt, geht der Ganter mit vorgestrecktem Hals wütend auf den ihm unbekannten Vogel los, und dieser nimmt dann gewöhnlich Reißaus. »Sofort kehrt sich der Angreifer um, eilt schleunigst zu seiner Gattin zurück, und nun stoßen beide ein lautes Triumphgeschrei aus«, so schilderte es Oskar Heinroth, der Lehrer von Konrad Lorenz. Die Tiere stehen einander mit gekreuzten Köpfen gegenüber und schreien sich die lauten Rufe direkt in die Ohren. Wenn der Ganter eine große Familie hinter sich hat, feuert diese unisono mit gestreckten Hälsen und heftigem Geschrei den Triumphierenden an, so dass sich der erfolgreiche Gänserich, getragen von der Unterstützung der Familie, zu einem neuen Angriff gegen den bereits mit seiner Familie fliehenden Gegner entschließt. Dieses Phänomen tritt, so beobachtete Konrad Lorenz, vor allem im Herbst und im Winter auf, »wenn viele Familien oder ›Triumphgeschrei-Gesellschaften‹ auf dem Herbstzuge in einer Schar zusammenhalten«. Wer vor oder nach einem Fußballspiel die Fan-Gruppen der gegnerischen Vereine durch die Straßen ziehen sieht oder etwa in der Eisenbahn erlebt, kann über die Ähnlichkeit der Rituale staunen. Die »Schlachtrufe« der Fans haben denselben Effekt wie das Geschnatter und Triumphgeschrei der Gänse: Man vergewissert sich der Nähe der eigenen Gruppe, feuert sich gegenseitig an und fühlt sich gemeinsam stark. Anders als die Gänse, die sich mit Wasser begnügen, benötigen die Fußballfans im Allgemeinen auch noch größere Mengen Alkohol, um das Ereignis zu begießen.

Die Verhaltensweisen sind sich sehr ähnlich, ob es sich nun um Fußball handelt oder etwa Pop-Musik: Fans definieren sich durch die Existenz der von ihnen bewunderten Stars. Beide pflegen ritualisierte Umgangsweisen miteinander. Fans finden sich etwa in Fanclubs zusammen, wo sie gemeinsam den Star »anhimmeln«. Die Stars andererseits verschenken etwa ihr T-Shirt oder ihr Foto mit Autogramm, das von den Fans in hohen Ehren gehalten wird. Der Vergleich mit einem Götterbild liegt hier nahe. Im Starkult unserer Zeit kann man vielerlei Ähnlichkeiten mit religiösen Ritualen erkennen. So »pilgern« die Fans bis heute zum Grab des 1977 gestorbenen amerikanischen Rock-and-Roll-Sängers Elvis Presley. »Fangemeinden erinnern in ihrer Struktur zuweilen an Orden oder Bünde, die Stars nicht selten wie säkularisierte Ersatzheilige benutzen. Und beim Tod eines Stars entstehen Formen der Verehrung, die an die Verehrung von Heiligen in südeuropäischen katholischen Ländern erinnern«, sagt Michael Rappe, der an der Universität Kassel Poptheorie lehrt (76). Ein Star ist so etwas wie in archaischer Zeit ein Idol, ein Götzenbild war. Ein säkularisiertes Idol ist, nicht anders als sein Urmodell, eine Projektionsfläche für die Wünsche und Bedürfnisse seiner »Gläubigen«. Das muss man keineswegs nur negativ sehen. Die Berliner Pädagogin Bettina Fritzsche hat Popfans unter den Teenagern untersucht und ist zu der Erkenntnis gekommen: »In der Verehrung von *Boygroups* erleben Mädchen die intensiven Emotionen der ersten Liebe – ohne die Risiken einer echten Beziehung« (76). Ein Probelauf gewissermaßen und die Basis für die Auseinandersetzung mit den eigenen Emotionen – noch nicht mit einem echten Gegenüber.

Die pathologische Variante nennen Wissenschaftler in den USA *Celebrity Worship Syndrome*, Staranhimmelungs-Syndrom. Meist sind es Männer, die den von ihnen angehimmelten weiblichen Prominenten nachstellen, in dem Wahn, der Star erwidere ihre Zuneigung. *Stalking* (von *to stalk* gleich pirschen) nennt man heutzutage das hartnäckige Verfolgen einen Prominenten. Je mehr Privates ein Star von sich in den Medien preisgibt, je stärker er also von der ritualisierten Umgangsweise mit den Fans abweicht, desto größer wird die Wahrscheinlichkeit, von *Stalkern* verfolgt zu werden.

Ordnung von Zeit, Raum und Hierarchie

Im Umgang mit dem Numinosen haben sich bereits in sehr früher Zeit Rituale entwickelt. Keine Religion kommt ohne Rituale aus. Auch sie haben den Zweck des sich Vergewisserns, sie geben den Gläubigen Sicherheit, nehmen ihnen die Angst und stärken den Zusammenhalt der Gemeinschaft. Das gemeinsame Abendmahl in Erinnerung an das legendäre letzte Zusammensein der Jünger Jesu mit ihrem Herrn ist neben der Taufe das älteste Ritual der Christen. Zugleich ist es eine Umdeutung des Passah-Mahls, das die frommen Juden – wie seinerzeit auch Jesus und seine Jünger – bis heute feiern, in Erinnerung an den legendären Auszug der israelischen Stämme aus Ägypten. In den ariden Gebieten des Nahen Ostens spielen bei Juden, Christen und Moslems Rituale eine besondere Rolle, die mit Waschungen zu tun haben. Im Hinduismus haben sich Kulte entwickelt, die mit dem Bad in einem Fluss zu ganz bestimmter Zeit zusammenhängen.

Rituale ordnen die Zeit, den Raum und stabilisieren Hierarchien. Die christlichen Kirchen haben in früheren Zeiten noch viel mehr als heute die Zeit eines Menschenlebens von der Wiege bis zur Bahre strukturiert. Die biblische Schöpfungsgeschichte berichtet, dass Gott »ruhte am siebenten Tag von allen seinen Werken, die er gemacht hatte« (1. Mose 2, 3). In Erinnerung daran, dass Gott selbst diesen Tag gesegnet habe, feiern die Juden den Sabbat, den Sonnabend, als Ruhetag – bei frommen Juden bis heute ein extrem strenges Ritual. Die ersten Christen wählten als Ruhetag in bewusster Abweichung davon den, wie man damals rechnete, ersten Tag der Woche, den Sonntag; in Erinnerung an den Tag der Auferstehung Christi. Während die Juden Passah feierten, feierten die Christen vermutlich bereits in der ersten Hälfte des 2. Jahrhunderts den Todestag von Jesus, den Karfreitag, nicht etwa seine Auferstehung. Man nannte das Fest griechisch *pas-cha*. Die griechischen Christen brachten *pas-cha* mit *pas-chein* gleich leiden in Verbindung, und so entstand allmählich die Passionszeit als Fastenzeit. Sie ging mit dem Anbruch des Ostermorgens über in eine fünfzigtägige fastenfreie Freudenzeit. Beim Konzil von Nicäa anno 325 wurde der erste Sonntag nach dem ersten Vollmond im Frühling als Ostersonntag festgelegt; eine Definition, die bis heute gilt. Und damit die Freude nicht zu lange andauert, wurde nicht mehr weitere fünfzig Tage lang sondern nur noch das Ende dieser Fünfzigtage-Periode, der Pfingstsonntag, gefeiert. Nachdem zu Zeiten des römischen Kaisers Konstantin das Christentum staatlich anerkannt war, wurde anno 321 die Feier des Sonntags gesetzlich angeordnet. Ebenfalls im 4. Jahrhundert wurde das Weihnachtsfest in Erinnerung an die Geburt Jesu eingeführt.

Mit dem Entstehen der christlichen Staatskirche entwickelte sich neben den Jahresfesten, deren Anzahl sich im Laufe der Zeit vergrößerte, sowie der Wochenstruktur mit dem Sonntag als Ruhetag eine weitere Substruktur mit dem Freitag (bis heute) sowie zunächst auch dem Sonnabend als Fastentagen. Die ersten Christen hatten sogar zusätzlich noch am Mittwoch gefastet. Außerdem wurden auch die Stunden jedes einzelnen Tages strukturiert, indem man bestimmte Gebetszeiten einführte: Morgens und Abends für alle, zu bestimmten Zeiten noch weitere sechs (später fünf) »Stundengebete« für Priester und Mönche. Hinzu kamen die Lebensabschnitts-Feiern wie Taufe oder Hochzeit. Das Feiern war, wie man sieht, eine anstrengende Angelegenheit und alles andere als Ausdruck einer Spaßkultur. Aber es gab den Gläubigen Halt.

Auch der Raum wurde strukturiert, mit der Kirche im Dorf und dem Friedhof, in dessen »geweihter« Erde nicht jeder Tote seine letzte Ruhe fand; zum Beispiel kein Selbstmörder. Im Haus gibt es in traditionsbewusst katholischen Gegenden den sogenannten Herrgottswinkel mit dem Kruzifix und Heiligenbildern sowie einem Gefäß mit geweihtem Wasser. Man unterscheidet also heilige und profane Bereiche.

Die Industrialisierung mit Sonn-, Feiertags- und Nachtarbeit bereitete den frommen Lebensritualen für große Teile der Bevölkerung ein Ende, relativierte sie jedenfalls. Andererseits entstanden weltliche Feiertage wie der von der Arbeiterschaft erkämpfte 1. Mai. Spiegelbildlich zu den christlichen sind die weltlichen Strukturen zu sehen: zivile Hierarchien, »Kaiser, König, Edelmann, Bürger, Bauer, Bettelmann«, wie ein alter Abzählreim lautet, sowie militärische. Sie waren und sind in Rituale eingebunden, wobei manchmal im Namen noch die Erinnerung an die religiöse Urform steckt – etwa »Fahnenweihe«. Weltliche wie kirchliche Umzüge werden oft mit Musik begleitet, manchmal mit Sprechchören oder sie sind mit Gebetsanrufungen (Litaneien) verbunden. Das alles hilft, in »Stimmung« zu kommen; in eine höchst weltliche, oder eine eher andächtig-besinnliche.

Immer mal wieder in der Geschichte kommt es zu Emanzipationsbewegungen, die sich gegen die altehrwürdigen Rituale richten: Mit dem 2. Vatikanischen Konzil 1962–1965 wurde unter anderem die zuvor welteinheitlich lateinisch abgehaltene katholische Messe reformiert. Seither darf sie in der jeweiligen Landessprache gefeiert werden. Etwa zur selben Zeit wurden in Europa die jungen Leute unruhig. »Unter den Talaren der Muff von tausend Jahren« war ein Schlachtruf der Studenten von 1968 gegen verkrustete Hochschulstrukturen, deren Symbol der allmächtige Ordinarius im Talar war.

Immer wieder werden dann symbolisch »alte Zöpfe abgeschnitten« – wie sogar tatsächlich in den 1920er Jahren, als sich die sich von männlichen Dominanzansprüchen zu befreien versuchenden jungen Frauen auf einmal einen »Bubikopf«, eine Frisur ohne Zöpfe, zulegten. Das war nicht nur eine Frage der Mode, sondern drückte für ihre Initiatoren auch eine neue geistige Haltung aus.

Der Muff von tausend Jahren wurde freilich nur kurzzeitig etwas ausgelüftet. Machtstrukturen lassen sich schwer aufbrechen. Und symbolische Handlungen wie die, altehrwürdige Rituale abzuschaffen, werden zu Machtkämpfen. Hinter dem Beharren auf den uralten Traditionen sehe ich vor allem auch die Angst, das System werde zusammenbrechen, wenn man Veränderungen zulasse. Man kann sich heute als historisches Beispiel auf das Glaubenssystem des sowjetischen Kommunismus berufen. Die Reformbemühungen eines Michail Gorbatschow, des letzten Machthabers der Sowjetunion, haben deren Untergang nur beschleunigt – auch wenn Gorbatschow sich ursprünglich etwas anderes erhofft hatte und die DDR noch kurz vor deren Ende mit seinem zum Sprichwort gewordenen Satz »Wer zu spät kommt, den bestraft das Leben« zur Beschleunigung von Reformbemühungen drängte. Der Satz ist übrigens so nicht gesagt worden. Michail Gorbatschow sagte vielmehr am 5. Oktober 1989 zu Erich Honecker: »Ich glaube, Gefahren warten nur auf jene, die nicht auf das Leben reagieren.« Da hatte er offensichtlich Recht. Die Antireformer unter den Christen allerdings können sich auch wieder einmal auf die Bibel berufen. Dort haben die besonders gesetzestreuen Judenchristen Jesus den Satz in den Mund gelegt: »Bis Himmel und Erde vergehen, wird nicht vergehen der kleinste Buchstabe noch ein Tüpfelchen vom Gesetz« (Matthäus 5, 18) – womit die umfangreichen aus dem Alten Testament stammenden jüdischen Gesetzeskodizes gemeint waren. Die Angst der Machthaber in Saudi-Arabien, den Islamismus zu entschärfen, weil die Folgen nicht absehbar sind, ist psychologisch ähnlich zu verstehen.

Die katholische Kirche besteht auf der ewigen Gültigkeit ihrer Rituale, so dass ihre Veränderungen, so aufregend sie zunächst manchem engagierten Reformer zu sein schienen, am Ende doch nur Kosmetik sind. Gegen Ende seiner Amtszeit, die theologisch von einem Zurück in eine voraufklärerische Zeit gekennzeichnet ist, ließ Papst Johannes Paul II. im April 2004 eine Instruktion *Redemptionis sacramentum* (Das Sakrament der Erlösung) veröffentlichen, mit strengen Gottesdienstregeln. Danach muss zum Beispiel die beim Abendmahl verwendete Hostie ungesäuert und aus Weizenmehl gebacken sein. Die Zugabe von »Früchten, Zucker oder Honig« ist »ein schwerer Missbrauch«. Nur in schweren Notlagen darf die Messe an einem Esstisch gehalten werden, dann aber dürfen gewöhnliche Speisen »für die Gläubigen nicht sichtbar sein«. Jeder Katholik ist aufgefordert, jede Abweichung vom dem in 186 Artikel gegliederten Regelwerk beim Bischof oder gleich in Rom zu denunzieren. All das ist nach katholischer Selbstdarstellung ein Zeichen der »Disziplin ... mit der die Kirche ihren Glauben zum Ausdruck bringt«. Diese »Disziplin« drückt sich zum Beispiel bei US-Bischof John Smith von der Diözese Trenton so aus: Der fromme Mann erklärte im Sommer 2004 die Erstkommunion eines achtjährigen Mädchens für ungültig. Das Kind leidet an Zöliakie, einer Glutenin-Unverträglichkeit, und darf deshalb kein Weizenmehl zu sich nehmen. Denn das darin enthaltene Glutenin schädigt den Dünndarm aufs Schwerste. Deshalb gab ein menschenfreundlicher Priester dem Mädchen eine Hostie aus Reis. Dies sei durch das Kirchenrecht nicht gedeckt, die Kommunion deshalb ungültig, entschied der Kirchenfürst (77).

Rituale können, wie Papst Johannes Paul II. mit seiner Instruktion demonstrierte, einen zwanghaften Charakter haben – Sigmund Freud identifizierte das als *Zwangszeremoniell*; zwanghaft auferlegte Gebote und Verbote. Sie dienen als Machtinstrumente, sind Ausdruck von Unfreiheit, verursachen Leiden und sind schlimmstenfalls Ausdruck einer psychischen Krankheit. Heute formulieren Psychologen so: »Das pathologische Ritual hält einen uneingestandenen böswilligen Impuls in Schach. Die prekäre Balance darf nicht gefährdet werden.«

Alle Menschen, die sich stark mit einer rigiden Religionsgemeinschaft identifizieren, identifizieren sich auch mit deren Katalog von Geboten und Verboten. Diese werden ihnen zu einer Gewissens-Angelegenheit. »Unser Gewissen lässt es nicht zu, dass wir unsere Kinder in eine öffentliche Schule schicken, in der sie die Wege der Welt lernen würden.« So begründet die Glaubensgemeinschaft »Zwölf Stämme«, die im bayerischen Landkreis Donau-Ries lebt, ihre Weigerung, die Kinder der auf urchristliche Weise lebenden Gruppe in eine Schule zu schicken. Man wolle die Kinder »von der Welt unbefleckt« halten, wozu gehört, dass man sie nicht mit den in staatlichen Schulen gelehrten Erkenntnissen einer Evolution des Lebens konfrontieren will. Als Begründung für die Renitenz der Eltern muss ein Satz aus der Apostelgeschichte (5, 29) herhalten. Der Hohe Rat der Juden wollte danach in der Frühzeit des Christentums den Aposteln die Predigt von Jesu Auferstehung verbieten, worauf diese sich mit den Worten weigerten: »Man muss Gott mehr gehorchen als den Menschen.« Die Gemeinschaft der »Zwölf Stämme« beruft sich auf das deutsche Grundgesetz. Darin ist als Grundrecht festgelegt (Artikel 4,1): »Die Freiheit des Glaubens, des Gewissens und die Freiheit des religiösen und weltanschaulichen Bekenntnisses sind unverletzlich.« Die schlimmen Erfahrungen in der Zeit der nationalsozialistischen Gewaltherrschaft haben bei der Ausformung der Grundrechte nach dem Zweiten Weltkrieg eine wesentliche Rolle gespielt. Damals hat man freilich auch noch nicht gewusst, wie sehr unser Gewissen von den Bildern geprägt wird, die wir uns von der Welt machen.

In den USA wurde im Herbst 2004 der 30-jährige katholische Apotheker Neil Noesen aus Madison wegen »unprofessionellen Verhaltens« angeklagt. Er hatte sich »aus Gewissensgründen« geweigert, einer Studentin Verhütungspillen zu verkaufen. Seine Anwältin bestätigt ihn in seiner Meinung, die Anklage verstoße gegen sein Recht auf Gewissensfreiheit (78). Wie die *Washington Post* berichtete, weigerten sich im Jahre 2005 bereits zahlreiche Apotheker in den USA aus Gewissensgründen, Verhütungsmittel oder die »Pille danach« zu verkaufen (138). Mit reinem Gewissen haben sich noch vor kurzem Katholiken und Protestanten in Nordirland gegenseitig umgebracht, ebenso wie dies weiterhin unter den Moslems Schiiten und Sunniten tun. Auch sie bringen mit Disziplin »ihren Glauben zum Ausdruck«.

VIII.

Glaube und Macht

Der Evangelist Markus stellt die Weichen

Man muss nicht unbedingt über körperliche Kraft verfügen oder bewaffnet sein, um Macht über andere Menschen zu haben. Es genügen die Bilder, die wechselseitig im Kopf entstehen – so wie bereits im Tierreich sprichwörtlich bei Kaninchen und Schlange oder bei den oben erwähnten Tupajas. Der Schamane, der glaubt, in Kontakt mit einem Gott treten zu können, genießt seit der Steinzeit höchsten Respekt bei den Menschen, die dasselbe glauben. Ein Nervenarzt der westlichen Welt dagegen, der einen Schamanen heute als psychisch auffällig diagnostizieren würde, hätte diesen Respekt wohl kaum. Ein frommer polnischer Katholik verehrt Papst Johannes Paul II. ebenso grenzenlos wie ein frommer iranischer Schiit den Ajatollah Khomeini – aber umgekehrt ist das keineswegs der Fall. Weder verehrt im Normalfall ein frommer Schiit den Papst noch ein frommer Katholik den Ajatollah. Erst der gemeinsame Glaube gibt dem Priester Macht. Ich will in diesem Kapitel dem nachspüren, wie Glaube und Macht zusammenhängen.

Bereits das älteste Evangelium des Neuen Testaments, das des Markus, in den achtziger Jahren oder ein wenig vorher aufgeschrieben, legt Jesus die Worte in den Mund: »Gehet hin in alle Welt und predigt das Evangelium aller Kreatur. Wer da glaubt und getauft wird, der wird selig werden; wer aber nicht glaubt, der wird verdammt werden« (Markus 16, 15–16).

Ohne diese »verdammt« harten Worte gäbe es vermutlich kein Christentum auf der Welt. Mit diesen Worten, als Handlungsanweisung verstanden, haben die Christen allerdings unendlich viel Leid über die Menschen gebracht – vom Abschlachten der taufunwilligen Sachsen durch Kaiser Karl den Großen über die Kreuzzüge bis zum weitgehenden Ausrotten der Ureinwohner Amerikas.

Die Anweisung ist gewiss keine Forderung des historischen Jesus. Das Markus-Evangelium, etwa 50 Jahre nach Jesu Tod aufgeschrieben, wurde verfasst, als die darin genannten Zeugen längst tot waren und nicht mehr hätten widersprechen können. Die Zerstörung des Tempels in Jerusalem als Zentrum des Judentums durch die Römer, anno 70 nach Christus, erschütterte das Volk Israel und erzwang eine neue Interpretation des Lebens und Sterbens von Jesus für seine Anhänger. »Weder die früheren Jesusbewegungen noch die Christusgemeinden hatten so eine Darstellung des Lebens Jesu erdacht. Erst die Komposition des Markus sammelte die früheren Überlieferungen, nutzte die jüngste Geschichte Jerusalems, um die Voraussetzungen für eine Darstellung der Zeit Jesu zu schaffen, erdachte die Handlung, beschrieb genau die Motive und schuf auf diese Weise die Geschichte, die für das Christentum zum Evangelium der Wahrheit werden sollte.« Im Religionsunterricht erfährt man das im allgemeinen nicht so. Auf diese Weise beschreibt der Professor für Neues Testament am theologischen Forschungszentrum in Claremont (Kalifornien), Burton L. Mack, die Erkenntnisse seiner Zunft (79). Die Evangelien seien jeweils so entstanden, dass »im Laufe mehrerer Generationen Geschichten viele Male erzählt, ausgefeilt, verändert und neu geordnet wurden. Allerdings muß ein kreativer Redakteur für die endgültige Komposition des jeweiligen Evangeliums verantwortlich gewesen sein, denn sie weisen alle offenkundige Zeichen literarischer Fertigkeit und Gestaltung auf«. Was das älteste Evangelium angeht, so stellt Mack fest: »... im Fall des Markus haben wir eine offenkundig fiktive Darstellung vor uns, meisterhaft von jemandem entworfen, der – wie jeder Autor – seine Arbeit am Schreibtisch vollbracht haben dürfte. Die markinische Fiktion wurde bald zur anerkannten Darstellung dessen, wie man sich Jesu Auftreten in der Welt vorstellen sollte. Wir können dem Entwurf folgen, indem wir feststellen, auf welche Weise Markus seine Quellen veränderte und neu interpretierte.« Als »drastische Neuerung« habe Markus die Idee von Jesus als einem Märtyrer eingeführt: »Die Jesus-Leute hatten es nicht als notwendig empfunden, Jesu Tod zu erklären. Im vormarkinischen Material über Jesus gibt es keinen Hinweis auf ein Wissen über Jesu Tod, geschweige denn über einen für die Rechtfertigung der Jesusbewegung notwendigen stellvertretenden Tod.« Ohne diese Erzählung des Markusevangeliums, so Mack, »wäre das Christentum in der uns bekannten Gestalt nicht entstanden«.

Märtyrer – einst und jetzt

Im Abendland sind die Märtyrer, um ihres Glaubens willen gestorbene Christen, verehrungswürdige Gestalten; viele wurden posthum von der katholischen Kirche selig oder gar heilig gesprochen. Das dem Wort »Märtyrer« zugehörige griechische Verb bedeutete zunächst (für Gott) Zeugnis ablegen durch Leiden, nicht notwendig durch einen gewaltsamen Tod. Seit dem Märtyrertod des Bischofs Polykarp um das Jahr 160, dessen Akten noch vorhanden sind, datieren Kirchenhistoriker den Bedeutungswandel (80): Als Märtyrer gilt fortan, wer für seinen Glauben den Tod erlitten hat. Ein Marc Aurel, stoischer Philosoph und römischer Kaiser (†180) sah freilich in den christlichen Märtyrern nur starrsinnige Menschen. In jüngster Zeit verändert sich die Bedeutung des Begriffs erneut, seit nämlich Moslems als Märtyrer im Kampf gegen »die Christen« und »die Juden« auftreten. »Wenn du im Flugzeug bist, solltest du zu Gott beten, denn du tust dies für Gott. Wie der allmächtige Prophet sagt, ist eine Tat für Gott besser als die ganze Welt.« So stand es als »spirituelle Anleitung« für den Selbstmordanschlag auf das *World Trade Center* in New York am 11.9.2001 im Gepäck eines der Attentäter, Mohamed Atta. An anderer Stelle heißt es: »Öffne dein Herz, denn du bist nur einen kurzen Moment entfernt von dem guten, einzigen Leben voller positiver Werte in der Gesellschaft von Märtyrern.« Und: »Dies ist die Stunde, in der du Gott treffen wirst, und bete zu Gott, Gott hilf mir, dies zu tun.«

Man sollte sich freilich daran erinnern, dass der Selbstmord mit dem Ziel, möglichst viele Feinde mit in den Tod zu nehmen, keine Erfin-

Der jüdische Held Simson soll mit bloßen Händen einen jungen Löwen zerrissen haben, der sich ihm brüllend in den Weg stellte.

dung frommer Islamisten ist. Der erste bekannte Selbstmordattentäter der nahöstlichen Geschichte war ein gewisser Simson, auch Samson genannt. Über ihn berichtet das Buch der *Richter* im Alten Testament. Simson, so prophezeite der »Engel des Herrn« seiner Mutter, »wird ein Geweihter Gottes sein von Mutterleibe an; und er wird anfangen, Israel zu erretten aus der Hand der Philister.« Das Wort Palästina kommt von »Philister«, denn es war damals Philister-Land, und die Israeliten schickten sich an, es zu erobern. Simson war ein starker Held. Das Geheimnis seiner Körperkraft, so schildert es die Bibel, war, dass ihm »kein Schermesser aufs Haupt kommen« durfte. Der Lockenkopf verliebte sich in Delila (Dalila), ein Philistermädchen. Sie verriet allerdings das Geheimnis seiner Körperkraft den »Fürsten der Philister« gegen sehr viel Geld. Delila schnitt Simson die Locken ab, und die Philister nahmen den nunmehr Wehrlosen gefangen und blendeten ihn. Doch Simsons Haar wuchs wieder, und damit kehrte seine Kraft zurück. Die Philister, nichts Böses ahnend, brachten den Blinden zu einem Opferfest für ihren Gott Dragon, damit er vor ihnen »seine Späße treibe«. Simson stellte sich so, dass er im überfüllten Festhaus die zwei tragenden Mittelsäulen umfassen konnte. Dann betete er zu seinem Gott um die Kraft, dass »ich mich für meine beiden Augen einmal räche an den Philistern«. Der Attentäter stemmte sich mit beiden Händen gegen die Säulen und sprach: »Ich will sterben mit den Philistern. ... Da fiel das Haus auf die Fürsten und auf alles Volk, das darin war, so dass es mehr Tote waren, die er durch seinen Tod tötete, als die er zu seinen Lebzeiten getötet hatte«. Das Ganze spielte sich ab in Gaza. Ein Fanatiker, so definierte anno 1764 Immanuel Kant, »ist eigentlich ein Verrückter von einer großen Vertraulichkeit mit den Mächten des Himmels. Die menschliche Natur kennt kein gefährlicheres Blendwerk«.

Im christlichen Abendland sind mit den Märtyrern posthum gute Geschäfte zu machen. Deren Knochen und andere Kuriositäten, vom Knöchelchen jenes Gockels, der gekräht haben soll, nachdem Petrus seinen Meister Jesus dreimal verraten hatte, bis zur Vorhaut Jesu, von der gleich 13 Exemplare den Gläubigen an verschiedenen miteinander wetteifernden Orten präsentiert worden sind, wurden und werden als Reliquien hoch verehrt, wobei ein Echtheitszertifikat nicht verlangt wird. Deshalb gibt es in jedem besseren von der Reformation nicht angesteckten Gotteshaus mehr oder weniger prominente Reliquien. Sie waren und sind immer noch – wenn auch in früheren Zeiten in sehr viel größerem Umfang – das Ziel von Wallfahrten, die der Kirche reiche Spenden einbringen. Auch angeblich wundertätige Bilder sind Ziele von frommen Besuchern. Denn, wie Johann Wolfgang Goethe seinen Doktor Faustus sehr richtig bemerken lässt: »Das Wunder ist des Glaubens liebstes Kind.« So ist die »Schwarze Madonna von Altötting« seit dem 15. Jahrhundert ein Ziel von Pilgern. »Nach dem ersten Wunder konnte die Altöttinger Gnadenkapelle die Kriegskasse des Herzogs Georg von Landshut säckeweise mit Gulden füllen« (81). Im 15. Jahrhundert zählten Wallfahrtsorte wie das oberbayerische Andechs 40 000 Pilger am Tag! An Pfingsten 2004 war Altötting zum 175. Mal Endpunkt der »größten Fußwallfahrt in Deutschland«. Etwa 8000 Menschen beteiligten sich an der Wanderung von Regensburg nach Altötting. »111 Kilometer lang Rosenkranz beten, ununterbrochen?«, wurde einer der Teilnehmer befragt. Antwort: »Das Gebet gibt den Rhythmus vor und ermöglicht eine spirituelle Erfahrung, die alle Anstrengungen vergessen lässt« (81). Die Zahl der jungen Pilger steigt, wie die Organisatoren vieler Wallfahrten bestätigen.

Selbst Buddhisten kennen Reliquien, unabhängig davon, dass nach ihrem Glauben eine Seele immer wieder in anderen Körpern reinkarniert wird, der Körper also weniger wichtig erscheinen mag. Im Mai 2004 wurde der Splitter eines angeblich von Buddha selbst – er lebte um 560 bis 480 vor Christus – stammenden Fingerknochens aus Anlass des Geburtstags dieses Religionsstifters in Hongkong ausgestellt. Die Reliquie ist in einen goldenen Schrein eingearbeitet, der 1987 bei Ausgrabungen in China gefunden wurde, wohin er um das Jahr 200 vor Christus aus Nordindien gebracht worden sein soll. Millionen Menschen sind seit der Wiederentdeckung bereits zu dem Schrein gepilgert, der zuvor in Taiwan und in Thailand ausgestellt worden war (82). Kaum anders verhält es sich im Islam. Auch hier sind die Gräber der Märtyrer das Ziel von Wallfahrten. Zu ihnen strömen gläubige Pilger aus aller Welt. »Hier lassen sie ihre Gebete und ihr Geld zurück« (83). Je mehr Moslems im »heiligen Krieg« gegen Juden und Christen als Märtyrer sterben, »desto größer die politische Macht ihres Anführers.« Das heißt, man setzt auf »die Toten als Treibstoff für die Politik«. Macht und Glaube hängen zu allen Zeiten aufs Engste miteinander zusammen.

Anfänge kirchlicher Machtentfaltung

Die Rangordnung in der Kirche vom Papst in Rom bis zum einzelnen Priester als »Gottgeweihtem« und andererseits den Laien bildete sich langsam heraus. Zur Zeit des Kaisers Konstantin gab es noch keinen »Papst«. Den Primatsanspruch des Bischofs von Rom setzte erst Leo I. Mitte des 5. Jahrhunderts durch. Weltliche Macht nahmen die Päpste mit Hilfe der »Konstantinischen Schenkung« (*donatio Constantini*) in Anspruch: Danach hat Kaiser Konstantin dem Papst Silvester (†335) »Gewalt und Macht über die Stadt Rom und alle Provinzen, Orte und Städte Italiens« gegeben. Obendrein hielt der Kaiser in einer Unterwerfungsgeste dem Papst als dem »Herrn der Welt« die Steigbügel des Pferdes. Anlass der Schenkung soll die Taufe Konstantins durch den

Papst gewesen sein. Allerdings war Silvester, der dem letzten Tag des Jahres seinen Namen gegeben hat, bereits zwei Jahre vor der Taufe Konstantins gestorben. Das ganze ist also eine Fälschung, wie der italienische Humanist Laurentius Valla bereits im 15. Jahrhundert nachgewiesen hat. Die Fälschung stammt aus der Mitte des 8. Jahrhunderts, der Zeit also, als das Oströmische Reich (Byzanz) seinen Einfluss in Italien zu verlieren begann, und der Papst mit Unterstützung der Herrscher des Frankenreichs selbst weltliche Herrschaftsgelüste entwickelte. Anno 756 schenkte der Frankenkönig Pippin Papst Stephan II. Ländereien in Italien, insbesondere das Gebiet von Ravenna, welche die Langobarden zunächst den Byzantinern und Pippin dann den Langobarden abgenommen hatte.

Ich gehe noch weiter zurück: Die frühesten handschriftlich bezeugten Schriften der Christen, die tatsächlich von dem so genannten Verfasser auch verfasst worden sind und die von der seriösen Forschung als authentisch angesehen werden, sind sieben Briefe des Paulus aus den fünfziger und frühen sechziger Jahren, der 1. Brief an die Thessalonicher, ein Brief an die Galater, zwei Briefe an die Korinther, sowie je ein Brief an die Römer, die Philipper und an Philemon. Diese Briefe hatten einst den Zweck, den ersten Christen Richtlinien für ihr Leben zu geben und ihnen die Welt zu deuten. Die dem Paulus zugeschriebenen weiteren Briefe an die Kolosser, die Hebräer und an die Epheser, der 2. Brief an die Thessalonicher sowie die zwei Briefe an Timotheus und der an Titus sind Jahrzehnte später verfasst und stammen nicht von Paulus. Die Apostelgeschichte des Lukas ist wohl erst 120 nach Christus geschrieben worden. Die darin enthaltenen Erzählungen über den Apostel Paulus dienen dazu, die Theorie des Verfassers »Lukas« über die christlichen Anfänge zu untermauern. Und auch darin sind sich die Forscher sicher: Weder die Johannes-Briefe des Neuen Testaments noch das Johannes-Evangelium noch die Offenbarung des Johannes stammen von dem Apostel Johannes; desgleichen auch nicht der Brief des Jakobus von dem Apostel und leiblichen Bruder Jesu.

Jene Briefe, die als Verfasser den Namen tragen, auf den sich die traditionelle Autorität der katholischen Kirche bis heute gründet, sind ebenfalls erst im 2. Jahrhundert oder kurz vorher verfasst worden; die zwei Briefe des »Petrus«. Auch sie stammen mitnichten vom Apostel

Petrus. Es »sollte klar sein, dass diese Tradition in Wirklichkeit ein Mythos ist. Die sogenannte petrinische Tradition wurde im 2. Jahrhundert mittels pseudonymer Schriften geschaffen, die dem in den Paulusbriefen und in den narrativen Evangelien dargestellten Petrus zugeschrieben wurden. Es gibt keine Spur eines Beweises, der sie stützen könnte«, resümiert der Theologe Burton L. Mack.

Auf dieser wackligen historischen Grundlage beruht freilich der Anspruch der katholischen Kirche, es gebe eine kontinuierliche Linie, die Sukzession, von Jesus über die Apostel, insbesondere Petrus, den jeweils amtierenden Papst, die Kardinäle und Bischöfe bis zum einzelnen »geweihten« Priester. Der Ausgangspunkt der katholischen Überlieferung ist, so formulierte es der Kardinal Josef Ratzinger in einer Grundsatzerklärung: »Sie traut den Evangelisten, sie glaubt ihnen« (84). Studenten der katholischen Theologie lernen noch heute, wenn sie die »Kleine Kirchengeschichte« von August Franzen (85) aufschlagen: »Daß die Apostel sich geirrt haben könnten, ist unmöglich.« Historisches Denken ist zumindest solchen Kirchenhistorikern fremd. Da mögen die Wissenschaftler beweisen, was sie wollen. Die seriösen Neutestamentler unter den Theologen, seien sie evangelisch oder katholisch, sind sich da völlig einig. Zur neuropsychologischen Deutung des Phänomens sei an die oben beschriebenen Erkenntnisse der Gehirnforscher über das konfabulierende Ich erinnert und daran, dass unser Gehirn darauf angelegt ist, um der Kongruenz willen Zusammenhänge zu erfinden.

Die Schriften, die uns die Botschaft von Jesus vermitteln, sind sämtlich lange nach seinem Tod von Menschen aufgeschrieben worden, die, wie selbst der Apostel Paulus, Jesus persönlich nicht kannten. Man stelle sich vor, ein Historiker müsste heute, Anfang des 21. Jahrhunderts, eine Geschichte des Ersten Weltkriegs vom Hörensagen schreiben und hätte bestenfalls zusätzlich noch eine Zitatensammlung zur Verfügung. Das wäre gewiss ein schwieriges Unterfangen, selbst wenn man in Rechnung stellt, dass in den Kulturen früherer Zeiten die mündliche Tradition sorgsamer gepflegt wurde als in unseren »Mediengesellschaften«. Jeder der Verfasser der biblischen Texte wollte eine Botschaft, eine Theologie vermitteln und suchte sich die dazu passende Überlieferung aus. Ich habe oben geschildert, wie leicht dabei Fakten und Vorstellungen sich mischen, einfach weil das menschliche Gedächtnis so funktioniert. Das zeigt, wie schwer es Wissenschaftler haben, wenn sie die historischen Fakten, die dem Christentum zugrunde liegen, deuten wollen.

Im übrigen wählt die katholische Kirche sehr genau aus, was sie den Evangelisten glaubt. Die Evangelisten beschreiben zum Beispiel, dass auch Jesus sich von seiner Familie zu emanzipieren wusste. Einmal kamen Maria und die Geschwister dazu, während gerade »das Volk« um Jesus saß, und wollten irgendetwas von diesem. Man ließ Jesus ausrichten: »Siehe, deine Mutter und deine Brüder und deine Schwestern draußen fragen nach dir. Und er antwortete ihnen und sprach: Wer ist meine Mutter und meine Brüder!« (Markus 3, 32–33). So ein Streit in der Heiligen Familie fiel natürlich auf, und deshalb kam er wohl in die Evangelien. Zeigt sich darin doch, dass Jesus, wie jeder normale junge Mann, auch seine Mutter gelegentlich kritisch sah, und dass ihm seine Arbeit manchmal wichtiger erschien als die Familie. Jesus selbst interpretierte das Verhalten der Seinen, die von ihm sogar meinten, »Er ist von Sinnen« (Markus 3,21) so: »Ein Prophet gilt nirgends weniger als in seinem Vaterland und bei seinen Verwandten und in seinem Hause« (Markus 6,4). Daraus ist das Sprichwort »Der Prophet gilt nichts in seinem Vaterland« entstanden.

Die siegreiche Jungfrau

Das hinderte die katholische Kirche später nicht an der Vergottung der, obwohl kinderreichen, doch irgendwie »immerwährenden Jungfrau« Maria und ihre Verwendung als Mehrzweckwaffe gegen Evangelische und andere Feinde. In Prag zum Beispiel hatten sich die evangelisch-lutherischen Christen in den Jahren 1611–1613 eine Kirche erbaut. Die Dreifaltigkeitskirche gehörte zu den wenigen Spätrenaissancebauten der Stadt. Nach dem Sieg der Gegenreformation, also – auf das Land an der Moldau bezogen – dem Sieg der Wiener Katholiken über die Böhmischen Hussiten, wurde auch die Dreifaltigkeitskirche enteignet, barockisiert und der »Siegreichen Jungfrau Maria« geweiht. Bis heute heißt sie »die Kirche Unserer Lieben Frau vom Siege« oder lateinisch

Sancta Maria de Victoria. Und weil zur Maria das Kind Jesus gehört, stattete man eine etwa 45 Zentimeter große Wachspuppe aus dem 16. Jahrhundert mit vielen prachtvollen Gewändern aus und setzte sie als das liebe Jesulein in den Hochaltar. Der Prager Weihbischof krönte die Figur gar im Jahre 1655 mit einer überdimensionalen Krone. Damals war die Barbiepuppe noch nicht erfunden, doch der heutige Betrachter der vielen aushängenden Fotos des Jesuleins in seinen Puppengewändern aus aller Welt mag wohl diese Assoziation bekommen. Nur sind die frommen Gewänder natürlich, anders als die Klamotten für die Barbie-Puppe, wirklich prachtvoll, eines soll sogar ein Geschenk der Kaiserin Maria Theresia aus dem Jahre 1743 sein. Noch heute wird alljährlich das Jubiläum der Krönung der Wachsfigur mit einem Festgottesdienst gefeiert. Denn alsbald nach dem Auftauchen des Püppchens hat man dem lieben Jesulein »viele wundersame Begebenheiten zugeschrieben ... und immer häufiger vernahm man von plötzlichen und ungewohnten Erhörungen«, wie es im offiziellen Kirchenführer heißt. Nach der politischen Wende 1993 wurden auf Wunsch des Kardinals Miloslav Vlk Angehörige des Ordens der sogenannten unbeschuhten Karmeliter aus Italien in die Kirche der »Frau vom Siege« beordert. Sie sollen »die Verehrung des Jesuleins wieder beleben«. Und so findet sich denn auch das liebe Jesulein zur Freude der Touristen etwa als Porzellanpuppe in den Prager Andenkengeschäften.

Der Volksglauben spielt in der katholischen Kirche traditionell eine wichtige Rolle. Einerseits geht es um den Zusammenhalt der Gläubigen, andererseits auch um Machtfragen. Das katholische Lehramt habe »den Glauben der Einfachen gegen die Macht der Intellektuellen zu verteidigen«, postulierte Kardinal Josef Ratzinger 1979, damals noch Erzbischof von München, bevor er die Glaubensbehörde, die mächtigste Institution im Vatikan, dann 1981/82 selbst übernahm. Der Kardinal hat seine Meinung nicht geändert. 25 Jahre später, im Herbst 2004, ruft er die Christen dazu auf, die Religionsfreiheit gegen eine »Ideologie« der Vernunft zu verteidigen; »eine positive Herausforderung« ist ihm »der feste Glaube der Muslime an Gott«.

Macht in alle Ewigkeit

Die denkbar weitestreichende Macht ist die, Befugnisse zu haben, die für alle Ewigkeit gelten. Für weltliche Gerichte in zivilisierten Gesellschaften gibt es heute faktisch nicht einmal lebenslänglich geltende Urteile. Selbst ein zu »lebenslänglicher« Haft Verurteilter darf nämlich damit rechnen, spätestens nach einigen Jahrzehnten wieder frei zu kommen. Die christlichen Kirchen sind dagegen von Anfang an gnadenlos. In den neunziger Jahren des ersten Jahrhunderts hat als Einziger der Schreiber des Matthäus-Evangeliums Jesus ein paar Sätze

Petrus mit dem Schlüssel, um 1250:
Nach einer theologischer Deutung eine
abgewandelte exorzistische Vollmacht.

in den Mund gelegt, die heute kein seriöser Forscher als wörtliche Zitate Jesus zuordnet. Doch haben diese von Anfang an machtpolitisch gemeinten Aussagen die Welt verändert. Es heißt also bei Matthäus, dass Jesus seinem Jünger Petrus gesagt habe: »Du bist Petrus, und auf diesen Felsen will ich meine Gemeinde (Ecclesia, Kirche) bauen, und die Pforten der Hölle sollen sie nicht überwinden. Ich will dir die Schlüssel des Himmelreichs geben: alles, was du auf Erden binden wirst, soll auch im Himmel gebunden sein, und alles, was du auf Erden lösen wirst, soll auch im Himmel gelöst sein« (Matthäus 16, 18–19). Papst Stephan I. hat im 3. Jahrhundert als erster den Primat des Papstes mit diesem Satz begründet. Alle päpstliche Macht gründet bis heute auf dieser schiefen Interpretation eines Bildes. Das diese Macht unaufhebbar bestätigende Dogma der päpstlichen »Unfehlbarkeit« stammt aus dem 19. Jahrhundert. Ich werde darauf noch zurückkommen.

Wahrscheinlich, so meint der in Heidelberg lehrende katholische Theologe Klaus Berger, handelt es sich bei dem Bild von Petrus mit dem Schlüssel um eine abgewandelte exorzistische Vollmacht. Sowohl Jesus als auch später seine Jünger haben nämlich offenbar erfolgreich psychisch Kranke behandelt. Nach der damaligen Vorstellung waren dies von bösen Geistern Besessene. Daraus leitet sich der Anspruch der Priesterschaft mit dem Papst in Rom an der Spitze her, die »Schlüsselgewalt« über Himmel und Hölle zu haben. Die Hoffnung auf das Paradies nach dem Tod und die Angst vor der Hölle teilen Christen und Muslime, wobei die Bilder von Himmel beziehungsweise Paradies und Hölle unterschiedlich fantasievoll ausgeschmückt werden. Die Gemeinsamkeit der Bilder resultiert vermutlich aus allgemeinmenschlichen Erfahrungen. Aus der Sterbeforschung wissen wir, dass Paradies-Hoffnung und Höllen-Angst sowie die entsprechenden Bilder mit Erlebnissen übereinstimmen, von denen viele Menschen berichten, bei denen der Sterbeprozess *nicht* zum Tode geführt hat, sondern die zurück ins Leben gekommen sind. Diese Menschen mit »Nahtod-Erfahrungen« konnten sich erinnern – was heißt, dass ihr Gehirn in der Lage war, diese Erinnerungen zu speichern.

Die Hoffnung auf sofortigen Eintritt in das Paradies motiviert heute muslimisch-fundamentalistische Attentäter. Die Angst vor der Hölle hat die Menschen in Europa das Mittelalter hindurch begleitet. Die Wiederentdeckung des von Jesus gepredigten väterlich liebenden Gottes als ein »gnädiger Gott« durch den Wittenberger Augustiner-Mönch und Theologieprofessor Martin Luther Anfang des 16. Jahrhunderts, war der erste Schritt zur Reformation und damit ins Zeitalter der Aufklärung in Europa. Luther meinte, dass die Höllenideologie der römisch-katholischen Kirche bereits durch die Lektüre der Bibel widerlegbar sei. Während er auf dem Reichstag zu Worms 1521 jeden Widerruf seiner Erkenntnisse ablehnte – »denn ich glaube weder dem Papst noch den Konzilien allein, weil es offenkundig ist, dass sie öfter geirrt und sich selbst widersprochen haben . . .« – fiel dem Kaiser Karl V. als Verteidiger des katholischen Glaubens nur das bis heute von frommen Katholiken wiederholte Gegenargument ein: ». . . es ist sicher, dass ein einzelner Bruder irrt, wenn er gegen die Meinung der ganzen Christenheit steht, da sonst die Christenheit tausend Jahre oder mehr geirrt haben müsste.« Wissenschaftlicher Fortschritt ist nur möglich, weil ein einzelner Mensch eine Idee hat oder eine Beobachtung macht, die neu ist und sich damit gegen den Rest der Welt stellt. Aber ein Galileo Galilei sollte sich noch mehr als 100 Jahre nach Luther, 1633, dem Inquisitionsgericht der katholischen Kirche in Rom beugen und wider besseres Wissen seine Erkenntnisse widerrufen. Die in Kaiser Karls Aussage impliziten Gedanken, »dass nicht sein kann, was nicht sein darf« oder »da könnt ja jeder kommen«, gehören in den Bürokratien der Welt bis heute zum Grundgesetz der Verweigerung.

Die Erfindung der Moraltheologie

Die Antwort der katholischen Kirche, die sich zur »Gegenreformation« rüstete, auf Martin Luther war die Erfindung der *Moraltheologie* – »eines besonderen Auswuchses der Theologie«, wie die katholische Theologin Uta Ranke-Heinemann formuliert hat (86): »Deren biblische Grundlagen sind recht dürftig, in dem Sinne, daß es im Neuen Testament ihresgleichen nicht gibt.« Dieser Zweig der katholischen Theologie soll dazu dienen, dem Beichtvater Anleitung zur Beurteilung der ihm gebeichteten Sünden zu geben.

Verdammt in alle Ewigkeit: Höllendarstellung, Holzschnitt 1511

Ein entscheidendes Machtwerkzeug ist nämlich die Institution der Beichte, die sich im Orient ungefähr 300 Jahre nach dem Tod von Jesus entwickelte und fortan *das* Disziplinierungsinstrument der Kirche wurde. Der abtrünnige russisch-orthodoxe Priesterschüler Josef Stalin hat dieses Instrument im 20. Jahrhundert im Machtbereich der Sowjetunion auf seine Art zu nutzen verstanden. Die Beichte nannte man in der UdSSR und dem ganzen Ostblock »Selbstkritik«. Auch führende Parteifunktionäre, die Stalin mit Lug und Trug umbringen ließ, wurden doch am System nicht irre. Nikolaj Bucharin zum Beispiel, den Wladimir Iljitsch Lenin, der erste Machthaber der Sowjetunion, als »größten Theoretiker der Partei« gerühmt hatte, Mitglied des Politbüros, Chefredakteur von *Prawda* und *Iswestija* und Vorsitzender der Kommunistischen Internationale, fiel bei Stalin in Ungnade, wurde 1938 aus der Partei und ihrem Zentralkomitee ausgeschlossen und ermordet. Seine Frau Anna Larina Bucharina hat das Vermächtnis ihres Mannes »An eine künftige Generation von Parteiführern« trotz eigener Verfolgung bewahrt, indem sie es auswendig lernte. Im Gegensatz zu Stalin war Bucharin kein Verbrecher. Aber er glaubte wie jener an den Sieg des Kommunismus. Sein letzter Wunsch, bereits im Wissen um seinen baldigen Tod geschrieben, war dieser: »Ich bitte die neue, junge und ehrliche Generation von Parteiführern, meinen Brief vor der Vollversammlung des ZK zu verlesen, mich zu rehabilitieren und wieder in die Partei aufzunehmen.« 50 Jahre nach seinem Tode und kurz vor dem Ende der Sowjetunion, am 9. Februar 1988, hat auf das unermüdliche Drängen seiner Frau hin der Oberste Gerichtshof des Landes Bucharin tatsächlich »posthum rehabilitiert«. Auch hier gilt: Das System funktioniert nur, weil beide Seiten daran glauben. Nicht anders verhält es sich mit den Selbstbezichtigungen unzähliger Frauen im Mittelalter, Hexen zu sein. Man hatte damals bestimmte Tests als »Gottesurteil« eingeführt. Zum Beispiel, unversehrt barfuß über glühende Kohlen laufen zu können oder gefesselt im Wasser nicht zu ertrinken. Das Ergebnis war auch nach dem Verständnis der »Hexen« verbindlich. Diese glaubten nämlich am Ende, nämlich wenn das »Gottesurteil« die Anklage bestätigte, selbst daran, dass es ihnen etwa im Schlaf hätte passiert sein müssen, sich mit dem Teufel einzulassen.

Gleichzeitig mit dem Aufkommen der Ideen des Humanismus blühte in Europa seit dem 15. Jahrhundert unter den frommen Männern die auf archaische Bilder zurückgehenden Wahnvorstellung von der Frau als Hexe. Die meisten Unterlagen darüber sind verloren gegangen oder gezielt vernichtet worden. Aus den noch vorhandenen historischen Dokumenten lässt sich die Tötung von etwa hunderttausend »Hexen« seit dem Jahre 1500 bis Ende des 18. Jahrhunderts belegen. Die tatsächliche Anzahl der meist verbrannten Hexen und auch Hexer ist vermutlich deutlich größer.

Neben den auf Probleme der geistlichen Herren mit der Sexualität zurückzuführenden Gründen gab es noch einen sozusagen wissenschaftlichen Grund dafür, der angeblichen Hexerei nachzuspüren. Die Schulwissenschaft des Mittelalters, die Scholastik, versuchte die Aussagen der Bibel mit den Lehren des griechischen Philosophen Aristoteles (384–322 vor Christus) in Einklang zu bringen. Der große Philosoph aber glaubte, im Gegensatz zu den Verfassern der biblischen Schriften, nicht an Geister und Dämonen. Wenn sich aber nun Menschen finden ließen, die bestätigten, mit dem Teufel und Dämonen sogar Geschlechtsverkehr gehabt zu haben, war dies ein Beweis für deren Existenz, weil er die Forderung des Aristoteles nach einer auf Erfahrung beruhenden Beweisführung erfüllte: »Sex mit Dämonen war so wichtig, weil der die intimste Form körperlichen Kontaktes darstellt, die man sich vorstellen kann«, schreibt Walter Stephens von der Johns Hopkins Universität in Baltimore. Die der Hexerei überführten Frauen waren damit die »sachverständigen« Zeuginnen für die Existenz der Dämonen (87). Dummerweise waren die Geständnisse unter der Folter erpresst, also nach heutigem Verständnis rechtlich irrelevant. Aber das sahen die eifernden Theologen damals anders.

»Der Priester herrscht durch die Erfindung der Sünde«, schrieb einst Friedrich Nietzsche in seinem Werk *Der Antichrist*. Und Sünde in einer von Männern bestimmten Welt hat vorzugsweise mit der weiblichen Sexualität zu tun. Gewöhnliche Verbrecher sind in der katholischen Kirche besser angesehen, etwa der bigotte Generalissimus Francesco Franco, der spanische Diktator und Bürgerkriegsinitiator 1936, oder der chilenische Diktator Augusto Pinochet, Putschist von 1973, oder der Staatspräsident der Slowakei von Adolf Hitlers Gnaden, der Judenmörder, Prälat Jozef Tiso. Im Vordergrund dessen, was »Sünde« ist, steht, was mit dem Geschlechtsleben zu tun hat. Der Bereich der Sexualität

biete »ein unerschöpfliches Reservoir von Schuldgefühlen und Straf-
ängsten aller Art«, schrieb der katholische Theologe Eugen Drewermann in seinem »Psychogramm eines Ideals«, womit er den *Kleriker*
meinte (88); ein Buch, das ihm die Amtsbrüder ebenso wenig verzeihen
wie der Uta Ranke-Heinemann die Bezeichnung und Erklärung des
priesterlichen »Eunuchen«-Daseins (86). Beide Kritiker des katholischen Milieus aus eigener intimer Erfahrung verloren denn auch ihre
kirchlichen Ämter. Die DDR in ihrer Endphase hat Abweichler auch
nicht mehr eingesperrt oder gar umgebracht, sondern ausgewiesen.
Ranke-Heinemann erklärt die Entwicklung der Moraltheologie so: »Aus
einem Christentum des Tageslichts wurde ein abgedunkeltes Beicht-
stuhlgeflüster, das sich immer mehr auf die Sünden des Fleisches kon-
zentrierte ... Das Konzil von Trient (1545–1563) forderte im Gegen-
schlag gegen Luthers Auflösung der genau bemessenen Unterschiede
zwischen Sünde und Sünde, daß Sünden mit Angabe von Art, Zahl und
Umständen zu beichten seien. Damit wurde das moraltheologische
Interesse für möglichst detaillierte Sittennormen und -regeln gehoben
und zugleich die Beichtstuhlinquisition nach Sündeneinzelheiten aktiviert.« Die entsprechenden Fallsammlungen seien »zum großen Teil
auch heute noch gültig«. Der Münchner Historiker Thomas Nipperdey
kommentierte 1988 die Praxis der damals noch sehr mächtigen katholischen Kirche im 19. Jahrhundert so (89): »alle menschlichen und
gesellschaftlichen Probleme werden auf religiös-moralische Defizite zu-
rückgeführt.« Eugen Drewermann konstatierte, die von den Priestern
selbst verlangte häufige, ritualisierte Beichte produziere »ein chronisches Schuldgefühl sowie das Empfinden, selbst in objektiv vollkom-
men belanglosen Nebensächlichkeiten von dem Rat und Beistand der
Beicht-›Väter‹ der Kirche abhängig zu sein; und damit wächst nach und
nach das förmliche Bedürfnis nach Gedankenkontrolle und Gedanken-
zensur durch eine fremde, äußere Autorität.« Wohl deshalb konnte der
aus Oberschlesien stammende bekannte Kinderbuchautor *Janosch* mit
70 Jahren dieses Fazit ziehen: »katholisch geboren worden zu sein, war
für mich der größte Unfall meines bisherigen Lebens. ... Was ist also
der katholische Schaden? Die Urfurcht. Gottesfurcht ist ein katholi-
sches Wort. Einmal die Furcht eingepflanzt, bleibt sie Furcht und das
dann vor allem, was kommen wird. Da sitzt ein Gott und wartet, dass du

*»Die Hexenprobe«, 1878: Wenn die gefesselt ins Wasser geworfene Frau nicht unterging,
galt sie als überführte Hexe, denn das reine Wasser wollte sie nicht aufnehmen.*

Kind von sechs Jahren eine der 89 Verfehlungen begehst und dann schlägt er zu. Erst mit einer unerträglichen Beichte (weil das Kind glaubt, der Pfarrer hört ihm zu). Bald lehrt man dich: Die Vergebung gilt nur den Sünden, nicht aber der Strafe, diese nämlich bleibt erhalten ...« (90).

Im Kampf gegen protestantisches Gedankengut, das sich dank der Erfindung des Buchdrucks rasch verbreitete, hat die katholische Kirche 1564 den *Index librorum prohibitorum*, ein kirchenamtliches Verzeichnis der Bücher eingeführt, deren Lektüre der Vatikan seinen Gläubigen verbot. Dazu wurde 1571 eigens eine besondere Index-Kongregation eingerichtet. Nach für Außenstehende undurchsichtigen Kriterien hat sie zum Beispiel die Lektüre von Immanuel Kants *Kritik der reinen Vernunft* verboten, nicht aber Charles Darwins Evolutions-Lehre. Der Index wurde erst 1966 abgeschafft, ein Jahr nach dem Ende des 2. vatikanischen Konzils. Martin Luther dagegen hat im Jahre 1543 den Rat der Stadt Basel gegen heftigen Widerstand dazu bewegen können, die erste Übersetzung des Korans aus dem Lateinischen ins Deutsche drucken zu lassen. Umgekehrt ist im Türkenreich im 16. Jahrhundert der Buchdruck in den Sprachen der Moslems verboten worden, mit der Folge, dass es in der islamischen Welt bis ins 19. Jahrhundert keine wissenschaftliche Beschäftigung mit dem christlichen Europa gab. Die Bücher des Abendlandes blieben im Morgenland unbekannt. Auch hier ging es um Macht-Fragen.

Die Rigorosität – der Machtanspruch in Glaubensfragen – ist allerdings mit der Reformation auch in den reformierten Kirchen nicht verschwunden. Der Schweizer Reformator Johann Calvin (1509–1564) hat in der Stadt Genf 1541 für kurze Zeit einen »Gottesstaat« begründet. In den ersten fünf Jahren seines Bestehens wurden gegen Oppositionelle 56 Todesurteile gefällt und 78 Verbannungen ausgesprochen, wie der katholische Kirchenhistoriker August Franzen berichtet (85). Der dahinterstehende sprichwörtliche fromme Gedanke: »Und willst du nicht mein Bruder sein, so schlag ich dir den Schädel ein.« Calvin predigte ein elitäres reformiertes Christentum der von Gott Erwählten im Gegensatz zu den von ihm als solche identifizierten, von Gott Verworfenen – allen Mitgliedern zum Beispiel der katholischen Kirche. Calvin entwickelte präzise Vorstellungen für ein »moralisches« Leben; eine Ideologie, aus der sich später in Deutschland der Pietismus entwickelte, in Großbritannien der Puritanismus. Ich werde darauf in anderem Zusammenhang noch eingehen.

Das Christentum hat wie das Judentum, aus dem es entstanden ist, und der Islam die orientalisch-patriarchalische Gesellschaftsstruktur übernommen, und dies, obwohl es in der christlichen Urgemeinde zunächst anders aussah, und Jesus selbst die Vorurteile seiner Zeit gegen Frauen nicht hegte. Das Herrschaftsinstrument »Sünde«, mit dem die Gläubigen in Angst gehalten werden sollen, wird deshalb in den drei monotheistischen Religionen bis heute vorzugsweise von Männern und auf die Sexualität bezogen definiert. Dabei wird – psychologisch gut erklärbar – heftig geheuchelt. Anfang des Jahres 2004 hat die Bischofskonferenz der katholischen Kirche Spaniens einen Bericht veröffentlicht, worin sie zu der Erkenntnis kommt, dass Gewalt gegen Frauen in der Ehe und sexueller Missbrauch Folgen der Sexualfreiheit seien (91). Die katholische Männergesellschaft zieht selbstverständlich homosexuelle Männer an, dazu Päderasten, was mit den spezifischen Verklemmungen des Priesterstandes zu tun hat. Doch öffentlich wird die gelebte Homosexualität besonders heftig verdammt, was tiefenpsychologisch ebenfalls gut erklärbar ist. Noch wilder agiert die evangelische Bekenntnisbewegung »Kein anderes Evangelium«. In einer großen Zeitungsanzeige warnte sie zum Beispiel im Jahre 2003 die »Kirchen der Reformation davor, der Forderung nach Anerkennung und Segnung homosexueller Partnerschaften zu erliegen.« Denn, so die Evangelikalen: »Homosexualität . . . schließt von der Teilhabe am Reich Gottes aus« (92). Also wieder die Drohung mit der Hölle. Begründet wird sie mit einer Formulierung des Apostels Paulus im 1. Brief an die Korinther: »Weder Unzüchtige, noch Götzendiener, Ehebrecher, Lustknaben, Knabenschänder, Diebe, Geizige, Trunkenbolde, Lästerer oder Räuber werden das Reich Gottes ererben.«

Die Wurzeln der Moralvorstellungen reichen, wie oben beschrieben, sehr tief. Moral hat biologische Grundlagen, die sich rational erklären lassen. Religiöse Begründungen vor allem für die Sexualmoral haben dagegen vor allem mit patriarchalen Gesellschaftsstrukturen, also mit Machtfragen, zu tun. Gehirnforscher haben festgestellt, dass Moralprediger wie alle Menschen, die andere bestrafen dürfen, dabei Glücksgefühle entwickeln. Wer andere zurechtweist oder sie für unpassendes Verhalten bestraft, fühlt sich selbst dabei besonders gut. Ein Schweizer Forscherteam um Dominique de Quervain von der Universität Zürich hat nachgewiesen, dass das Bestrafen anderer ein bestimmtes Gehirnzentrum, das *dorsale Striatum* aktiviert, das freudige Empfindung und emotionale Belohnung auslöst. Die Forscher ließen Versuchspersonen mit echtem Geld spielen. Dabei konnten die Spieler paarweise durch kooperatives Verhalten das Kapital beider mehren, oder aber einer konnte den Gewinn für sich selbst einstreichen. Unkooperative Spieler allerdings konnten von den anderen bestraft werden. Die Reaktion des Gehirns der Strafenden wurde mit Hilfe des PET (Positronen-Emissionstomographen) sichtbar gemacht. Manche Menschen scheuten dabei nicht einmal vor eigenen Nachteilen zurück, um andere zurechtweisen zu können (93). »Unser Ergebnis untermauert die Hypothese, dass Menschen Genugtuung empfinden, wenn sie Verstöße gegen die Norm bestrafen«, kommentieren die Forscher ihren Befund. Das Strafen aktiviert bei dem Täter die gleiche Hirnreaktion, die auch bei der Würdigung und Belohnung von Mitmenschen aktiviert wird. Auch diese Regungen des Gehirns haben, so meinen die Forscher, weit zurückreichende Wurzeln: In der Vorzeit hatten die Menschen kein Rechtssystem. Deshalb waren »private Sanktionen« nötig, um unrechtmäßiges oder auch nur unkooperatives Verhalten zu ahnden. Und wie ist es, wenn moralisches Verhalten Glücksgefühle verhindern würde? In der zentralkroatischen Stadt Slunj, so berichtete die Nachrichtenagentur AFP am 16. November 2004, randalierte ein betrunkener katholischer Priester namens Stefancic in einem Restaurant, schlug einen Gast, hielt andere mit einem Gewehr in Schach, flüchtete dann mit seinem Auto vor der Polizei, fuhr gegen einen Baum und verweigerte anschließend einen Alkoholtest. Dergleichen passiert, wie man weiß, alle Tage und also auch einmal einem katholischen Priester. Doch dessen Bischof, Mile Bogovic, nahm den Gottesmann in Schutz: »Stefancic hat nicht allein gehandelt. Der Wein war auch dabei.« Da kann man wohl nichts machen. In Kroatien wurde allerdings im Jahr 2004 ein Gesetz eingeführt, das Alkohol am Steuer strikt verbietet. Katholische Priester haben dagegen sofort heftig protestiert. Begründung: Weinkonsum gehöre zum Berufsbild der Priester.

Moral im Orient

Nach den Angriffen der großenteils aus Saudi-Arabien stammenden muslimischen Fundamentalisten auf die USA am 11. September 2001 beginnt man sich im Westen dafür zu interessieren, welche Religion dort den Kindern in der Schule vermittelt wird. In den Jahren 2002 und 2003 sind Studien veröffentlicht worden, in denen vor allem der Inhalt der saudischen Schulbücher ausgewertet worden ist (94). Der Religionsunterricht umfasst etwa ein Drittel der gesamten Unterrichtszeit, überdies studiert etwa ein Drittel der saudischen Studenten an religiösen Hochschulen. Den jungen Menschen wird beigebracht, dass sich der Islam in großer Gefahr befinde. Seine Feinde seien die Orientalisten (die Studien wie diese angefertigt haben), die Christen und die zionistischen Juden. Gefahren drohten auch von »zerstörerischen« Lehren wie dem Säkularismus. Den Kindern wird der Tod angedroht, sollten sie von der Religion abfallen. Den Jugendlichen der 11. Klasse werden die Regeln des *Dschihad*, des Heiligen Krieges, eingetrichtert, Märtyrertum eingeschlossen. Kontakt zu »Ungläubigen« ist verpönt, Reisen in ihre Länder sind unerwünscht; kurzum, es wird eine Art Bunkermentalität verbreitet. Auch in der König-Fahd-Akademie in Bonn, einem Anziehungspunkt für Islamisten in Deutschland, wird in Bezug auf Juden und Christen gelehrt, es sei »erste Pflicht eines jeden Muslims, sich auf den Kampf gegen diese Feinde vorzubereiten«. Allah werde, so steht es in einem Lehrbuch für die siebente Klasse, jenen, »denen es vergönnt ist, auf dem Weg Gottes zu sterben, ein Leben im Paradies schenken«. Das geht aus einem Bericht des Landesinstituts für Schule in Soest hervor (95).

Die fanatischen »Gotteskrieger«, Osama bin Laden und seine Mitstreiter, kommen aus Saudi-Arabien und sind Wahhabiten, Anhänger der dort vorherrschenden besonders rigiden Form des sunnitischen Islams. Der Theologe Mohammed ibn Abdal-Wahhab hatte Ende des 18. Jahrhunderts die nach ihm benannte Reformbewegung begründet, die sich vor allem durch strikte Befolgung der altarabischen Strafgesetze auszeichnet. Die Tatsache, dass zum Beispiel Islamisten im Irak nach der Besetzung durch die USA und ihrer Verbündeten im Jahre 2003 von ihnen Entführte »Ungläubige« mit dem Schwert köpfen, erklärt sich als archaischer Ritus der Beduinenstämme, der ältesten Bewohner der Wüsten. Das Rechtssystem des Islams, die Scharia, wollen die Wahhabiten unter allen Umständen durchsetzen. In dieser Rigidität unterscheiden sie sich nicht von den Schiiten, der vor allem im Iran herrschenden Ausprägung des Islams, auch wenn im Koran vom Tod durch Enthaupten nirgends die Rede ist. In Teheran galt es im Jahre 2004 bereits als Fortschritt, dass im Sommer ein junges Mädchen wegen »unkeuschem Verhalten« – vorehelichem Geschlechtsverkehr – nicht mehr, wie zuvor üblich, gesteinigt sondern aufgehängt worden ist.

In Saudi-Arabien müssen Frauen, nicht anders als in den schiitisch-islamisch bestimmten Ländern, aus moralischen Gründen in der Öffentlichkeit einen Schleier tragen. Sie dürfen nicht Auto fahren, weil der Schleier – so die scheinheilige Begründung – ihre Sicht behindern könnte, aber ablegen dürfen sie den Schleier erst recht nicht. Die allgegenwärtige Religionspolizei beschäftigt sich auch damit, mittels Filzstift weibliche Gesichter zu übermalen, die sie auf den Verpackungen ausländischer Produkte im Supermarkt entdeckt. Nachdem eine der führenden Geschäftsfrauen des Landes, Lubna al-Olayan, auf einem Wirtschaftsforum in Jeddah im Frühjahr 2000 unverschleiert einen Vortrag gehalten hatte und saudische Zeitungen Bilder von ihr und ihren ebenfalls unverschleierten Geschlechtsgenossinnen gedruckt hatten, kritisierte dies der Großmufti Scheich Abdul-Asis al-Scheich und drohte »ernste Konsequenzen« an. Eine Lockerung des Gebotes der Verschleierung und der Geschlechtertrennung sei die »Wurzel alles Bösen« (96). Im September 2004 verdammte der Mufti die Benutzung von Foto-Handys als Sünde: »Diese Geräte sollten, selbst wenn sie auch zu einem nützlichen Zweck verwendet werden können, verboten werden, denn man soll Schaden von der muslimischen Gesellschaft abwenden, und diese Geräte könnten eben auch zum Fotografieren sündiger Dinge benutzt werden« (97). Gemeint war, dass sich Frauen in Saudi-Arabien, wenn sie privat und unverhüllt unter sich sind, gelegentlich auch fotografieren. Diese Fotos könnte dann eventuell auch ein fremder Mann erblicken.

Im schiitischen »Gottesstaat« Iran prüft ein »Wächterrat« von Geistlichen und Rechtsgelehrten unter anderem sämtliche vom Parlament verabschiedeten Gesetze daraufhin, ob sie mit den Grundsätzen des Islams, so wie man sie versteht, zu vereinbaren sind und verhindert damit Reformen. Denn Grundlage allen Rechts ist die »Scharia«, das islamische Recht. Danach ist die Aussage einer Frau vor Gericht nur halb so viel wert wie die eines Mannes. Die Frau darf auch nicht selbst die Scheidung einreichen. Geschiedene Frauen haben nur ein beschränktes Sorgerecht für ihre Kinder. Die uralten morgenländischen Gesellschaftsstrukturen drücken sich auch hier im Gewand des »Glaubens« aus.

Was die Religionspolizei in islamischen Ländern ist, entspricht der Keuschheitswache in den jüdischen religiösen Vierteln Israels. Sie überwacht die Einhaltung der Halacha, des jüdischen Religionsgesetzes. Für die ultraorthodoxen Juden ist das Gesetz mit seinen 612 Geboten und Verboten verbindlich. Knapp zehn Prozent der jüdischen Bevölkerung Israels sind Ultraorthodoxe, weitere 20 Prozent nennen sich Religiöse. Der ultraorthodoxe Bevölkerungsanteil wächst, weil jede dieser Familien im Durchschnitt acht Kinder hat. Kinder zu zeugen ist eine Pflicht; freilich hat dies in weitgehend bekleidetem Zustand und ohne sich zu küssen zu geschehen. Normalerweise lernen die Kinder der Frommen außer Schreiben und Lesen nur die Grundrechenarten, sie erwerben keine historischen oder naturwissenschaftlichen Kenntnisse. »Die meisten Ultra-Orthodoxen wissen nicht einmal, wie Israel auf einer Landkarte ausschaut«, berichtete Thorsten Schmitz, der Israel-Korrespondent der *Süddeutschen Zeitung* (98). Ein ultraorthodoxer Mann darf fremde Frauen nicht anschauen und nicht einmal seiner Mutter die Hand geben.

Trinkwasser ist im ganzen Nahen Osten ein kostbares Gut. Im Winter, wenn es regnet, und sich der See Genezareth mit Wasser füllt, wird das wertvolle Gut abgepumpt, um unterirdische Wasserschichten zu füllen, aus denen Brunnen im ganzen Lande gespeist werden; nicht allerdings während des achttägigen Passah-Festes. Orthodoxe Juden befürchten, dass während des Festes ein unfrommer Mensch am See sein Brot verzehren und irgendwie Brotkrümel ins Wasser gelangen könnten. Sie würden das Wasser im See unkoscher machen. Denn ein frommer Jude darf während des Passah-Festes im Gedenken an den legendären Auszug der »Kinder Israel« aus Ägypten, vom dem das Alte Testament erzählt, nur ungesäuertes Brot, sogenannte Matzen verzehren. Im wasserreichen Frühjahr 2004 wurde erstmals diskutiert, ob man dennoch den unverhofften Reichtum abpumpen solle, oder sich die Religiösen wieder durchsetzen dürften. Im Jahre 2000 haben ultra-orthodoxe Rabbiner in Israel ihren Gläubigen das Surfen im Internet verboten. Es führe Menschen in Versuchung und Sünde. Es bringe sie in Gefahr, ihren Trieben nachzugeben und »scheußliche Dinge« zu tun, berichtete die israelische Zeitung *Haaretz* (99). Am Sabbat ist in Israel Ruhetag. Das heißt, es müssen schon mal, wie im Frühjahr 2000 geschehen, auf Geheiß des Rabbinats zweieinhalb Millionen Liter Milch weggeschüttet werden, weil diese nicht rechtzeitig vor Beginn des heiligen Sabbats ans Ziel gekommen sind, und die Lastkraftwagen trotzdem mit der leicht verderblichen Ware nicht mehr weiterfahren durften.

Die Reinheitsgebote des Alten Testaments sind auch heute für orthodoxe Juden und für manche christlichen Sektierer verbindlich. So erachten zum Beispiel die Zeugen Jehovas die Formulierungen im Alten Testament, die den Genuss von Blut verbieten, als besonders wichtig. Ich habe geschildert, dass nach archaischen Vorstellungen das Blut Sitz der Seele ist, oder wie es im 3. Buch Mose heißt, »das Leben in ihm ist« (17, 11). Daher rührt die Forderung: »Keiner unter euch soll Blut essen« (17, 12). Für die Zeugen Jehovas geht das so weit, dass sie nicht nur keine Blutwurst verzehren, sondern zum Beispiel auch eine Bluttransfusion verweigern, selbst um den Preis des Lebens. Für die frommen Juden sind bis heute die sehr detaillierten rituellen Speisevorschriften verbindlich. Damit hat sich freilich bereits Jesus auseinandergesetzt, der zwar ein frommer Jude war, aber gewiss nicht zwanghaft. Der Evangelist Matthäus jedenfalls beschreibt eine Szene, in der Jesus darauf hinweist: »Was zum Mund hineingeht, das macht den Menschen nicht unrein ...« (Matthäus 15,11). Und weil seine Jünger nicht verstanden, was er damit meinte, erklärte er es ganz genau (Matthäus 15,17): »Merkt ihr nicht, daß alles, was zum Mund hineingeht, das geht in den Bauch und wird danach in die Grube ausgeleert? Was aber aus dem Mund herauskommt, das kommt aus dem Herzen, und das macht den Menschen unrein. Denn aus dem Herzen kommen böse Gedanken ...« Doch Fundamentalisten suchen sich nur die ihnen genehmen Sätze und tun sich schwer damit, Sinnzusammenhänge zu verstehen.

Der Oberste Gerichtshof Israels hat am 14.6.2004 beschlossen, dass in ganz Israel Schweinefleisch verkauft werden dürfe. Verordnungen von drei Gemeinden, die den Verkauf untersagt beziehungsweise ihn in die Industriegebiete verbannt hatten, wurden aufgehoben. Der Chef der ultra-orthodoxen Schas-Partei, Eli Jischai, bezeichnete den richterlichen Beschluss als »Sargnagel für die jüdische Identität des Staates Israel«. Dagegen begrüßte Innenminister Avraham Paras von der Schinui-Partei die Entscheidung als Meilenstein im Kampf gegen »religiöse Nötigung« und für Bürgerrechte. Das meldete die Nachrichtenagentur AFP (100).

Bei der Verlegung neuer Abwasserrohre in Tiberias am See Genezareth, wo einst auch der Rabbi Jesus lehrte, hat man 1997 unter der Ben-Zakai-Straße ein Gräberfeld entdeckt, das zum Teil noch aus der Römerzeit stammt. Nun gelten für die Nachkommen aus den alten biblischen Priestergeschlechtern, etwa den Kohns und Levis, nach dem Religionsgesetz, der Halacha, besonders strenge Vorschriften. Sie dürfen zum Beispiel keinen Friedhof besuchen, außer wenn sie zu den Gräbern ihrer Eltern oder Kinder gehen. Nicht weil dies als »Störung der Totenruhe« zu verstehen sein könnte, sondern weil es sie selbst im Sinne der alten Reinheitsgebote »unrein« machen würde. Um dieser Gefahr zu entgehen, hat man für 2,7 Millionen Euro die knapp einen Kilometer lange Ben-Zalai-Straße in eine »Koschere Straße« (101) umfunktioniert. »Dazu musste zwischen Gräberfeld und Straßendecke ein Hohlraum von mindestens ›einer Handbreit‹ geschaffen werden – eine Art rituelle Pufferzone, die die gläubigen Passanten vor den verunreinigenden Gebeinen schützen soll« (102). Mit U-förmigen Betonsegmenten, die in zwei Schichten versetzt unter dem Asphalt aufgeschichtet wurden, entstand ein System von Hohlräumen, bei dem keine Verstrebung gradlinig von der Straßendecke bis in den Untergrund gehen darf, so dass die frommen Passanten sich einbilden können, »auf Luft« zu gehen. Der Bau koscherer Straßen in Israel soll weiter gehen, wusste der *Spiegel* zu berichten (102). Denn in dem seit Jahrtausenden besiedelten Land finden sich fast überall die Knochen der Verstorbenen. Auch hier entstehen Glaubensbilder im Kopf. Für Außenstehende wirkt das freilich zuweilen recht kurios. Der Preußenkönig Friedrich der Große hatte seinerzeit eine Maxime, die zur Einübung in Toleranz hilfreich ist, selbst wenn einen die Spottlust überkommt, von der der große König ansonsten gewiss nicht frei wahr. Ein jeder, so Friedrich, solle »nach seiner Facon selig werden«.

Strafe Gottes

Schrecklicher als die Einschränkungen im Alltag durch die religiösen Vorschriften sind die Deutungen von Unheil als Strafe Gottes. Dies ist eine Tradition bei Christen und Juden, die schon im Alten Testament gepflegt wurde. Bevor sich im Alten Orient der Glauben an den einen Gott Israels durchsetzte, galt jeweils der Gott der Sieger in einem Krieg als der mächtigere, zu dessen Gunsten die Unterlegenen ihren Gott abdanken ließen. Das Volk Israel verstand seine Niederlagen dagegen nicht als Versagen seines Gottes sondern als eigene Schuld.

Nachdem im August 2003 bei einem Anschlag auf einen Bus in Jerusalem 20 Menschen ums Leben kamen, darunter 19 ultraorthodoxe Juden, sagte Gad Ben-Ami, Lehrer an der Thora-Schule, vor der die Bombe explodiert war: »Für uns orthodoxe Juden ist das Attentat eine Strafe Gottes für unsere Sünden.« Und: »Wir müssen in uns gehen, mehr beten, religiöser leben« (103). Seit jeher stellen sich Juden und Christen angesichts des Bösen in der Welt die Frage: Wie kann Gott das zulassen? Nicht jeder mag die Antwort akzeptieren, die der fromme Hiob im Alten Testament gab: »Der Herr hat's gegeben, der Herr hat's genommen; der Name des Herrn sei gelobt« (Hiob 1, 21). Die Hoffnung auf ein besseres Jenseits zum Ausgleich, die im übrigen auch die frommen Moslems hegen, ist nicht ungebrochen, wie der alte jüdische Witz ausdrückt, in dem ein Lehrer sagt: »Wisst ihr, Kinder, auf dieser Welt geht es uns viel schlechter als den Gojim (den Nichtjuden). Dafür wird es uns im Jenseits desto besser gehen. (Lange Pause, dann:) Das heißt, lachen würde ich, wenn es ihnen drüben auch besser ginge als uns!« Ein trauriges Lachen. Wie wir nun wissen, drückt sich das im Menschen angelegte Urbedürfnis, nach dem Sinn zu suchen, auch darin aus, selbst einem Verbrechen im Nachhinein Sinn zu geben. Daraus kann sich ein aktives, lebensfreundliches Handeln entwickeln, das der Selbstheilung dient; wie ich finde, eine der großartigsten Möglichkeiten, die der Mensch hat.

Aber das Zitat des Thora-Lehrers in Jerusalem drückt das Gegenteil aus. Kriminalpsychologen beobachten generell, dass sich die überlebenden Opfer einer Untat sehr oft – völlig unberechtigt – selbst die Schuld geben. Das gilt im weiteren Sinn auch für den ultraorthodoxen Lehrer.

Eine hoffnungslose Situation, denn diese Menschen haben das Bild eines Gottes, dem sie nie gerecht werden können. Die Gedanken der Aufklärung sind den Fundamentalisten fremd. Dabei bezeugen bereits die Heiligen Bücher der monotheistischen Religionen die Suche der Menschen in alter Zeit nach Recht und Gerechtigkeit und ihre Hoffnung auf Gnade. Ohne die Zehn Gebote des Alten Testaments und insbesondere ihre Auslegung durch Jesus in der »Bergpredigt« und in seinen Gleichnissen, ohne die Hoffnung des Menschen auf einen menschenfreundlichen Gott, sähe die Welt sicher schrecklicher aus. Bereits der Rabbi Jesus hat sich immer wieder gegen das menschenverachtende »Lehramt« seiner Zeit gewandt, zum Beispiel indem er klagte: »Wie fein hebt ihr Gottes Gebot auf, damit ihr eure Satzungen aufrichtet« (Markus 7,9). Durchaus aufklärerische Gedanken, die sich gegen jeden Fundamentalismus richteten.

Aus den Rechtsvorschriften des Alten Testaments entwickelte sich der Talmud, das Hauptwerk des Judentums neben der hebräischen Bibel, in dem das Religionsgesetz, die Halacha, enthalten ist. Die Endfassung des sogenannten Babylonischen Talmuds stammt aus der Zeit um 600. Wenig später ist der Koran entstanden. Sein Begründer, Mohammed, starb 632. Nicht weniger als die biblischen Texte müssen auch die einzelnen Abschnitte (Suren) des Korans interpretiert werden; und beides lehnen die jeweiligen Fundamentalisten unter den Gläubigen ab.

Auch der Koran muss interpretiert werden

Der Koran ist zu einer Zeit aufgeschrieben worden, als es noch keine arabische Literatur gab und keine arabischen Schulen. Die Sprache und Schrift der Gebildeten war das Syro-Aramäische. Die frühe arabische Schrift war überdies nicht eindeutig und wurde erst im Laufe der Zeit durch spezielle Schriftzeichen eindeutig gemacht. Das gleiche Problem betrifft allerdings auch das Alte Testament. Seine Schriftsprache, das um 1200 vor Christus mit Hilfe des von den Phöniziern übernommenen Alphabets entstandene Althebräisch, ist erst im 8. Jahrhundert nach Christus eindeutig gemacht worden: Punkte und Striche über oder unter den nur aus Konsonanten bestehenden Schriftzeichen geben die

Vokale an. Seid dem 5. vorchristlichen Jahrhundert wurde das Althebräisch immer mehr durch das Aramäisch des persischen Reichs ersetzt.
Später war es die Sprache auch von Jesus und seinen Jüngern.

Die Schreibweise erklärt manche Schwierigkeiten der Interpretation.
Ich habe oben geschildert, dass wir ständig die Welt interpretieren, weil
unser Gehirn so angelegt ist. Das gilt auch für die Deutung der funda-
mentalen Religionsschriften. Ein deutscher Islamwissenschaftler hat
zur Jahrtausendwende mit seinem Werk »Die syro-aramäische Lesart
des Korans« Furore gemacht. Aus Angst vor den Islamisten hat sich der
angesehene Forscher das Pseudonym Christoph Luxenberg zugelegt.
Einige Erkenntnisse des Forschers werden den Fundamentalisten keine
Freude bereiten. Zum Beispiel was das Kopftuch angeht, welches die
Frauen tragen müssen. Luxenberg sagt dazu (104): »In einer Passage in
Sure 24 Vers 31 heißt es arabisch verstanden: ›Sie sollen sich ihre *Chu-
mur* auf ihre Taschen schlagen!‹ Diese unverständliche Passage wurde
dann so interpretiert: ›Sie sollen ihre Kopftücher über ihre Brüste ziehen‹. Syro-aramäisch ist es aber so zu verstehen: ›Sie sollen sich ihre
Gürtel um die Lenden (ihre Taille) schnallen‹.« Luxenberg weist gleichzeitig darauf hin, dass der Gürtel ein Zeichen für Keuschheit war, ähnlich wie im Christentum: »In der syrischen Version des Abendmahls
heißt es auch, dass Christus sich einen Schurz ›über die Lenden schlug‹
(Aramäisch), um die Füße seiner Jünger zu waschen.«

Luxenberg sieht viele Parallelen zur Bibel und kommt zu dem
Schluss: »Eigentlich ist der Koran ein syro-aramäisches liturgisches
Buch mit Auszügen aus der Schrift zur Verwendung im christlichen
Gottesdienst. Das konnten Hymnen sein mit entsprechenden Inhalten,
wie sie uns im Koran begegnen. In der zweiten Phase ist der Beginn
einer Predigt im Koran festzustellen, die zur Aufgabe hatte, den heidnischen Mekkanern den Glauben der Schrift in arabischer Sprache zu vermitteln. Der sozio-politische Teil, der mit dem ursprünglichen Koran
wenig zu tun hat, wurde später in Medina hinzugefügt. Der Koran war
von Anfang an nicht als Grundlage einer neuen Religion gedacht. Er
setzt vielmehr den Glauben an die Schrift voraus und hat insoweit nur
eine arabische Vermittlerrolle.«

Der deutsche Orientalist und Theologe Günter Lüling hat jüngst zu
belegen versucht, dass wesentliche Teile des Korans schon vor Moham-

Muslimische Künstler drücken ihren Glauben in Bildern aus, indem sie Texte aus dem Koran graphisch gestalten. Im oberen Bild ist eine unten in alter und darunter in neuerer Schreibweise aufgezeichnete Sure gestaltet worden, übersetzt: Im Namen Gottes des Allergnädigsten, Allerbarmherzigsten, sprich: Er ist Gott der Eine und Einzige, der Ewige, der Absolute. Er zeugt nicht und ist nicht gezeugt worden. Und es ist niemand, der Ihm gleicht.

med existierten – als ursprünglich christliche Hymnen (Responsorien). »Was er vorzubringen hat, ist brisant vor allem für jene, die immer auf der Unantastbarkeit von Texten und Überzeugungen beharren«, kommentierte die *FAZ* (105), womit der Rezensent von Lülings Arbeit offenbar nicht nur die moslemischen Fundamentalisten, sondern auch die Zunft der westlichen Koranforscher meint. Denn Lülings Publikation ist nicht auf deutsch, sondern auf englisch und in einem indischen Verlag erschienen (106).

Für islamistische Terroristen, die von ihren Glaubensgenossen als Märtyrer angesehen werden, spielt die Hoffnung auf ein Paradies eine besondere Rolle. Im Koran, in Sure 55, 56 heißt es, in den Paradiesgärten »befinden sich, die Augen niedergeschlagen, weibliche Wesen, die vor ihnen (das heißt vor den männlichen Paradiesbewohnern) weder Mensch noch Dschinn entjungfert hat.« Luxenberg übersetzt dagegen so: »Darin (befinden sich) herabhängende (pflückreife) Trauben, die weder Mensch noch Genius vor ihnen je befleckt hat.« Der Islamwissenschaftler interpretiert: »Syro-aramäisch verstanden, bezeichnen die koranischen Ausdrücke ›weiße Weintrauben‹, als symbolische Ausstattung des christlichen Paradieses in Anlehnung an das Abendmahl des Evangeliums. ... Bei den gründlichen Missdeutungen, gerade bei den christlichen Symbolen des Paradieses, war sicherlich das männliche Element bei den arabischen Korankommentatoren ausschlaggebend.«

Die Weintrauben spielen übrigens auch in den Jenseitsvorstellungen des babylonischen Talmuds eine Rolle. Es heißt darin: »Nicht wie die hiesige Welt ist die kommende Welt. In der hiesigen Welt hat man Mühe, Trauben zu lesen und zu treten; in der kommenden Welt bringt man eine einzige Traube auf einem Wagen oder auf einem Schiff ein und lagert sie in einer Ecke seines Hauses, und man hat davon eine Ausbeute wie von einem großen Fass ... Und du hast keine einzige Traube, die nicht dreißig Krüge Wein ergibt.« Ein Krug enthält etwa 13 Liter. Der Wunsch nach Fülle ist also nicht etwa eine Erfindung der Moderne à la *Big Mac*, sondern er hat alte Wurzeln.

Heilig, heilig, heilig

Die archaischen Vorstellungen des Heiligen sind für die katholische Kirche immer noch von grundlegender Wichtigkeit. Das Wort *heilig* hat etymologisch sowohl mit *heil* (germanisch *haila*) zu tun als auch mit einem Eigentumsbegriff im Sinne: einer Gottheit zu eigen geben. Heiligen hängt eng mit Weihen zusammen (die Heilige Nacht ist die Weihnacht), was zugleich religiös (magisch) binden bedeutet. Die katholische Kirche hat die uralten Bilder der zweigeteilten Welt in ein bürokratisches Regelwerk übersetzt. Wir erinnern uns an die Vorstellungen der Schamanen und ihre rituelle Weiterentwicklung in der Bronzezeit, etwa das Aufheben der Hände, das die Verbindung mit Gott symbolisiert. Der *Weltkatechismus* beschreibt, wie man sich im 21. Jahrhundert eine »Bischofsweihe« vorzustellen hat. Neben einer Entscheidung des Papstes und der Anwesenheit mehrerer weiterer Bischöfe spielt das Handauflegen eine ganz besondere Rolle. Es werde »offensichtlich, daß durch das Auflegen der Hände und die Worte der Weihe die Gnade des Heiligen Geistes so übertragen und die heilige Prägung so aufgedrückt wird, daß die Bischöfe in hervorragender und sichtbarer Weise die Aufgaben Christi selbst, des Lehrers, Hirten und Priesters, übernehmen und in seiner Person handeln ...« Die Weihe der Priester, die in der Hierarchie gegenüber Papst und Bischöfen von »untergeordnetem Rang« sind und den Bischöfen zu gehorchen haben, ist mit einem ähnlichem Bild verbunden. Im Initiationsritual werde »ein eigenes Sakrament übertragen. Dieses zeichnet die Priester durch die Salbung des Heiligen Geistes mit einem besonderen Prägemal ...« Der Unterschied zwischen meiner Darstellung und dem katholischen Glauben besteht darin, dass ich von Bildern spreche, diese aber für den frommen Katholiken objektive Gegebenheiten darstellen.

Dabei haben seit Alters her die Menschen wunderbare Bilder für ihren Glauben entworfen. Es gibt keinen Grund, sich nicht auch heute daran zu erfreuen. Die Blüte zum Beispiel ist bereits in der Symbolsprache des Alten Testaments ein Bild für »heilig« und drückt in den mittelalterlichen Bildern christlicher Künstler Ähnliches aus. Heilig sein und Blühen stehen bereits im Kultus Alt-Israels in enger Verbindung. Die Mützen der jüdischen Hohenpriester zum Beispiel hatten die Form einer umgestülpten Blüte – womit ausgedrückt werden sollte: Der Priester ist ein Blühender. Wenn ihm allerdings die Mütze herunterfiel, blühte ihm Böses. Es war dies ein böses Omen dafür, dass ihr Träger in Sünde gefallen war und seine Unschuld verloren hatte. Das Alte Testament weiß zu berichten, dass Mose auf Weisung seines Gottes dem Aaron einen Stab gab und beschreibt: »Am nächsten Morgen, als Mose in die Hütte des Gesetzes ging, fand er den Stab Aarons vom Hause Levi grünen und die Blüte aufgegangen und Mandeln tragen« (4. Mose 17, 23). Der in München geborene und 1935 nach Jerusalem emigrierte jüdische Autor Schalom Ben-Chorin hat nach dem Zweiten Weltkrieg das Bild des blühenden Mandelbaumzweigs in einem Gedicht aufgenommen, das für evangelische Christen zu einem auf ihren Kirchentagen oft gesungenen Lied wurde, und dessen Anfang so geht:

»Freunde, daß der Mandelzweig wieder blüht und treibt, ist das nicht ein Fingerzeig, daß die Liebe bleibt? Tausende zerstampft der Krieg, eine Welt vergeht. Doch des Lebens Blütensieg leicht im Winde weht. . . .«

Unfehlbar fromm

Die christlichen Kirchen behaupten, ihr Handeln sei bestimmt vom Heiligen Geist Gottes. Papst Johannes Paul II. definierte in einer Enzyklika, *Fides et Ratio* (Glaube und Vernunft) im Jahre 1998, die »höchste Richtschnur« des von der katholischen Kirche verwalteten Glaubens komme »ihr aus der Einheit zwischen der Heiligen Überlieferung, der Heiligen Schrift und dem Lehramt der Kirche zu, die der Heilige Geist so geknüpft hat, daß keine der drei ohne die anderen bestehen kann«.

»Gemalte mönch seynd die frömpsten«, weiß der Volksmund, der zwischen Ideal und Realität unterscheidet. St. Aloysius, der im 16. Jahrhundert lebte, gilt als Patron der Jugend.

Und der evangelische Bischof und langjährige Ratsvorsitzende der Evangelischen Kirche in Deutschland, Otto Dibelius, formulierte 1963 (107): »Die Kirche ist der feste Halt für die Gewissen, weil sie das Wort der Heiligen Schrift lebendig weitergibt. Die Kirche! Nur die Kirche! Veni creator spiritus!« (Dibelius zitiert am Ende das lateinische Kirchenlied aus der Zeit um 800, von Martin Luther übersetzt: »Komm Gott Schöpfer, Heiliger Geist.«)

Wie alle Menschen tun sich auch Kirchen-Menschen schwer damit, ihre Fehlbarkeit zuzugeben oder gar, sich zu ändern. Als »Gegenmodell gegen die moderne Welt« (88) hat das Erste Vatikanische Konzil 1870 sogar ausdrücklich die Unfehlbarkeit des Papstes in Fragen des Glaubens und der Sitte, wenn sie in der Tradition päpstlicher Lehrentscheidungen steht und *ex cathedra* verkündet wird, zum Dogma erhoben. Pikanterweise stand die Unfehlbarkeitsidee selbst gar nicht in der Tradition päpstlicher Lehrentscheidungen. Bereits in der Entstehungszeit des Dogmas war klar, dass »ihre Verfechter mit eklatanten historischen Fälschungen arbeiteten«, so der Münchner Professor für Neuere Geschichte, Thomas Nipperdey. Die Idee der Unfehlbarkeit war »eine eher plötzliche Kreation am Ende des 13. Jahrhunderts«. Erfinder: »ein vielfach der Häresie angeklagter exzentrischer Franziskaner, Petrus Olivi (gestorben 1298) . . . Olivis Auffassung wird zunächst gar nicht ernstgenommen und 1324 von Johannes XXII. als ein Werk des Teufels, des Vaters der Lüge, verurteilt«. So schrieb der katholische Papstkritiker Hans Küng 1979 (108). Es waren »die Manipulationen, mit denen auf Betreiben des Papstes selber vor dem Konzil, im Konzil und nach dem Konzil die Unfehlbarkeitsdefinition durchgesetzt worden ist«, die Hans Küng beklagen lässt, seinerzeit hätten die Konzilsteilnehmer gar nicht frei abstimmen können. So wurde wieder einmal der Glaube mit Gewalt durchgesetzt. Das Ergebnis, so Nipperdey: »Die Kirche selbst wird zum Gegenstand der Frömmigkeit; und da der Laie eigentlich als selbständige Figur nicht vorkommt, ist Kirche nicht das Gottesvolk, sondern die Institution und ihre Hierarchie . . . Die Kirche predigt sich selbst; Gehorsam gegenüber der Kirche z. B. – wider das eigene Meinen und Wollen – wird zu einer immer wieder eingeschärften Tugend.« Hierarchie bedeutet übrigens wörtlich »heilige Herrschaft«.

Die Architektur des Glaubens drückt der *Weltkatechismus* der katholischen Kirche so aus: »Die Gesamtheit der Gläubigen . . . kann im Glauben nicht fehlgehen, und diese ihre besondere Eigenschaft macht sie mittels des übernatürlichen Glaubenssinns des ganzen Volkes dann kund, wenn sie von den Bischöfen bis zu den letzten gläubigen Laien ihre allgemeine Übereinstimmung in Sachen des Glaubens und der Sitten äußert.« Der »Glaubenssinn« ist eine eigene Erfindung der Kirche. Dabei bezieht sie sich wieder auf den Heiligen Geist, indem sie definiert, jener »Glaubenssinn« werde »vom Geist der Wahrheit geweckt und erhalten« – wie immer das passieren mag. Und damit die »Gesamtheit der Gläubigen« nicht übermütig wird, wird auch im Weltkatechismus immer wieder betont: »Die Aufgabe, das Wort Gottes verbindlich auszulegen, wurde einzig dem Lehramt der Kirche, dem Papst und den in Gemeinschaft mit ihm stehenden Bischöfen anvertraut« – in dieser Reihenfolge übrigens steht es im Katechismus, mit dem »Lehramt« an erster Stelle, noch vor dem Papst, wie das »Lehramt« selbst, sprich der Kardinal Josef Ratzinger, anno 2003 festschrieb.

»Merkwürdigerweise«, so Küng, wurde allerdings »in neuerer Zeit gerade dann nicht ›unfehlbar‹ gesprochen, wenn es ungezählte Menschen erwartet hätten«, etwa angesichts des Massenmordes an den Juden. Eine der stärksten Wurzeln des Antisemitismus ist im Matthäus-Evangelium begründet. Dessen Verfasser behauptet, das »ganze Volk« der Juden habe seinerzeit Jesu Tod am Kreuz gefordert mit der eigentlich völlig absurden Formulierung: »Sein Blut komme über uns und unsere Kinder« (Matthäus 27, 25). In der katholischen Kirche betete man am Karfreitag so: »Lasset uns auch beten für die treulosen Juden (lateinisch: pro perfidis Judaeis), ... auf dass sie auch unseren Herrn Jesus erkennen.« Mit Letzterem war der Wunsch der Konversion der Juden zum Christentum gemeint. Während die übrigen Fürbitten mit: »Lasset uns beten – beuget die Knie ...« eingeleitet wurde, entfiel diese Aufforderung bei der »Fürbitte« für die Juden, weil diese Jesus in seiner Todesstunde durch Kniebeugen verhöhnt hätten, wobei man sich wieder auf das Matthäus-Evangelium bezog (27, 31). Im Jahre 1928 bemühte sich der Abt Benedikt Gariador des 1926 gegründeten Priesterwerks »Amici Israel« im Vatikan bei der Ritenkongregation, die antisemitischen Vokabeln »perfidis« sowie an anderer Stelle »perfidiam« zu streichen und auch bei der Fürbitte für die Juden die Knie zu beugen. Die Ritenkommission war damit auch einverstanden – nicht aber Papst

Pius XI. Er bestand vielmehr darauf, dass dieses Ansinnen ausdrücklich von der Kirche verworfen werde (109). Papst Johannes XXIII. ließ dann 1959 das Wort »perfidis« einfach weg, betete allerdings weiter für die Konversion der Juden. Erst seit 1970 lautet das Gebet: »Lasst uns auch beten für die Juden, zu denen Gott, unser Herr, zuerst gesprochen hat: Er bewahre sie in der Treue zu seinem Bund und in der Liebe zu seinem Namen, damit sie das Ziel erreichen, zu dem sein Ratschluss sie führen will« (Beuget die Knie . . .). Papst Johannes Paul II. hat im Jahre 2000 in Jerusalem den Juden gegenüber seine »tiefste Trauer über . . . die Verfolgungen und alle antisemitischen Akte, die jemals irgendwo gegen Juden von Christen verübt wurden« ausgesprochen.

Zwischen dem Bemühen jenes Abtes Gariador und der Trauer-Bekundung durch Johannes Paul II. liegen die Jahre der Judenverfolgung und -vernichtung. Wie die Mehrheit der Deutschen jubelten auch Priester und Bischöfe der katholischen wie der evangelischen Kirche dem »Führer« Adolf Hitler zu. Und wie die Mehrheit der Deutschen wollten sie nach dem Krieg schon immer dagegen gewesen sein. Unzählige Dokumente bezeugen beides.

Christen stellten die das Judentum symbolisierende »Synagoge« als Frau mit einer Augenbinde dar, Zeichen ihrer »geistigen Blindheit«, weil die Juden Jesus nicht als Messias ansehen. Plastik am Straßburger Münster, um 1230.

Mit der Tiefe des Gemüts

Zu den Bedingtheiten des Glaubens gehört auch die Sprache, in der sich Glaube ausdrückt. »Der Deutsche ist ein ›Bruder Innerlich‹ und entschuldigt gern einen ungepflegten Stil mit der Tiefe des Gemüts, aus der es dumpf heraufkocht … Gott sieht aufs Herz, sagt er dann«, beklagte einst (110) schon Kurt Tucholsky (1890–1935). Am 22. April 1939, wenige Wochen vor Beginn des Zweiten Weltkriegs, schrieb die evangelische *Junge Kirche* »Zum 50. Geburtstag des Führers«: »… Das Gebet für die Obrigkeit ist eine Glaubenspflicht des Christen … Der Christ, der das Walten der Vorsehung und den Schritt des Allmächtigen ehrfürchtig in den Wandlungen der Weltzeit spürt, vernimmt den Aufruf, in Alltag und Sonntag treuer zu glauben, inniger zu lieben, stärker zu hoffen, fester zu bekennen: So allein kann sich zeigen, was an dem christlichen Glauben echt ist …« Nach dem Krieg, am 19. Oktober 1945, tagte in Stuttgart der neu gegründete Rat der Evangelischen Kirche in Deutschland. Nachdem die Vertreter ausländischer Kirchen deutlich gemacht hatten, dass karitative Hilfe leichter fallen würde, wenn die deutsche evangelische Kirche nicht nur über die Missetaten der Nazis, sondern auch über eigene Unterlassungssünden spräche, entstand das sogenannte *Stuttgarter Schuldbekenntnis*. Darin kocht aus der selben »Tiefe des Gemüts« herauf, was schon die Geburtstagsgirlande für Adolf Hitler zierte, in den selben Worten, die übrigens von dem Apostel Paulus abgeschrieben worden waren: »… wir klagen uns an, daß wir nicht mutiger bekannt, nicht treuer gebetet, nicht fröhlicher geglaubt und nicht brennender geliebt haben …« (111). Es zeigt wohl auch etwas davon, »was an dem christlichen Glauben echt ist«, den die kirchliche Obrigkeit der Kriegs- und Nachkriegszeit verkündet hat.

Kulturkämpfe

Bereits im 19. Jahrhundert wurde das Unfehlbarkeitsdogma von den Protestanten in Deutschland als Kampfansage an die moderne Kultur verstanden. Der Kanzler des 1870 entstandenen Deutschen Reichs, Otto von Bismarck, initiierte eine Reihe von Gesetzen, die den von dem Me-

Modus vivendi.

Pontifex. Nun, bitte, geniren Sie sich nicht!
Kanzler. Bitte gleichfalls!

Nachdem der Papst unfehlbar wurde, brach in Deutschland ein Kulturkampf
zwischen dem Reich und der Katholischen Kirche aus. Der Karikaturist des
Kladderadatsch schlug 1878 als Problemlösung vor, dass sich Pontifex und
Reichskanzler gegenseitig die Füße küssen (beziehungsweise die
Stiefel lecken) sollten.

diziner Rudolf Virchow als erstem so genannten bis 1887 dauernden Kulturkampf eröffneten. Übrig geblieben sind davon bis heute in Deutschland die staatliche Schulaufsicht und die Zivilehe, Errungenschaften, um die zum Beispiel die aufgeklärten Moslems uns beneiden.

Freilich, wo möglich, versucht die katholische Kirche immer noch, ihre Moralvorstellungen durchzusetzen – selbst wo dies geradezu albern wirkt. Im Sommer 2003 empfahl das kroatische Ministerium für Erziehung und Sport den Lehrern des Landes die Teilnahme an einem Kurs »Yoga im Alltag«. Das veranlasste die katholische Bischofskonferenz zu harschem Protest gegenüber der Regierung in Zagreb. Yoga stehe nicht im Einklang mit den generell akzeptierten Werten und Traditionen europäischer Kultur. Der stellvertretende Erziehungsminister Ivan Vavra erklärte daraufhin eilfertig, die Lehrerinnen und Lehrer dürften zwar den Kurs besuchen. Nicht erlaubt sei es aber, die dabei erlernten Übungen anschließend den Schülern innerhalb oder außerhalb des Klassenzimmers beizubringen (112). Die Kulturkämpfe im Namen des Glaubens sind nicht nur noch nicht beendet, sie sind vielmehr nach dem Ende des alles überlagernden Kampfes zwischen Ost und West erst richtig ausgebrochen, sie werden heftiger und weltumspannend.

Im 17. und 18. Jahrhundert sind fundamentalistische Protestanten aus Europa, sogenannte Puritaner aus England und Pietisten aus Deutschland, nach Nordamerika ausgewandert, um dort ihre zum Teil bizarren Glaubensvorstellungen zu leben. Deren militante Nachkommen führen derzeit in den USA einen Kulturkampf »im Namen Gottes« gegen die Aufklärung und tragen diesen Kampf in alle Welt; willkommene Rechtfertigung für die militanten Islamisten. Davon wird gleich noch die Rede sein.

Kaum weniger heftig als die Auseinandersetzung zwischen Israel und den Arabern ist die innerjüdische Auseinandersetzung über Glaubensfragen zwischen aufgeklärten und orthodoxen Juden. Für die der Aufklärung Verpflichteten ist es besonders bitter, dass ihre Väter und Großväter in der alten Heimat, die diese für kurze Zeit sogar als einen Hort der Aufklärung verstanden hatten, in Deutschland und von den Deutschen, ermordet wurden.

Während sich die moderne Türkei als laizistischer Staat versteht, ziehen fundamentalistisch-muslimische Türken nach Deutschland, wo sie ihre Sitten und Gebräuche (»die archaische Gewalt des anatolischen Patriarchats«, 113), gestützt auf die vom deutschen Grundgesetz aus schlimmer historischer Erfahrung heraus garantierte Religionsfreiheit, praktizieren. Erst in jüngster Zeit wird den Menschen in der Bundesrepublik bewusst, was einige fromme muslimische Männer unter Religionsfreiheit verstehen. Sie benutzen einzelne, sie in ihrem Selbstwertgefühl stützende Sätze aus ihrer heiligen Schrift als Handlungsanweisungen. So zum Beispiel Sure 4, 34 des Korans. Darin heißt es, an die Männer gerichtet: »wenn ihr fürchtet, dass Frauen sich auflehnen, dann ermahnt sie, meidet ihr Ehebett und schlagt sie.« Und das tun sie denn auch, türkische Männer, in den Gettos der deutschen Großstädte. In der Moschee lehrt man sie, Gottes Gebote in der Welt zu vertreten, darunter das Recht auf »Namus« – mit »Ehre« nur unzureichend übersetzt – »aus einer westlichen Perspektive eine Aufforderung, Frauen zu unterdrücken.« (114). Anfang Februar 2005 wurde in Berlin die 23-jährige Türkin Hatin Sürücü erschossen. Die Polizei nahm drei ihrer Brüder als Tatverdächtige fest. Sürücü hatte sich von ihrem Mann getrennt, mit dem sie im Alter von 16 Jahren zwangsverheiratet worden war. Sie war die fünfte Frau in Berlin, die innerhalb weniger Monate von Mitgliedern der eigenen Familie aus Gründen der »Ehre« getötet wurde. Drei türkische Schüler der nahe am Tatort gelegenen Thomas-Morus-Oberschule rechtfertigten den Mord an Sürücü so: »Die hat doch selber Schuld. Die Hure lief rum wie eine Deutsche« (113).

Wie in allen fundamentalistischen Varianten der monotheistischen Religionen ist die Moral primär Sexualmoral und von Männern gemacht. »Die Männer aber stehen über den Frauen, weil Gott sie vor diesen ausgezeichnet hat«, heißt es ebenfalls in Sure 4, 34. Muslimische Fundamentalisten verhalten sich nicht anders als christliche oder jüdische: Sie suchen sich aus ihren Heiligen Büchern jeweils die für ihre Ideologie passenden Zitate als Belege. So wird der Glaube zum Machtinstrument. Die Hamburger Migrationssoziologin Necla Kelek beklagt, dass sich die Deutschen hinter einem falschen Verständnis von einer multikulturellen Gesellschaft verschanzen würden und mit einer gewissen Gleichgültigkeit der Unterdrückung islamischer Mädchen und Frauen in der Bundesrepublik zuschauten (115). Vermutlich wird sich das deutsche Bundesverfassungsgericht einmal damit auseinanderset-

Die Sitte, dass Männer ihre Frauen schlagen, ist an keine Konfession gebunden, wie die Zeichnung aus Deutschland anno 1456 zeigt.

zen müssen, wo die Grenzen der »Freiheit des Glaubens« liegen, wenn diese Freiheit mit einem anderen Grundrecht kollidiert, das mit den Worten beginnt: »Die Würde des Menschen ist unantastbar.« Womöglich stehen wir auch in Deutschland vor einem neuen Kulturkampf.

IX.

Glaubenslehre und Realität

Verspieltes Vertrauen – die Kirchen in Deutschland

Auch fromme Katholiken in Europa nehmen das, was ihr Papst und der Chef der in »Glaubenskongregation« umbenannten vormaligen »Heiligen Inquisition« erklären, nicht immer so schrecklich ernst und können sich deshalb mit ihrer Kirche arrangieren. Die katholischen Bischöfe zum Beispiel lachten, wenn sie unter sich zu sein glaubten, über ihren ach so glaubensstarken Großinquisitor Ratzinger, indem sie sich ausmalten, der Kardinal bete abends: »Lieber Gott, ich mach' Dich fromm, wenn ich in den Himmel komm'.« Konservative können ja über sich selbst lachen, im Gegensatz zu Fundmentalisten. Josef Ratzinger freilich soll *not amused* gewesen sein, als er davon hörte.

Die Kirche aber, und das ist gar nicht lustig, macht einen großen Unterschied zwischen dem tatsächlichen Verhalten ihrer Mitglieder und dem, was davon öffentlich bekannt wird. So können zum Beispiel ihre Priester trotz des Zölibats ihre Sexualität leben, solange dies heimlich geschieht. Andernfalls setzt die katholische Kirche dort, wo sie noch Macht hat, also gegenüber ihren Priestern und Mitarbeitern, ihre Moralvorstellungen rigoros durch, indem sie sich notfalls von ihnen trennt. Dabei gleicht die Treue zu Rom charakterliche Defizite aus, wie manche Karriere in der kirchlichen Hierarchie belegt. Hans Küng hat im März 2005 ein schonungsloses Resümee des Pontifikats von Johannes-Paul II.

gezogen (116). Darin heißt es: »Ein weithin mediokrer, stockkonservativer und serviler Episkopat ist die vielleicht schwerste Hypothek dieses überlangen Pontifikats. Die bestens inszenierten Papst-Manifestationen sollten nicht darüber hinwegtäuschen: Millionen haben unter diesem Pontifikat ›Kirchenflucht‹ begangen oder sich in die innere Emigration zurückgezogen.« Unter Johannes Paul II., so Küng, »wurde das mittelalterliche römische System, ein Machtapparat mit totalitären Zügen, durch geschickte und rücksichtslose Personal- und Lehramtspolitik restauriert. Bischöfe gleichgeschaltet, Seelsorger überlastet, Theologen mit Maulkörben versehen, Laien rechtlos gehalten, Frauen diskriminiert, nationale Synoden und Kirchenvolksbegehren ignoriert, dazu Sexskandale, Diskussionsverbote, liturgische Gängelei, Predigtverbot für Laientheologen, Aufforderung zur Denunzierung, Verhinderung der Abendmahlsgemeinschaft« – das ganze Pontifikat »trotz seiner positiven Aspekte insgesamt ... ein Desaster«. Von all dem war insbesondere auch die katholische Kirche in der Bundesrepublik betroffen.

Der Chef-Theoretiker dieser Entwicklung war Josef Ratzinger als Präfekt der Glaubenskongregation, Leiter der Päpstlichen Kommission zur Erstellung des Katechismus der Katholischen Kirche und Verfasser von Dokumenten wie »Dominus Jesus«. Am 19. April 2005 wurde Ratzinger zum Papst gewählt. Seither nennt er sich Benedikt XVI. Zur Eröffnung des Konklaves für die Wahl stellte Josef Ratzinger als Kardinaldekan, der diese Wahl zu leiten hatte, in einer Predigt der »Diktatur des Relativismus, die nichts als endgültig anerkennt«, »einen klaren Glauben nach dem Credo der Kirche« entgegen: »Zu diesem Glauben müssen wir die Herde Christi führen«. Es ist nicht zu erwarten, und im System auch nicht vorgesehen, dass Papst Benedikt XVI. von den Maximen des Kardinals Josef Ratzinger abweichen wird.

In Deutschland, wo das Verhalten der Kirchen öffentlich beobachtet wird, haben diese ihren guten Ruf weitgehend verspielt. Offiziell gab es in der Bundesrepublik Ende 2003 26,16 Millionen Katholiken und 25,83 Millionen Protestanten. Nur noch elf Prozent der Deutschen »vertrauen«, wenn man sie so direkt danach fragt, der katholischen, 16 Prozent der evangelischen Kirche. Die Katholiken misstrauen ihrer eigenen Kirche häufiger (24 Prozent) als den protestantischen Kirchen (16 Prozent). Die Zahlen sind Ergebnis einer Umfrage unter 350 000 Deutschen, die einen elektronischen Fragebogen ausfüllten, ergänzt um eine weitere, repräsentative Untersuchung, die zusammen ausgewertet und im Jahre 2003 veröffentlicht wurden. Drei von vier Protestanten haben danach überhaupt keinen Kontakt zu ihrer Kirche. 34 Prozent aller Katholiken halten ihre Kirche für »nicht veränderungsfähig«. Was der Papst und seine Bischöfe zu Sexualität, Ehe und Ehescheidung sowie insbesondere zur Empfängnisverhütung sagen, ist, wie die Praxis zeigt, den meisten Menschen längst gleichgültig geworden – in Deutschland nicht anders als zum Beispiel in Italien.

Weniger als zehn Prozent der Evangelischen sehen dagegen die Lage ihrer Kirche ebenso hoffnungslos. Sowohl die katholischen als auch die evangelischen Pfarrer genießen im Lande ein besseres Ansehen als ihre Kirchen. Die sozialen kirchlichen Institutionen, Caritas und Diakonie, werden im Gegensatz zu den Kirchen sogar ausdrücklich positiv bewertet. Dort, wo in Deutschland die katholische Kirche den relativ größten Einfluss hat, im Süden und Südwesten des Landes, wird sie negativer beurteilt als im Norden und Osten der Republik. Immer weniger junge Menschen studieren in Deutschland Theologie. Das gilt für Protestanten wie für Katholiken. Die Zahl der Theologiestudenten in Deutschland, die evangelische Pfarrerinnen und Pfarrer werden wollen, ist seit 1984 von etwa 12 000 auf knapp 2700 im Jahre 2004 gesunken (117). Vor allem wegen des Zölibats wird hierzulande kaum noch ein junger Mensch katholischer Priester. In Deutschland wurden im Jahre 1990 insgesamt 366 Diözesan- und Ordenspriester geweiht, 1995 noch 237, anno 2000 zählte man 185 und im Jahre 2003 gerade noch 161 neu Geweihte (118).

Nirgendwo auf der Welt ist das Vertrauen in die kirchliche Autorität so drastisch geschwunden wie in Deutschland. Der Parteienforscher Franz Walter von der Universität Göttingen beschrieb es, bezogen auf die katholische Kirche, so (119): »Irgendwann in den späten 1960er Jahren, dann weiter im Verlauf der 1970er und 1980er Jahre ist die katholische Eigenwelt mit ihren spezifischen Ritualen, mit ihren verbindlichen Dogmen, mit ihrer besonderen Disziplin und Homogenität sowie ihren gelungenen vertikalen Vernetzungen von verschiedenen Schichten und Generationen untergegangen, zumindest randständig geworden. Das vollzog sich schnell und abrupt, war ein schroffer Bruch mit jahrhundertealten Traditionen. Plötzlich hörten auch katholische Familien auf, ihre Namenstage zu feiern, an Freitagen auf Wurst und Fleisch zu verzichten, regelmäßig die Ohrenbeichte abzulegen, ja selbst das Tischgebet gemeinsam zu sprechen. Die Marienbilder und Weihwasserkelche verschwanden aus den Hausfluren. Das begabte katholische Mädchen vom Land ging seit den 1970er Jahren nun auch auf das Gymnasium, was doch zuvor ganz undenkbar gewesen war. Und an den Fronleichnamsprozessionen nahmen bald ebenso wenig Menschen teil wie an den Maidemonstrationen der Gewerkschaften. Die katholischen Eigenarten, Bräuche und Sonderkulturen verschwanden, weithin jedenfalls.«

Franz Walter sieht vor allem deshalb schwarz für die Kirche als Institution, »da der typische Aufkünder der Kirchenmitgliedschaft jung, so um die 30, ledig, besser verdienend und höher qualifiziert ist, während die verbliebenen treuen Kirchgänger unterdessen sehr alt, ziemlich provinziell und eher weniger gut gebildet sind.«

Andererseits machte der Parteienforscher Walter eine verblüffende Beobachtung: Bei der Bundestagswahl 2002 wählten 52 Prozent der Katholiken und 75 Prozent der regelmäßigen katholischen Kirchgänger die Parteien CDU und CSU. Das entspreche exakt dem Anteil, den die katholische Zentrumspartei bei der Reichtagswahl anno 1912 und andererseits die Unionsparteien zu Zeiten des Kanzlers Konrad Adenauer 1953 im katholischen Milieu hätten abschöpfen können. Der Göttinger Wissenschaftler erwartet hier allerdings deutliche Änderungen. Denn »von den Katholiken, die das 30. Lebensjahr noch nicht überschritten haben, ordnen sich nur noch sieben Prozent dem Lager der Kirchenverbundenen zu«. Nach einer repräsentativen Umfrage des Forsa-Instituts unter rund tausend Bürgern in Deutschland glauben zwar 65 Prozent von ihnen an Gott, aber mehr als die Hälfte (53 Prozent) akzeptiert die Kirche nicht mehr als moralische Instanz (120). Aus freilich nicht sehr differenzierten europaweiten Umfragen der »Identity Foundation« anno 2004 unter jeweils 500 Erwachsenen in den neuen Mitgliedsstaaten der Europäischen Union sowie im Jahre 2003 in den alten EU-Staaten (121) geht hervor, dass Religion in Europa die relativ größte Bedeutung für die Menschen in den mehrheitlich katholischen Ländern Polen und Italien hat, gefolgt von der Slowakei, Litauen, Ungarn und Lettland, die geringste dagegen in Tschechien sowie im mehrheitlich protestantischen Schweden.

Gott in Amerika

Ganz anders ist die Situation in den USA: Über 90 Prozent der US-Bürger glauben an Gott, zwei Drittel auch an den Teufel. In den Vereinigten Staaten geht man in die Kirche. Dort sind die protestantischen Kirchen und Glaubensgemeinschaften im Unterschied zu den deutschen evangelischen Kirchen eher fundamentalistisch orientiert. Nach einer Umfrage der Zeitschrift *Time* bezeichnen sich gut die Hälfte der Erwachsenen US-Bürger selbst als fundamentalistisch (122).

Im Jahre 1914 hat der Psychologe James H. Leuba, selbst ein Atheist, tausend amerikanische Naturwissenschaftler befragt, ob sie an Gott glauben. Ihre Adressen fand Leuba in dem Lexikon *American Men of Science*. Leuba unterschied zwischen durchschnittlichen und durch ihre Leistungen besonders herausragenden Forschern: Vier von zehn Durchschnittswissenschaftlern gaben an, an Gott zu glauben, unter den Top-Wissenschaftlern waren es nicht einmal drei von zehn. Das war, wie gesagt, im Jahre 1914. Mitte der neunziger Jahre wurde die Umfrage in den USA wiederholt. Der Journalist Larry Witham und der Geschichts- und Jura-Professor Edward Larson wählten nach einem Zufallsverfahren Biologen, Physiker, Astronomen und Mathematiker aus einem Wissenschafts-Almanach. Ergebnis: Immer noch glauben vier von zehn Durchschnittswissenschaftlern an Gott. Bei den Spitzenforschern ist ihre Anzahl weiter gesunken, auf rund sieben Prozent im Jahre 2002 (123).

Die weitaus meisten gläubigen Christen nicht nur in den USA sondern weltweit sind Fundamentalisten, welche die Aufklärung nicht zur Kenntnis genommen haben. Sie reflektieren nicht die Bedingungen ihres Glaubens. Während für Katholiken der Glaube in ein Dogmensystem eingebunden ist, also »die Wahrheit« von einem Lehramt per Definitionem unwiderruflich festgelegt wird, ist ein Kennzeichen der fundamentalistischen evangelischen Kirchen und Sekten, dass ihre Mitglieder die Bibel wörtlich nehmen.

Gott in Russland

In Russland glauben nach einer repräsentativen Umfrage im Winter 2002 unter 2000 Erwachsenen durch das unabhängige Institut ROMIR 60 Prozent der Menschen an Gott (124). Schon vor der großen Kirchenspaltung im Jahre 1054 in die lateinische Kirche in Rom und die griechische Kirche in Byzanz hat der russische Herrscher Wladimir der Große mit seiner Taufe anno 987 seinem Volk das Christentum aufgezwungen; nicht ungewöhnlich, denn bereits der Kaiser Theodosius der Große hat im Jahr 380 alle Bürger des Römischen Reichs zwangsweise zu Christen gemacht. Seit der Spaltung im 11. Jahrhundert, die nur das offizielle Ende eines schleichenden Prozesses war, verstehen sich bis heute die orthodoxen (das heißt rechtgläubigen) Kirchen, zu denen die russisch-orthodoxe Kirche zählt, als die ursprüngliche christliche Kirche, von der sich alle anderen Kirchen abgespalten haben. Mit tiefem Misstrauen sieht der orthodoxe Patriarch in Moskau nicht nur die unter seinen Gläubigen wildernden protestantischen Sekten-Missionare, sondern er blickt vor allem besorgt nach Rom, wo der Papst im Jahre 2002 vier nach dem Zusammenbruch der Sowjetunion 1991 in Russland gegründete sogenannte apostolische Administrationen zu Bistümern mit einem römisch-katholischen Erzbischof in Moskau gemacht hat. Bereits zwischen Rom und Byzanz gab es Mentalitätsunterschiede, die bis heute die Weltbilder der katholischen und der orthodoxen Theologen unterscheiden. Die Kirchenväter des Westens waren großenteils Rechtsanwälte oder Beamte des römischen Reichs, in dem das rechtliche Denken tief in der Gesellschaft verankert war. Schon der Apostel Paulus hat sich im Streit mit der Obrigkeit darauf berufen, die römische Staatsbürgerschaft zu besitzen. Kategorien des Rechts wie Strafe und Gnade spielen im westlichen Christentum denn auch eine zentrale Rolle. Anders im Osten, wo es diese Verrechtlichung bis hin zur Installation einer Glaubensverwaltungsbehörde nicht gibt. Die orthodoxe Theologie denkt weniger in rechtlichen als in medizinischen Kategorien wie etwa Krankheit und Heilung. Für den orthodoxen Christen gibt es kein ausgefeiltes Dogmensystem, das er zu glauben hat wie der Katholik. Vielmehr zählt die direkte spirituelle Erfahrung.

Im Mittelpunkt dieser Spiritualität steht die gesungene, symbolreiche

Liturgie. Die Gesänge während des jeweils viele Stunden dauernden Gottesdienstes werden als Gebete verstanden. Der Gebrauch von Instrumenten ist dabei nicht erlaubt, weil, wie man meint, Instrumente nicht beten können. Orthodoxe Christen sehen sich in einer spirituellen Gemeinschaft mit ihren Heiligen in der Anbetung Gottes. Diese Heiligen sind auf den Ikonen abgebildet, sozusagen Fenster in die geistliche Welt, deshalb der meistens goldene Hintergrund. Die auf den Ikonen Dargestellten werden verehrt, nicht angebetet, indem man sich vor ihnen bekreuzigt (mit Handbewegungen von rechts nach links, umgekehrt wie bei den Katholiken) und sie küsst. Die orthodoxen Kirchen sind patriarchalisch strukturiert, das heißt es gibt wie in der römisch-katholischen Kirche keine Frauenordination. Doch anders als bei den Katholiken sind nur die orthodoxen Bischöfe zum Zölibat verpflichtet. Die orthodoxen Priester sind keine Theologen. Und die meisten Theologen sind Laien. Ihr Bibelverständnis ist weitgehend fundamentalistisch. Anders als die römisch-katholische Kirche sind die meisten orthodoxen Kirchen wie die russische und die griechische Mitglieder im ökumenischen Rat der Kirchen; dort repräsentieren sie einen unreflektierten, traditionellen christlichen Glauben.

Die Prophezeiungen der christlichen Gemeinschafts-Gründer

Jesus selbst und seine Jünger erwarteten das baldige Ende der Welt. Der Apostel Paulus schrieb an die Korinther (1. Korinther 15, 51): »ich sage euch ein Geheimnis: Wir werden nicht alle entschlafen ...«, vor der Wiederkunft Christi am jüngsten Tag nämlich, was offensichtlich ein Irrtum war. Das hindert fromme Bibelleser nicht daran, die Angst vor dem Weltuntergang zum Zentrum ihres Glaubens zu entwickeln. Daraus sind verschiedene christliche Glaubensgemeinschaften entstanden. Ein gemeinsames Merkmal: Lehre und Realität klaffen weit auseinander, was die Gläubigen nicht zu stören scheint.

Da gibt es zum Beispiel die Neuapostolische Kirche mit weltweit 9,4 Millionen Mitgliedern (125), darunter in Deutschland rund 400 000. Ursprünglich nannte sie sich katholisch-apostolische Gemeinde. Ihre

Gründer waren die Herren Heinrich Geyer aus Berlin und F.W. Schwartz aus Hamburg. Hauptlehre: Die Zahl der Apostel wird erweitert, und der jeweilige oberste Apostel (Stammapostel) ist Empfänger von göttlichen Offenbarungen. Ein solcher Stammapostel war seit 1930 Johann Gottfried Bischoff. Er verkündete, Jesus Christus werde noch zu seinen, Bischoffs, Lebzeiten wiederkommen. Der »Stammapostel« starb 1960, ohne dass dies geschah. Aus unerforschlichen Gründen, so sein Nachfolger, habe Gott »seinen Willen geändert«. Der Gott der Neuapostolischen Kirche ist anscheinend zwar nicht allwissend aber wenigstens lernfähig.

Anno 1874 gründete der amerikanische Kaufmann Charles Taze Russel in Pittsburgh eine eigene Gemeinde, nachdem er den »Plan Gottes mit der Menschheit« entdeckt hatte und die Wiederkunft Christi seiner Meinung nach unmittelbar bevorstand. Das war ebenfalls ein Irrtum, ebenso wie die revidierte Voraussage des Weltendes für 1914. Russel starb 1916. Auch das von seinen Nachfolgern für 1975 vorausgesagte Ende der Welt trat erkennbar nicht ein. Aber die Gemeinde wuchs auf heute weltweit 5,6 Millionen, in Deutschland 166 000 (125). Man nennt sich Zeugen Jehovas, vormals »Ernste Bibelforscher«, mit der »Wachturmgesellschaft« als wirtschaftlichem Fundament.

Sowohl die Mitglieder der neuapostolischen Kirche als auch die Zeugen Jehovas sehen jeweils sich als die Gewinner der »Schlacht von Harmagedon« an, die dem dann anbrechenden »Tausendjährigen Reich« vorausgehen soll. Der Name Harmagedon und das Stichwort »tausend Jahre« sind im biblischen Buch der Offenbarung des Johannes erwähnt. Die Schrift ist vermutlich an der Wende vom 1. zum 2. Jahrhundert entstanden. Für tausend Jahre soll nach dieser Offenbarung der Satan durch einen Engel gefesselt werden. »Danach muss er losgelassen werden eine kleine Zeit« (Offenbarung 20). Außerdem ist die Rede von »den Hundertvierundvierzigtausend, die erkauft sind von der Erde« (Offenbarung 14). Zu diesen 144 000 Bürgern eines Tausendjährigen Reiches zählen sich die 9,4 Millionen lebenden Neuapostoliker und die 5,6 Millionen lebenden Zeugen Jehovas, ergänzt um Millionen ihrer verstorbenen Glaubensgenossen. Die Rechnung kann also nicht aufgehen. Im letzten »Tausendjährigen Reich«, das der Reichsminister Josef Goebbels, ein Kenner der Bibel, ausgerufen hatte, und das dann zwölf

Jahre, von 1933 bis 1945 dauerte, gehörten die Zeugen Jehovas zu den um ihres Glaubens willen erbarmungslos Verfolgten. An anderer Stelle der Offenbarung wird die Zahl 144 000 so entschlüsselt: 144 000, das sind aus jedem Stamm Israels jeweils 12 000 Menschen, »die versiegelt waren« (Offenbarung 7). Das heißt, unter den besonderen Schutz Gottes gestellt, »versiegelt«, sind nicht die Christen, sondern die Juden. Doch gibt die Offenbarung am Ende der Welt auch Hoffnung für »eine große Zahl, die niemand zählen konnte, aus allen Nationen und Stämmen und Völkern und Sprachen«, die gekommen sein werden »aus der großen Trübsal«. Und so spekulieren fundamentalistische Christen seit zweitausend Jahren freudig auf das Ende der Welt, deren Erhalt ihnen folgerichtig nicht eben irgendwelcher Anstrengungen wert ist. »Ach, wie ich mich auf meine Auflösung freue«, hört man dann aus pietistischem Kindermund.

William Miller aus Pittsfield in den USA hatte die Wiederkunft Christi für das Jahr 1844 »errechnet«. Als das Ereignis nicht eintrat, kamen er und ein paar andere, ohne die Gründe bei sich selbst suchen zu wollen, auf die Idee: Ursache für das Wegbleiben Christi sei die »Schändung des Sabbats«. Anders als die Juden und Jesus selbst feiern die Christen, wie oben beschrieben, nicht den Sabbat sondern den Sonntag als Ruhetag. Das machte die Gruppe rückgängig, und nennt sich seither Siebenten-Tags-Adventisten oder kurz Adventisten mit nach eigenen Angaben im Jahre 2004 weltweit 13 Millionen Mitgliedern. Miller war ursprünglich Baptist. Der Name kommt aus dem Griechischen von *baptizein* gleich taufen. Die Gruppierung der Baptisten, bei der die Erwachsenen und nicht die Kinder getauft werden, ist im Alten Europa Anfang des 17. Jahrhunderts entstanden. Sie spielt heute vor allem in den USA eine wesentliche Rolle und missioniert in aller Welt. Das gilt auch für die Methodisten. Ihre Gründung geht auf ein »Erweckungserlebnis« zurück, das der anglikanische Geistliche John Wesley aus Oxford in Großbritannien am 24. Mai 1738 hatte. Fortan ging es ihm und Gleichgesinnten um »Seelenrettung«. Der Pfälzer Laienprediger Philipp Embury (eigentlich: Imburg) sammelte im 18. Jahrhundert in New York die erste kleine Gemeinde von Methodisten in der Neuen Welt.

Die anglikanische Kirchengemeinschaft hat sich ursprünglich in England 1534 von der katholischen Kirche abgespalten, weil Papst Clemens VII. den König Heinrich VIII. nicht von seiner Frau scheiden wollte. Mittlerweile agiert sie weltweit. Die anglikanische Kirche von England ist Staatskirche mit der Queen oder dem King als rechtlichem Oberhaupt. Das heißt, der Monarch ernennt die Bischöfe, die Dekane und Pröpste der Kathedralen und wird selbst vom geistlichen Oberhaupt der Kirche von England gekrönt, dem Erzbischof von Canterbury. Anders als etwa die deutschen Protestanten glauben die Anglikaner wie die Katholiken an die Sukzession ihrer Bischöfe, die ununterbrochene Abfolge seit der Zeit der Apostel. »Hieraus ergibt sich die bizarre Konsequenz, daß anglikanische und evangelische Geistliche zwar gemeinsam Gottesdienst halten und gemeinsam Abendmahl feiern können, der evangelische Pfarrer aber nicht zur Gänze die liturgischen Aufgaben des anglikanischen Priesters übernehmen darf«, so der evangelische Kirchenhistoriker an der Universität Bonn, Wolfram Kinzig (126). Auch im Islam rühmen sich Familien, »direkt« vom Propheten Mohamed abzustammen, und die lückenlos nachweisbare Abstammung spielt bei den Adelsgeschlechtern ebenso eine Rolle – wie, pardon, in der Tierzucht.

Am 22. September des Jahres 1827 hatte der amerikanische Farmersohn Joseph Smith nach seinen Erzählungen ein Erlebnis besonderer Art: Ein Engel namens Moroni übergab ihm hauchdünne Goldplatten mit darauf angebrachten seltsamen Zeichen. Smith übersetzte sie mit Hilfe einer »Prophetenbrille«, die ihm der Engel praktischer Weise gleich mitgebracht hatte. Kein anderer als angeblich Joseph Smith hat allerdings die Goldplatten oder die Brille je gesehen. Smith jedenfalls produzierte das »Buch Mormon«. Es enthält die »Geschichte« der Ureinwohner Amerikas seit dem im Alten Testament beschriebenen Turmbau zu Babel bis zum Jahre 424 nach Christus. Mit seinen Anhängern gründete Smith die »Kirche Jesu Christi der Heiligen der letzten Tage«. Sie haben weltweit zehn Millionen Mitglieder, in Deutschland etwa 36 000 (124) und sind damit die größte christliche Sekte. Auch sie beruft sich auf Offenbarungen. So hat man aufgrund einer solchen Offenbarung 1838 den Namen »Mormonen« angenommen. Anno 1843 wurde, selbstverständlich auch aufgrund einer Offenbarung, die Vielehe als neue heilige Ordnung eingeführt. Dummerweise verbot sie der Staat 1862. 1890 wurde vom damaligen Mormonenpräsidenten notgedrungen die neue heilige Ordnung »sistiert«, aber nicht widerrufen. Denn eine Offenbarung kann man nicht wiederrufen, das sieht auch die katholische Kirche nicht anders. Das »Rom« oder »Mekka« der Mormonen ist Salt Lake City, Hauptstadt des Mormonenstaates Utah, der 1896 als US-Bundesstaat mit eigenen Gesetzen anerkannt wurde. Auch die Mormonen verbreiten ihren Glauben missionarisch. Sie taufen nicht nur die Lebenden, sondern auch die Toten; eine besondere Spezialität, weshalb sie umfangreiche Ahnenregister anlegen und dabei den Fortschritt der Computertechnik besonders intensiv nutzen.

Der gesunde Menschenverstand muss natürlich zu dem Schluss kommen, dass mit dem Joseph Smith etwas nicht gestimmt haben kann. Im Jahre 1985 ist ein Brief aufgetaucht, der nachgewiesenermaßen aus der ersten Hälfte des 19. Jahrhunderts stammt, und der dies bestätigt. Sein Verfasser, ein gewisser Martin Harris, beruft sich auf den Vater von Josef Smith. Jener habe erzählt, dass sein Sohn vor seinem geistigen Auge einen einfachen Feldstein in jede beliebige Gestalt verwandeln könne, oder einen Kessel voller Geld sehe, wo keines da sei (127). Das heißt, Josef war offenbar psychisch schwer gestört, ein Psychotiker. Bemerkenswerterweise sind all die »Religionsgründer«, ob sie nun Crowley heißen oder Smith oder Miller oder Russel, psychisch auffällige Gestalten; im Unterschied zu ihrem Vorbild Jesus, auf den sie sich direkt oder indirekt beziehen. Der Rabbi Jesus war – was auch immer seine Anhänger posthum aus ihm und seiner Familie gemacht haben – zwar ein höchst ungewöhnlicher Mensch, welcher der Menschheit seinen Gott nahe gebracht hat, aber eben kein »Spinner«.

Die Liebe zum Absurden

Die wenigen Beispiele von Sektengründungen, die sich auf die Bibel berufen, und ihre Geschichte lehren, dass, was immer der Mensch glaubt, in anderen Abteilungen des Gehirns zu Hause ist als das, was er bedenkt und erforscht. Die Liebe zum Absurden drückt sich auch darin aus, dass Menschen immer wieder auf allerlei Verschwörungstheorien hereinfallen. Die Wahnvorstellungen des republikanischen US-Senators Joseph McCarthy, der in den 1950er Jahren überall kommunistische Umtriebe witterte, verursachten eine Verfolgungswelle, die sich vor allem gegen Künstler und Intellektuelle im Lande richtete. Und die Wahnvorstellungen des ebenfalls republikanischen US-Präsidenten George W. Bush und seiner Clique sowie seines britischen Amtskollegen Tony Blair, der irakische Diktator Saddam Hussein verfüge über einsatzbereite Massenvernichtungswaffen – offizieller Grund für den Einmarsch Amerikas in den Irak im Jahre 2003 – überzeugten nicht nur die Bevölkerung der USA, sondern bis zum Beweis des Gegenteils größtenteils auch die westlichen Medien. Stets haben sich »böse Mächte« verschworen, um die »Guten« oder, um George W. Bush zu zitieren, die »Willigen« zu bedrohen. Im Jahre 1173 veröffentlichte der britische Benediktinermönch Thomas von Monmouth ein Buch über den Tod eines zwölfjährigen Jungen, den er absurder Weise als einen von Juden verübten »Ritualmord« – also ein irgendwie mit religiösen Ritualen in Verbindung zu setzendes Kapitalverbrechen – deutete. Die damit in die Welt gesetzte Idee fand rasch Verbreitung und war Jahrhunderte lang Begründung für Pogrome von Christen an Juden. Verschwörungstheorien finden ihre Gläubigen.

Allerdings gibt es bekanntlich auch tatsächlich Verschwörungen. Und es gibt die Methode von Verschwörern, Fakten zu verschleiern, indem sie diese als Wahnideen diskreditieren. In den USA kennt man in diesem Zusammenhang den Begriff »Martha-Mitchell-Effekt« (24): Der US-Justizminister John Mitchell wurde 1972 beschuldigt, einen Einbruch in die Wahlkampfzentrale der Demokraten im Watergate Hotel in Washington D. C. veranlasst zu haben. Seine Frau Martha informierte Journalisten mehrfach, dass ihr Mann nur ein Sündenbock sei und der eigentliche Drahtzieher der republikanische Präsident Richard Nixon. Das Weiße Haus streute daraufhin Gerüchte über ein angebliches Alkoholproblem der Martha Mitchell und unterstellte ihr Wahnvorstellungen. Später wurde der Watergate-Skandal vollständig aufgeklärt, und dabei wurde offenbar, dass tatsächlich Präsident Nixon der Drahtzieher war, und die Frau seines Justizministers die Wahrheit über die Verschwörung gesagt hatte. Auch Gerüchte über angebliche Wahnvorstellungen finden ihre Gläubigen. In Bayern wird zum Beispiel nach über hundert Jahren immer noch darüber gestritten, ob König Ludwig II. tatsächlich geisteskrank war oder nicht, und ob er als

Folge einer Verschwörung oder eines Unfalls 1886 im Starnberger See ertrunken ist.

Noch eine weitere Beobachtung zeigt die Anfälligkeit des Menschen dafür, Geschichten, die er hört, unreflektiert zu glauben. In unserer Zeit lässt das Fernsehen bei vielen Menschen Fiktion und Wirklichkeit durcheinander geraten. Knapp 60 Jahre nach seinem Tod halten elf Prozent aller Briten Adolf Hitler für eine Erfindung. Der italienische Faschistenführer Benito Mussolini wird von jedem Dritten als fiktive Figur angesehen. Dagegen sind 57 Prozent davon überzeugt, dass die Sagengestalt König Artus wirklich gelebt hat. Und mehr als 60 Prozent der befragten Briten glauben, die Schlacht von »Helms Klamm« aus dem Fantasy-Film *Der Herr der Ringe* habe sich tatsächlich ereignet. Das hat im Jahre 2004 eine Umfrage an 2069 Erwachsenen ergeben, über welche die Zeitung *Independent* berichtete (128).

Was passiert da im Kopf der ach so leichtgläubigen Menschen? Die Ebene des Verstandes und der Vernunft bildet sich in der Hirnentwicklung erst sehr spät aus und erhält nie entscheidenden Einfluss auf das Verhalten. Ich habe weiter oben ausführlich erklärt, dass dies so ist, und wie unser Gehirn arbeitet. »Ein ›normaler‹ Mensch zu werden ist eigentlich eine schwierige Sache, weil die psychische Entwicklung des Menschen sehr kompliziert ist«, betont Gerhard Roth. Man müsse bedenken »dass rund zehn Prozent unserer Mitbürger emotional schwer gestört sind«. Die Bereitschaft der Menschen, irgendwelchen Unsinn zu glauben, ist grenzenlos. Mehr als zwei Millionen US-Bürger glauben zum Beispiel, dass sie durch ihre Tätowierung intelligenter geworden sind. Das hat eine Umfrage des Marktforschungsunternehmens *Harris Interactive* ergeben (129).

Warum glaubt der Mensch so offenkundigen Unsinn? *Credo quia absurdum,* »Ich glaube, weil es widersinnig ist.« Dieser Satz wird Tertullian zugeschrieben, dem Schöpfer der lateinischen Traktatliteratur, der um 150 in Karthago geboren wurde und nach 222 starb. Gesagt hat er das nicht ganz so, sondern er formulierte die Aussage, dass Jesus, Gottes Sohn, am Kreuz gestorben und auferstanden sei und schrieb zur Erklärung: *prorsus credibile est quia ineptum est* – Es ist gerade deshalb glaubwürdig, weil es unmöglich ist. Offenbar war Tertullian ein begabter Formulierer, der mit verblüffenden Sätzen spielte. Obendrein war er erfolgreicher Jurist in Rom, mit einem Hang zum Esoterischen. Vielleicht wäre er heute BILD-Kolumnist. Tertullian beschreibt einen Sachverhalt, nämlich den, dass die religiösen Lehren den Ansprüchen der Vernunft entzogen sind oder sein sollten, erklärt aber nichts. Wer heute auf dem *Credo quia absurdum* beharrt, fragt sich dabei nicht, wozu ihm Gott den Verstand gegeben hat. Oder muss man ein Dummkopf sein, um zu glauben? Manchmal bekommt man diesen Eindruck, wenn es unerwartet klingelt und an der Haustüre zwei Gestalten stehen, die freundlich mit dem »Wachturm« wedeln.

Warum also sehen Menschen offenkundigen Quatsch als hoch sinnvoll an? Wir wissen, der Mensch sucht permanent Antwort auf die Frage: Warum? Er glaubt dann, was das Gehirn ihn glauben lässt. Wolf Singer vom Max-Planck-Institut für Hirnforschung in Frankfurt meint, dass »unser Bedürfnis, hinter Ereignissen immer Gründe anzunehmen und Aktionen Intentionalität zu unterstellen, zur Erfindung von Gottheiten führt« (130). Ich habe oben geschildert, wie wichtig die Fähigkeit ist, über die bereits die Ahnen des Menschen verfügten, sich aus unvollständigen Informationen ein Bild zu machen. Nicht von ungefähr spielen die Augen in der Kommunikation – auch zwischen Mensch und Tier – bis heute eine sehr wichtige Rolle. Muster jeder Art, also nicht etwa nur optische, zu erkennen, ist eine Grundfähigkeit des Gehirns. Das Kleinkind versucht bereits, in den Lautmustern seiner Umwelt einen Sinn zu finden. Wenn es anders wäre, könnte das Kind niemals eine Sprache erlernen. Dahinter steckt also einerseits die angeborene Suche nach dem Sinn: Und diesen Sinn, nämlich den Sinn der Worte, lernt das kleine Kind dann sehr rasch zu begreifen. Das setzt aber voraus, dass es die Fähigkeit hat, Muster zu identifizieren, zu bemerken, dass »Mama« etwas anderes ist als das spielerisch wiederholte Mamamama oder Lalalala. Der Schweizer Wissenschaftler Peter Brugger meint, aus der überdurchschnittlichen Ausprägung des Mustersehens sei der Glaube auch an den Unsinn quasi als Nebeneffekt entstanden: »Glaube an Unsinn ist der Preis, den wir für Kreativität bezahlen müssen« (131). Das heißt, die Lust zu fabulieren oder ein dogmatisches Weltgebäude zu zimmern sind beides Ausflüsse der Beschaffenheit unseres Gehirns. Es erlaubt uns freilich auch mit Hilfe unserer Großhirnrinde zu erkennen: Das ist Quatsch. Doch muss man dies sogleich relativieren. Denn das bewusste Ich ist eben nicht der Herr im Haus. Unbewusste Kräfte sind ungleich mächtiger. Im Witz lässt sich das so ausdrücken: Spaßvögel der besonderen Art haben dem Pfarrer einen Streich gespielt und seine eigene Todesanzeige aufgegeben. Der Pfarrer ist natürlich entsetzt und ruft seinen Bischof an: »Haben Sie meine Todesanzeige gelesen?« »Natürlich, mein Bester, habe ich Ihre Todesanzeige gelesen.« Nach einer Pause fragt der Bischof mit ungewohnt leiser Stimme: »Sagen Sie bitte, von wo aus rufen Sie mich an?« Es gibt allerdings auch die Variante, dass der Ungläubige sich spontan ein Bild macht, zum Beispiel vom Glauben einer Nonne: Eben eine Nonne fährt nachts mit dem Auto durch eine einsame Gegend. Plötzlich geht ihr das Benzin aus. Zu Fuß wandert sie zur nächsten Tankstelle, vergisst aber in der Aufregung, einen Benzinkanister mitzunehmen. Auch der Tankstellenwart hat keinen solchen Kanister. Er findet in seinen Räumen nur einen alten Pisspott. Den füllt er der Nonne mit Benzin. Sie geht damit fröhlich zurück zu ihrem Auto und beginnt, das Benzin einzufüllen. In diesem Augenblick kommt ein Auto vorbei. Der Fahrer hält an, kurbelt das Fenster herunter und sagt: »Ihren Glauben, Schwester, möchte ich haben!«

Mit dem Turmbau zu Babel, über den das Alte Testament zu berichten weiß, fingen die Menschen an, sich nicht mehr zu verstehen, weil sie in unterschiedlichen Sprachen redeten. Mit dem »Pfingstwunder«, von dem das Neue Testament erzählt, hörte die Sprachverwirrung auf. Die Menschen, vom Heiligen Geist erfüllt, verstanden einander wieder. Radierung aus dem Jahr 1547.

Immer wieder Pfingsten

Während im Alten Europa die christlichen Kirchen an Bedeutung für den individuellen Glauben verlieren, ist das, wie schon angedeutet, in der übrigen Welt anders. Fundamentalistische protestantische Gruppierungen breiten sich aus. Dabei spielen unter anderem die »Pfingstbewegungen« eine besondere Rolle.

Das Pfingstwunder, wie es etwa 90 Jahre, nachdem es stattgefunden haben soll, »Lukas« in seiner Apostelgeschichte erzählt, wird als Gründungsereignis der Kirche verstanden. Während sie »alle an einem Ort beieinander« waren, passierte es: Es »geschah plötzlich ein Brausen vom Himmel wie von einem gewaltigen Wind und erfüllte das ganze Haus, in dem sie saßen. Und es erschienen ihnen Zungen zerteilt, wie von Feuer; und er setzte sich auf einen jeden von ihnen, und sie wurden alle erfüllt von dem heiligen Geist und fingen an zu predigen in andern Sprachen, wie der Geist ihnen gab auszusprechen« (Apostelgeschichte 2, 2–4). Die Pfingstgeschichte ist nicht das Protokoll einer Veranstaltung, die so stattgefunden hat, sondern eine mit politischen und theologischen Intentionen verfasste Erzählung. Sie hatte verschiedene Funktionen zu erfüllen, unter anderem die, die Kompetenz der Apostel zu bestätigen, indem diese als von Gottes Heiligem Geist erfüllt präsentiert wurden. Bis heute verstehen sich die christlichen Kirchen als vom Heiligen Geist geleitet. Das soll Widerspruch ausschließen. Auch die Idee der Sukzession, das Zeichnen einer Linie von den Aposteln bis zu den heute aktiven Bischöfen, ist in diesem Sinne zu verstehen. Die Pfingstgeschichte wird in der Bibel als eine ekstatische Veranstaltung dargestellt, in der die Menschen in Trance agieren. Der biblische Verfasser selbst erwähnt die Kritik daran von außenstehenden Beobachtern, welche das »Wunder« polemisch so kommentiert haben sollen: »Sie sind voll von süßem Wein« (Apostelgeschichte 2,13).

Ekstatische Erfahrungen lassen sich ganz weltlich zum Beispiel mit Musik provozieren, wie immer wieder Rock- und Pop-Veranstaltungen unserer Zeit belegen. Das gemeinsame Musikerlebnis steigert die Gefühle bis zur Ekstase. Die Schamanen in den alten Kulturen unserer Zeit bringen sich, wie oben geschildert, durch rhythmische Musik ebenfalls in Trance; medizinisch gesehen: in einen hypnoseähnlichen, mit der Einengung des Bewusstseins verbundenen Zustand, der »die Fähigkeit des Einfühlens in fremdes psychisches Erleben und Wünschen« erschließt, vor allem bei »besonders veranlagten oder geübten ›Medien‹« (132). Und damit bin ich bei den Pfingstbewegungen. Sie kamen Anfang des 20. Jahrhunderts in den USA auf.

Im Jahre 1906 verkündete der Prediger William Joseph Seymour, Sohn schwarzamerikanischer Sklaven, in einer vormaligen Lagerhalle in der Azusa-Straße in Los Angeles seine Lehre, die eine Kettenreaktion charismatischer »Erweckungen« auslöste. Dahinter steht die Vorstellung, dass sich das Pfingstwunder jederzeit wieder, gewissermaßen auf Kommando, ereignen kann: »Zungenreden« (Glossolalie), Weissagen, Exorzismus, kurz, die archaischen religiösen Praktiken werden wieder lebendig und jetzt dem unmittelbaren Wirken des Heiligen Geistes zugeschrieben. Zungenreden ist ein »nicht verstehbares Sprechen oder Singen in Lauten, die der Sprechende als unwillkürlich hervorgebracht empfindet«, so Reinhard Hempelmann, Leiter der Evangelischen Zentralstelle für Weltanschauungsfragen in Berlin. »Es ist ein Gebet, das direkt zu Gott geht«, so verstehen es die Pfingstler – aber welcher Betende glaubt oder hofft nicht, dass sein Gebet direkt zu Gott geht? Nach eigenen Angaben haben die Pfingstgemeinden weltweit mehr als 500 Millionen Anhänger. Sie sind damit die zweitgrößte christliche Gruppe nach den Katholiken (133). Pfingstgemeinden haben sich seit dem Ende der Sowjetunion dort explosionsartig ausgebreitet, aber auch in Afrika, speziell in Südafrika, sowie in Lateinamerika und dort besonders in Brasilien. US-amerikanischen Ursprungs ist eine damit verbundene »Theologie des Wohlstands«. Wie es typisch ist für fundamentalistische Bewegungen, hat man sich ein paar Sätze aus der Bibel geholt und nimmt sie wörtlich. Im ersten Buch Mose des Alten Testaments verheißt Gott dem Abraham: »ich will dich zum großen Volk machen und will dich segnen und dir einen großen Namen machen ... in dir sollen gesegnet werden alle Geschlechter auf Erden (1. Mose 12, 2–3).« Segen bedeutete damals die Verheißung irdischen Reichtums. Die Wohlstandstheologen haben den Gedanken aufgenommen und machen daraus Maximen wie: »Gott liebt die Armut nicht«. Man kann dies positiv als Hinweis auf das Menschenrecht verstehen, frei zu sein von erniedrigender Armut. Es soll aber wohl eher den Traum der Masse vom großen Geld ansprechen und ist damit ein Propaganda-Slogan. Dafür spricht eine weitere Maxime der Wohlstandstheologen: »Sich bereichern ist keine Sünde« (134). Man könnte sich vorstellen, der Slogan »Geiz ist geil« komme auch daher, wenn man nicht wüsste, dass ihn eine Medien-Markt-Kette kreiert hat.

Wie erklärt sich das rasante Wachstum der Pfingstbewegung, der rascheste und gewaltigste Aufbruch in der gesamten Kirchengeschichte? Gotthard Oblau, evangelischer Pfarrer in Essen und Leiter des Fortbildungsprogramms »Kirche im interkulturellen Kontext« (kikk), beschreibt, dass das Wachstum der Pfingstbewegung in Lateinamerika mit dem Scheitern der kirchlichen Befreiungsbewegung (der in der katholischen Kirche Lateinamerikas in den 1960er Jahren entstandenen sogenannten Theologie der Befreiung) einhergeht: »Die Armen in ihrem täglichen Überlebenskampf lassen sich weder fromm auf den Himmel noch aufgeklärt auf die Weltrevolution vertrösten. Religiös werden sie nur dann, wenn die Religion ihnen heute, im Hier und Jetzt, Lösungen und Ergebnisse anzubieten hat« (135). Über 80 Prozent derer, die sich in Brasilien einer Pfingstgemeinde anschlössen, täten dies aufgrund erfolgreicher Heilung, das heißt, aufgrund der Erfahrung, dass ihnen das tatsächlich etwas bringe. Man müsse bedenken, dass es sich um Menschen handele, die erst von der Gesellschaft krank gemacht und denen dann von derselben Gesellschaft die Mittel zur medizinischen Versorgung vorenthalten würden: »Der brasilianische Tagelöhner, der nur selten Arbeit findet, ertränkt seine Frustrationen und Ängste in Schnaps. In einem Pfingstgottesdienst vom Heiligen Geist berührt, erkennt er seine Versklavung an den Dämon Alkohol. Durch das Gebet anderer wird er befreit. Er hört von einem Tag auf den anderen mit dem Trinken auf. Dadurch findet er wieder häufiger Arbeit. Jetzt reicht das Geld sogar für die Schulbücher seiner Kinder. Er ist gerettet – im wahrsten Sinne des Wortes. Wenn ein brasilianischer Pfingstler mit erhobenen Händen singt: ›Halleluja, ich bin gerettet!‹, dann meint er das nicht bildhaft oder jenseitig, sondern buchstäblich: Hätte nicht Gott in sein Leben eingegriffen, wäre er längst tot.«

Die Menschen erleben also, dass das, was in der Bibel als Erfahrung der Menschen vor 2000 Jahren beschrieben wurde, ihnen auch heute passieren kann. Die Gemeinschaft der Gläubigen biete denen Wärme und Unterstützung, deren grundlegende menschliche Beziehungen zerbrochen seien, so Oblau. »Alle Dinge sind möglich bei Gott«, sei eines der wichtigsten Bekenntnisse im Glauben der Pfingstler. »Das schafft Hoffnung und Durchhaltekraft im Leben aller, immunisiert gegen die Krankheiten der Armut und schafft schon dadurch die Voraussetzung zum sozialen Aufstieg aus der Misere.« Dabei beschreibt auch Oblau die zentrale Bedeutung der persönlichen Bekehrung für die Pfingstler, den Dualismus zwischen der Gemeinschaft der Heiligen, nämlich der Mitglieder der Pfingstgemeinschaft, und der bösen Welt der anderen, sowie den rigiden Moralismus. Hinzu komme der »geradezu voraufklärerisch anmutende Wunderglaube«.

X.

Fundamentalismus in einer globalisierten Welt

Der Kampf gegen das Böse

Im Jahre 724 fällte ein etwa 52 Jahre alter angelsächsischer Mönch namens Wynfrith aus dem Kloster Nhutscelle, der sich Bonifatius (Wohltäter) nannte, ein Hüne von 1,90 Meter Länge, in der Nähe von Geismar in Hessen eine Eiche, vermutlich gut bewacht dabei von Soldaten. Der Baum war dem germanischen Donnergott Donar geweiht, nachdem der Donnerstag benannt wurde. Bonifatius wollte mit diesem Sakrileg demonstrieren, dass der Christengott mächtiger sei als der Germanengott. Das Holz der den alten Hessen heiligen Eiche soll Bonifatius zum Bau einer kleinen Kapelle verwendet haben, die er dem Petrus weihte. Der Mönch machte Karriere, wurde Erzbischof und Verwalter des Bistums Mainz, wurde allerdings am 5. Juni 754 in Dokkum von heidnischen Friesen erschlagen. Bei den Friesen hatte er anno 716 zu missionieren begonnen und war damit gescheitert. Die katholische Kirche sprach ihn heilig und nennt Bonifatius den Apostel der Deutschen. Er hat in weiten Teilen Deutschlands das Christentum nach den Wünschen des Vatikans organisiert – nicht eben friedlich, wie das symbolische Axt-Anlegen zeigt, und nicht unbedingt zur Freude der Menschen, wie sein gewaltsames Ende nahe zu legen scheint. Sollte Bonifatius allerdings, was nicht unwahrscheinlich ist, einem gewöhnlichen Raubmord zum Opfer gefallen sein, wäre er also nicht als Märtyrer gestorben, dann hätte ihn die Kirche nach ihren eigenen Spielregeln zu Unrecht zu einem Heiligen gemacht.

Das Christentum breitete sich alsbald, nachdem aus der guten Botschaft (dem »Evangelium«) des Rabbi Jesus die Institution Kirche geworden war, mit Gewalt aus. Mission und Taufe machten aus der christlichen Kirche die erste global agierende Institution. Die religiösen Gemeinschaften der Juden, Christen und Muslime sind traditionell fundamentalistisch, ihre interne Struktur ist hierarchisch. Nach dem Zusammenbruch der Sowjetunion ist der religiöse Fundamentalismus auf einmal wieder gewalttätig geworden: Ultraorthodoxe Juden besetzen im Namen Gottes immer ungenierter Palästinenserland. Islamisten wehren sich dagegen und gegen alles was aus dem jüdisch-christlichen Kulturraum kommt, im Namen Allahs. Und christliche Fundamentalisten kämpfen, auch im Namen Gottes, gegen das »Reich des Bösen«, zunächst im Irak. Niemals seit den Kreuzzügen war die Welt so bedroht durch den religiösen Fundamentalismus wie in unserer Zeit.

Die Macht der katholischen Kirche auch Andersgläubigen gegenüber ist zwar nicht mehr das, was sie einmal war. Immerhin war der Vatikan aber doch mit allen Rechten Teilnehmer an der Konferenz der Vereinten Nationen zur Familienplanung in Kairo, Mitte der neunziger Jahre. Damals verbündete er sich mit den Islamisten, um eine Resolution zur Empfängnisverhütung und Abtreibung zu verhindern. Der am 2. 4. 2005 verstorbene Papst Johannes Paul II. wetterte auf seinen vielen Reisen stets gegen Pille und Kondom. Und dies in einer Welt, die an Übervölkerung zugrunde zu gehen droht. Hans Küng urteilte (116): Der Papst »dürfte deshalb mehr als jeder Staatsmann mitverantwortlich sein für ein unkontrolliertes Bevölkerungswachstum in manchen Ländern und die Aids-Ausbreitung in Afrika.«

Die protestantischen Religionsgemeinschaften müssen sich, anders als die katholischen, im Allgemeinen mit der weltlichen Macht verbünden, um ihre Macht auszuspielen. Das geschieht vor allem in den USA. Bis zu 95 Prozent der 284 Millionen US-Amerikaner bekennen in Umfragen Anfang des neuen Jahrtausends, an Gott zu glauben, nur ein verschwindend geringer Teil bezeichnet sich als atheistisch (136). Der christliche Glaube der US-Bürger ist im wesentlichen fundamentalistisch. So glauben über 80 Prozent von ihnen an die jungfräuliche Geburt Jesu, aber kaum 30 Prozent halten die Evolution für eine wissenschaftlich erwiesene Tatsache (137). Die protestantischen Fundamentalisten arbeiten denn auch nicht ohne Erfolg daran, die Schulbücher umzuschreiben, dabei die Evolutionsgeschichte als nur eine Theorie unter anderen zu diskreditieren und stattdessen der biblischen Schöpfungsgeschichte, dem *Kreationismus*, Raum zu geben. Nach einem Bericht der *New York Times* fühlten sich anno 2005 fast ein Drittel aller US-amerikanischen Lehrer unter Druck gesetzt, neben der Evolutionslehre auch die biblische Schöpfungsgeschichte als gleichwertig zu unterrichten (138). Eine kleine, aber einflussreiche Minderheit unter den Evangelikalen, die *Reconstructionists*, möchte gar eine christliche Version der muslimischen Scharia durchsetzen – wonach beispielsweise »Blasphemie« oder Ehebruch mit dem Tod durch Steinigen bestraft werden würden. Natürlich wissen sie, dass sie damit keine Chance haben, aber ihre Weltsicht machen sie durchaus deutlich. Die Frommen in Amerika schwanken zwischen Sendungsbewusstsein und Weltuntergangsstimmung. Nach dem Terrorangriff muslimischer Extremisten auf die Zwillingstürme des *World Trade Center* in New York am 11. September 2001 fürchteten 59 Prozent aller Amerikaner, dass die apokalyptischen Weissagungen der Bibel wahr würden, und 25 Prozent glaubten, in der Bibel sei der Angriff bereits vorhergesagt worden (139).

Über das Ende der Welt haben bereits die Propheten Israels nachgedacht. »Wenn die Zerstreuung des Heiligen Volkes ein Ende hat, soll dies alles geschehen«, heißt es zum Beispiel beim Propheten Daniel (12, 7). Und so haben fundamentalistische Christen und Juden die Gründung des Staates Israel als diesen Anfang vom Ende angesehen; ja noch weitergehend: Die Eroberung des ganzen »Heiligen Landes« ist für sie die Voraussetzung für das Kommen des Messias beziehungsweise für diese Christen die Voraussetzung für die Wiederkehr von Jesus Christus. Diese Spekulationen bekommen in jüngster Zeit eine eminent politische Qualität. Denn die religiöse Rechte in Amerika, die frommen protestantischen Christen also, unterstützen die Bestrebungen Israels, die besetzten Gebiete zu annektieren. Dabei geht es ihnen aber nur darum, die Wiederkehr Christi zu beschleunigen – in dem Glauben, dass dann die Juden ohnedies wie alle anderen Ungläubigen auf ewig verdammt sein werden: »Erst kehren die Juden ins Heilige Land zurück,

*Der Verfasser des biblischen Buchs der Offenbarung beschreibt die große Hure
»Babylon«: Eine Frau, bekleidet mit Purpur und Scharlach, geschmückt mit
Gold, Edelsteinen und Perlen. In der Hand hält sie einen goldenen Becher.
Sie reitet auf einem scharlachroten Tier mit sieben Häuptern und zehn Hörnern.
Illustration um 1170.*

dann fahren sie zur Hölle«, fasste es *Die Zeit* (122) zusammen. Und die pietistischen Evangelikalen in Deutschland, welche nichts Besseres zu tun haben, als Juden zu taufen, begründen das mit einem Satz aus dem Johannes-Evangelium (14, 6), in dem es heißt: »... niemand kommt zum Vater denn durch mich.« Vermutlich ist dieses Evangelium um das Jahr 90 entstanden, 60 Jahre nach Jesu Tod. Es präsentiert eine ganz eigene Anschauung von Jesus mit »Zitaten« von ihm, die zeigen sollen, dass er sich bereits selbst als Gott verstanden hat, was, historisch gesehen, keineswegs der Fall war.

Die Bilder der Apokalypse haben nicht erst seit dem 11. September 2001 in den USA zunehmend an Faszination gewonnen. In den jüngsten volkstümlichen Deutungen ist der Antichrist ein charmanter, polyglotter Europäer, der, indem er den ewigen Frieden verheißt, Generalsekretär der Vereinten Nationen wird. Deren Hauptquartier verlegt er dann prompt nach »Babylon«, das biblische Sinnbild der sündigen Welt – und heutige Hauptstadt des Irak (122).

Die katholische Kirche ist zwar die größte christliche Kirche in den USA, hat dort jedoch keinen besonders großen gesellschaftlichen Einfluss. Ihr Ansehen leidet in den letzten Jahren besonders, weil nach und nach das Ausmaß der Sittlichkeitsverbrechen von geistlichen Herren bekannt und von weltlichen Gerichten geahndet wird. Die zweitgrößte Glaubensgemeinschaft ist die *Southern Baptist Convention*, die Südlichen Baptisten. Die *United Methodist Church* ist die drittgrößte Glaubensgemeinschaft. Prominente Mitglieder sind US-Präsident George W. Bush und sein Vizepräsident Dick Cheney, die im Jahr 2003 gegen den Irak in den Krieg gezogen sind; allerdings gehören auch Bushs Vorgänger Bill Clinton und dessen Vizepräsident Al Gore zur Kirche der Vereinigten Methodisten.

Die fundamentalistisch-muslimischen Organisatoren der Terrorangriffe vom 11. September, Osama Bin Laden und sein Netzwerk al-Qaida, nennen ihre christlichen Gegner »Kreuzzügler« – in Erinnerung an die Kreuzzüge in der Zeit von 1096 bis 1291, zu denen die Päpste aufgerufen hatten. Das Motto verkündete Papst Urban II. auf einer Massenveranstaltung nach einer Synode in Clermont im Jahre 1095: »Deus lo volt!« – »Gott will es!«

Nach dem 11. September 2001 sprach US-Präsident George W. Bush wieder von »Kreuzzug«, hat diese Bemerkung allerdings später aufgrund weltweit heftiger Kritik korrigiert. Dennoch blieb er dabei, er wolle »die Welt vom Bösen befreien«.

Die Wurzeln dieser Kampfansage sind bereits weit über 2000 Jahre alt. Dabei spielt die altpersische Vorstellung eines Dualismus die entscheidende Rolle: Die Welt ist gespalten in Licht und Dunkel, den Bereich Gottes und den Satans, die im Kampf miteinander stehen. Doch gibt es über diesem Dualismus eine letzte, einheitliche Macht. Entfernung von ihr ist Entfernung vom Prinzip des Guten, Rückkehr bedeutet Erlösung – und den Weg dorthin weist das göttliche Geschenk der Erkenntnis, der sogenannten Gnosis (140). Ziel derer, die Gnosis besitzen, ist es, selbst Gott zu werden.

Jahrhunderte lang hat sich die christliche Kirche mit gnostischen Weltbildern unterschiedlicher Art »auseinandergesetzt«. Das heißt, deren Anhänger wurden verfolgt und brutal vernichtet. Im dritten Jahrhundert gründete der Perser Mani eine auf dem gnostischen Dualismus gründende neue Religion, den Manichäismus, der sich rasch im Orient verbreitete und dort erst durch den Mongolensturm im 13. Jahrhundert bedingt wieder verschwand. Mani selbst, der sich auch »Manichäus, der Apostel Jesu Christi« nannte, zog sich den heftigen Widerstand der persischen Priesterkaste zu und wurde vermutlich im Jahre 273 gekreuzigt.

Im 12. und 13. Jahrhundert verbreitete sich das gnostische Gedankengut plötzlich und rasch in den romanischen Ländern. Es entstanden die Glaubensgemeinschaften der »Neumanichäer«, die sich auch Katharer nannten oder nach der Stadt Albi im südfranzösischen Languedoc Albigenser; streng asketisch lebende Gemeinden. Von Katharer kommt übrigens das Wort Ketzer. Papst Innozenz III., im 13. Jahrhundert einer der mächtigen Herrscher im Vatikan, der im vierten Kreuzzug Konstantinopel eroberte, zettelte die sogenannten Albigenserkriege (1209–1229) an. Auf unvorstellbar grausame Weise wurden die Anhänger der Gemeinschaft großenteils ausgerottet. Im Zusammenhang mit diesem Krieg machte der Nachfolger des Innozenz, Papst Gregor IX., die Inquisition im Jahre 1232 zu einer permanenten Einrichtung. Glaubens-Vorstellungen, die sich die Menschen einmal gebildet haben, lassen sich nicht ausrotten. Die US-Präsidenten Ronald Reagan und George W. Bush haben die von ihnen propagierten Ideen vom »Reich des Bösen« und dem »Krieg gegen das Böse« nicht erfunden, sondern greifen damit altes gnostisches Gedankengut wieder auf.

George W. Bush ist nach eigenen Angaben von dem protestantischen Erweckungsprediger Billy Graham 1985 auf den »richtigen Weg zu Gott« gebracht worden. Der Reverend Billy Graham und sein Sohn Franklin Graham sind die »unumstrittenen Stars« (141) der *Southern Baptist Church*. Diese Kirche war Verfechterin der Rassentrennung und hat im neuen Jahrtausend beschlossen, Frauen vom Pastorenamt auszuschließen. Franklin Graham, der bei der Amtseinweihung von Präsident George W. Bush ein Bittgebet gesprochen hatte, predigte nach den Anschlägen des 11. September: »Der Gott des Islams ist nicht unser Gott. Es ist ein anderer Gott und ich glaube, dass dies eine üble und böse Religion ist.« Und der US-General William Boykin predigte in einer Kirche der Südlichen Baptisten: »Mein Gott ist größer als ihrer« – also größer als der Gott der Muslime (142). Die *Southern Baptists* gelten »weltweit als eine der aggressivsten Missionskirchen. Seit dem Ende des Kalten Kriegs operieren sie vor allem in Osteuropa und im so genannten 10/40 Window. Damit sind die Gebiete zwischen dem 10. und dem 40. nördlichen Breitengrad gemeint, zu denen der gesamte Nahe Osten, der indische Subkontinent und weite Teile Asiens gehören. All jene Länder also, in denen die Mehrzahl der Moslems, Hindus und Buddhisten leben« (143).

Die Südlichen Baptisten haben George W. Bushs Irak-Krieg als »gerecht« massiv unterstützt – im Gegensatz zu den übrigen Baptisten, zum Beispiel denen in Deutschland. Bush selbst glaubt, »er wurde von Gott berufen, die Nation in dieser Zeit zu führen«, so sein enger Freund, Handelsminister der ersten Amtszeit des George W., Don Evans. Von Bush selbst waren im Kriegsjahr 2003 zwei Zitate im Umlauf: »Ich weiß, was ich glaube, und ich glaube, dass das, was ich glaube, richtig ist.« Und: »Es ist nicht mein Job zu nuancieren« (144). Wie die Bushs mit den Evangelikalen Politik machen, erzählte Doug Wead, der den US-Präsidenten George Bush Senior beraten hatte: »Wir operierten verdeckt, als würden wir unter Radar fliegen ... Wir hingen völlig von den Evangelikalen ab. Aber wir hatten auch gelernt, man kann die Präsidentschaft mit diesen Leuten gewinnen.« George Bush Senior habe längst nicht immer mit den Evangelikalen übereingestimmt – »aber bei

George W. merkten sie nach fünf Minuten: Das ist einer von uns« (145). Anders als sein Vater kennt George W. Bush den Ton, auf den die christlichen Fundamentalisten ansprechen. Wen diese unterstützen, entscheiden sie zum Beispiel danach, wie die Antwort auf die folgende Frage ausfällt: »Was würden Sie dem Herrn sagen, damit er Sie in den Himmel lässt?« Bush Senior verscherzte es sich mit den Fundamentalisten, weil er die falsche Antwort gab: »Ich war ein guter Mensch und habe mein Bestes getan.« Bush Junior dagegen, vertraut mit den Phrasen der Evangelikalen, gab die richtige Antwort: »Wir sind zwar alle Sünder, aber ich habe Jesus als meinen persönlichen Erlöser angenommen« (122). Und auch mit solchen Formulierungen und entsprechenden Taten identifizierte sich George W. Bush gegenüber den Evangelikalen als einer der ihren: »Wir brauchen Richter, die verstehen, dass sich unsere Rechte von Gott herleiten« (146). Der republikanische Politiker und Innenminister unter Ronald Reagan, Donald Hodel, resümierte im Jahre 2004 (122): »Es ist eine Tatsache, dass es ohne die harte Arbeit und die Stimmen von Millionen Christen, die nicht schweigen wollten, keine republikanische Mehrheit in beiden Häusern des US-Kongresses gäbe, keine Präsidentschaft Bushs, nur wenige republikanische Gouverneure und bloß eine Hand voll Landtagsgebäude in republikanischer Hand.« Das sagte er noch vor den Präsidentschaftswahlen am 2.11.2004, bei der in erster Linie die christlichen Fundamentalisten dem amtierenden Präsidenten George W. Bush und seiner Partei den Sieg brachten.

»Beten ist Krieg, wir leben an der Front«, so verstehen die Evangelikalen in den USA ihre Existenz als »wiedergeborene Christen«, unabhängig von militärischen Auseinandersetzungen, aber diese durchaus eingeschlossen (147). Und die Evangelikalen sind keine Minderheit in den USA. Nach einer Gallup-Umfrage vor den Präsidentschaftswahlen 2004 bekannten sich 42 Prozent der US-Amerikaner als Evangelikale oder als Wiedergeborene Christen. Das evangelikale Medienunternehmen *In Touch Ministries* hat während des Irakkriegs für jeden Wochentag ein Gebet für den Präsidenten George W. Bush produziert und verteilt (148):

Montag: *Bete, dass der Präsident und seine Berater stark und mutig das Richtige tun, ohne Rücksicht auf Kritik.*

»Kreuzzügler« nennen Islamisten ihre christlichen Gegner, die, wie George W. Bush,
ihren Kampf gegen die »Achse des Bösen«, selbst als Kreuzzug bezeichnet haben.
In dieser Miniatur aus dem 12. Jahrhundert segnet oben Kaiser Friedrich I.
Barbarossa seine Söhne. Unten bahnen auf dem Marsch durch die Auen
von Save und Donau Soldaten dem ihnen folgenden Kreuzritter-Heer den Weg.

Dienstag: *Bete, dass der Präsident und seine Berater die vereinte Unterstützung des amerikanischen Volkes ebenso bekommen wie von Ländern weltweit.*

Mittwoch: *Bete, dass der Präsident, seine Berater und ihre Familien sicher, gesund, ausgeruht* (well-rested) *und frei von Angst sind.*

Donnerstag: *Bete, dass der Präsident und seine Berater bei ihrer Mission erfolgreich sind und der Weltfriede verwirklicht wird.*

Freitag: *Bete, dass der Präsident und seine Berater ihre göttliche Berufung* (divine appointment) *erkennen und in Hingabe, Gnade und Wahrheit regieren werden.*

Sonnabend: *Bete, dass der Präsident und seine Berater ihr Auge stets auf den Allmächtigen gerichtet haben und sich bewusst sind, dass Er alles kontrolliert.*

Sonntag: *Bete, dass der Präsident und seine Berater täglich Gottes Weisheit suchen und sich nicht auf eigenes Verstehen verlassen.*

Die Soldaten und ihre Opfer wurden der Fürbitte nicht wert gehalten.

Weltweite Mission

Mit der Eroberung des Iraks durch die USA und ihre Verbündeten im Frühjahr 2003 kamen auch die fundamentalistisch-protestantischen Missionare ins Land. Sie kamen im Gewand der Hungerhilfe; an vorderster Front *Samaritan's Purse*, »Das Portemonnaie des (barmherzigen) Samariters«, die Wohltätigkeitsorganisation von Franklin Graham. Das fromme Unternehmen war bereits nach dem ersten Golfkrieg von US-Präsident George Bush senior im Irak, ferner im Gefolge der Krieger im Kosovo, im Sudan und in Afghanistan. Ihren schlichten Glauben aller Welt zu vermitteln ist das Hauptziel der Fundamentalisten. Das gilt für alle diese Gruppierungen. In Deutschland ist der Glaube an Gott Privatsache. Doch die fundamentalistischen Gruppierungen, die im Lande nichts zu melden haben, ziehen auch von Deutschland aus, um die Welt zu beglücken. Nach Recherchen des *Spiegels* (149) sind etwa 8700 deutsche Missionare unterwegs, darunter rund fünftausend Evangelikale und Pfingstler sowie rund 3000 Katholiken. Die evangelisch-lutherischen Kirchen in Deutschland treiben mit 700 Leuten vorzugsweise »christlich motivierte Entwicklungshilfe ohne das Ziel, ganze Länder christianisieren zu wollen«. Auch die deutschen katholischen Missionare wollen nicht mehr, wie ihre Vorfahren, die Welt um jeden Preis missionieren.

Ein Motiv dafür, zum Christentum zu konvertieren, ist für Menschen in Entwicklungsländern, Teil der globalisierten Welt werden zu wollen. Forscher des Max-Planck-Instituts für ethnologische Forschung in Halle/Saale sind dem Phänomen nachgegangen. Die Wissenschaftlerin Christiane Falge hat sich zum Beispiel mit Angehörigen einer ethnischen Gruppierung mit nomadischer Tradition in Afrika beschäftigt, mit den Nuern. Ursprünglich waren sie im Südsudan ansässig. Bedingt durch den Bürgerkrieg leben sie nun aber auch in den Nachbarländern und weltweit verstreut. Zu 80 Prozent sind es Nichtchristen, doch mittlerweile konvertieren die Nuer in großer Zahl zum Christentum. Die erfolgreichen Entwicklungsprojekte und andere Hilfen von Angehörigen evangelischer Kirchen haben die Nuer die Erfahrung machen lassen: Die Weißen haben das Christentum gebracht, und die Weißen sind es auch, die Flugzeuge fliegen, die in den Flugzeugen Schwerverletzte abtransportieren und geheilt zurückbringen. Das muss mit ihrem Gott zusammenhängen. »Wer Christ ist, hat eine Verbindung zu diesem Gott, und Gott flößt einem Ideen für komplizierte Technologien ein. Wer an Gott glaubt, kann auch Flugzeuge bauen«, so Christiane Falge (150).

Die alte Ordnung war bestimmt vom »Propheten«, dem Hüter der religiösen Werte und kultischen Rituale, dem Heiler von Krankheiten und Befreier der von bösen Geistern Besessenen. Nun aber laufen dem Propheten die Kunden davon. Eine Folge: Die Propheten passen sich der neuen Mode an. Sie schmücken sich etwa mit großen Kreuzen. »Viele bauen auch christliche Melodien in ihre Gesänge ein oder kleiden sich modern, anstatt sich in Leopardenfelle zu hüllen«, so Falge. Es besteht eine Art Fließgleichgewicht: Wer Christ geworden sei, gehe im Fall nicht erhörter Gebete durchaus auch hin und wieder zum Propheten und umgekehrt konvertierten Propheten zum Christentum. Nach der Analyse von Christiane Falge geht es hier allerdings nicht nur um die Glaubensfrage: »Es geht auch um die Kompensation von Identitätsverlust, dem die Opfer eines jahrelangen kriegerischen Konflikts ausgesetzt sind.« Wer Christ sei, gelte als modern, entwickelt, zivilisiert.

Sichtbar werde dies an äußeren Zeichen, der Kleidung, dem Schreibstift – besonders wichtig – sowie Brille und Uhr. So zeigten die Nuer: »Wir wollen Teil der Welt sein, nicht nur unseres Dorfes«, allerdings ohne völlige Preisgabe der lokalen Kultur. Damit würden die Nuer nicht im Zustand der Opfer verharren, sondern sich selbst aus der Krise »herauskatapultieren«.

Zur Globalisierung, dem Stichwort dieses Kapitels, gehört im weiteren Sinne auch, dass man die Welt nicht mehr nur anthropozentrisch sehen kann. Schritt für Schritt haben die Kirchen zur Kenntnis nehmen müssen, dass die Erde nicht Mittelpunkt der Welt und der Mensch Ergebnis einer Evolution ist. Nun suchen Physiker seit geraumer Zeit nach Signalen außerirdischer Intelligenz. »Bei Bakterien wäre es geradezu erstaunlich, wenn die nicht auf anderen Planeten existierten«, sagte der in den USA lebende, deutschstämmige Evolutionsforscher Ernst Mayr in einem Interview aus Anlass seines hundertsten Geburtstags (151). Könnte es auch außerhalb der Erde irgendwo im Universum intelligente Lebewesen geben, die sich über Funksignale bemerkbar machen? »Dazu gehören Tausende von Schritten, jeder davon so unwahrscheinlich, dass man es insgesamt schlicht ausschließen kann«, analysiert Mayr. »Nur jemand, der das Phänomen Leben gar nicht begriffen hat, kann so etwas annehmen.« Wenn allerdings theoretische Physiker wie Gabriele Veneziano vom europäischen Forschungszentrum Cern bei Genf Recht haben, dann gab es »das Universum schon immer« – und es könnte »auch eine Epoche vor dem Urknall winzige Spuren am Himmel hinterlassen« haben, die nachweisbar sein könnten, »falls es sie gibt«: In Gestalt von Fluktuationen in den galaktischen und intergalaktischen Magnetfeldern sowie Gravitationswellen, die mit noch zu entwickelnden Detektoren ebenfalls nachweisbar sein sollten (152); Signale aus Zeiten vor aller Zeit. Damit bekäme ein altes Bild eine neue Aktualität: Bereits die Verfasser der Psalmen des Alten Testaments lobten ihren Gott »von Ewigkeit zu Ewigkeit« (Psalm 90, 2). Die Thesen der theoretischen Physiker sind hochspekulativ. Aber angenommen, diese Theoretiker hätten mit ihren Modellen Recht, dann müsste man die Frage, ob der Mensch einzigartig im Universum ist, dahingehend erweitern, ob es intelligentes Leben in früheren Welten schon einmal gegeben hat – allerdings ohne erkennbare Chance, die Frage beantworten zu können. Doch alles was möglich ist, wird, wenn dazu ewig lange Zeit zur Verfügung steht, auch verwirklicht. Im Interesse der Frommen kann man nur hoffen, dass Mayr Recht hat und es den Menschen nur auf der Erde gibt. Denn die Interpretation von Jesu Sterben als Opfertod würde noch schwieriger, wenn sich herausstellen sollte, dass es andernorts auf der Welt auch intelligente Lebewesen, gar spirituell begabte, geben oder gegeben haben sollte. Sind oder waren sie auch von einer Erbsünde belastet und des »Opfertodes« eines Gottessohnes bedürftig (gewesen)?

Auch hier ist es nicht der Sachverhalt, der Probleme bereiten müsste; nämlich dass Jesus, der den Menschen einen sie liebenden Gott verkündet hat, am Kreuz gestorben ist. Vielmehr ist es die Interpretation dieser Fakten, sind es die dabei entstehenden Bilder, die zu akzeptieren den Menschen unmöglich wird, die nicht zum Opfer ihres Verstandes bereit sind. In jüngster Zeit hat unter einzelnen deutschen protestantischen Theologen ein Nachdenken darüber eingesetzt. »Die Sühneopfertheologie ist auch im Blick auf den geschichtlichen Wandel der Gottesvorstellungen anachronistisch.« So formuliert es Klaus-Peter Jörns, bis zu seiner Emeritierung Professor für Praktische Theologie und Leiter des Instituts für Religionssoziologie in Berlin (153). Jörns fordert unter anderem, »Abschied« zu nehmen »vom Verständnis der Hinrichtung Jesu als Sühneopfer und von dessen sakramentaler Nutzung in einer Opfermahlfeier«. Und der Bischof von Berlin-Brandenburg und Ratsvorsitzender der Evangelischen Kirche in Deutschland (EKD), Wolfgang Huber, sagte am 23. April 2004 vor der Synode seiner Landeskirche (153): »Ich persönlich habe die Vorstellung, Gott sei auf ein Menschenopfer angewiesen, um den Menschen sein Heil zuteil werden zu lassen, mit meinem Glauben an Gottes Güte nie vereinbaren können.«

Der Kampf um Marktanteile

Man kann die Angebote der frommen Institutionen auch aus einem völlig anderen Blickwinkel als bisher anschauen, nämlich mit den Augen der Ökonomen. Dabei kommt man zu überraschenden Erkenntnissen. Den Anfang damit machte 1963 der US-amerikanische Religionssozio-

loge Peter L. Berger (154). Seither analysieren die einschlägig arbeitenden Wissenschaftler *religious economics*, den religiösen Markt.

Aus der Waschmittel- oder der Zigarettenwerbung weiß man, dass je
geringer die Unterschiede der Produkte sind, desto größer die Notwendigkeit ist, eben diese minimalen Unterschiede zu betonen. Deshalb
legt jedes Unternehmen Wert auf die *corporate identity*, und sei es, dass
die Briefköpfe oder Visitenkarten einheitlich gestaltet sind. Minimale
Differenzen werden als besondere Unterscheidungsmerkmale bewusst
betont. Solche Beobachtungen gelten auch für Religionsgemeinschaften.

Am Beispiel der hochentwickelten Religionsmärkte Nord- und Süd-
amerikas lässt sich zeigen, dass »eine zunehmend größere Zahl von
Konsumenten ganz harte Religionsprodukte bevorzugt«. Das weiß der
protestantische Münchner Theologe Friedrich Wilhelm Graf, der sich
auf entsprechende Studien in den USA bezieht (155). Dort, so Graf, gehörten die alten protestantischen *main line churches* zu den Verlierern.
Gewinner seien dezidiert konservative Anbieter der »religiösen Rechten«. Analoges lasse sich in Lateinamerika beobachten, wo die katholische Kirche viele Mitglieder an charismatische Gruppen und Sekten
verliere. Ich habe oben schon auf die Pfingstgemeinden hingewiesen.
Der große Erfolg solcher Gemeinschaften lasse sich so erklären, dass
»harte Religionen den Konsumenten sehr viel bieten«: Indem sie hohes
religiöses Engagement, enge Gemeinschaft, strenge moralische Nor-
men und erhebliche Finanzmittel forderten, würden sie den Gläubigen
»in pluralistischer Unübersichtlichkeit und verängstigender Unsicher-
heit eine starke, stabile Identität, krisenresistente Welt- und Zeitdeu-
tung, geordnete Familienstrukturen und dichte Netzwerke der Solida-
rität« bieten. »Im Himmel ihres autoritären Vatergottes herrschen die
klaren Verhältnisse unumstößlich evidenter Wahrheit, die im Diesseits
schon antizipiert werden.« Und wie die alten und neuen Religions-
kriege beweisen, trifft dies, so Graf, »auch für Religionen und Konfessionen zu: Keine starke Identität ohne klares Feindbild«.

Ähnlich wie in der Wirtschaft üblich, offerieren auch »religiöse Sinn-
unternehmen« (Graf) ihren Kunden nicht nur Glaubensgewissheit und
Hoffnung für das Jenseits, sondern, so Graf, sie »verbinden die Ver-
marktung der traditionellen kirchlichen Sinnprodukte und Seelen-

dienstleistungen – Wortverkündigung und Sakramente sowie Kasualien: Kommunion, Konfirmation oder, im jüdischen Fall, Bar Mizwah, und Trauung und Beerdigung – zunehmend mit einer Ausweitung ihrer Produktpalette und Serviceangebote«. Die klassische Seelsorge werde durch klientenspezifische Beratungsdienste ausgebaut und professionalisiert, gottgebotene Nächstenliebe werde in sozialdiakonischen Assistenz- und Betreuungsangeboten institutionalisiert, und um der Pflege ihres religions- und konfessionsspezifischen symbolischen Kapitals willen gingen Religionsanbieter aggressiv auch in die Bildungsmärkte hinein, um in ihren Kindergärten, Schulen und Hochschulen Kunden mit hoher Unternehmenstreue heranzubilden. »Die ausgeprägte Kundenorientierung diverser Dienstleister auf Religionsmärkten zeigt sich auch darin, daß sie nach der Seele des Menschen zunehmend seinen Leib entdeckt haben: In Bildungswerken der römisch-katholischen Kirche oder in protestantischen Einrichtungen werden Schnupperkurse für spirituelles Atmen, Yoga-Übungen und Praxisseminare für sensible Massagetechniken angeboten.«

Sowohl die Newcomer als auch die altehrwürdigen Kirchen kämpfen um Gehör in einer Welt, die außerhalb ihrer »Kerngemeinden« immer weniger auf sie hört. In Deutschland bemühten die Zeugen Jehovas jahrelang die Gerichte, um durchzusetzen, dass sie rechtlich nicht als Sekte bewertet sondern als Kirche anerkannt werden. Das hätte erhebliche Konsequenzen – zum Beispiel könnten die Bibeltreuen dann in den Aufsichtsorganen des öffentlich-rechtlichen Rundfunks und Fernsehens vertreten sein. In Berlin als erstem Bundesland hatten sie schließlich Erfolg mit ihren Klagen. Am 24. März 2005 billigte das Berliner Oberverwaltungsgericht der Glaubensgemeinschaft den Anspruch auf den Status einer Körperschaft des öffentlichen Rechtes zu, ohne eine Revision dagegen zuzulassen. Ähnliches versuchen die Scientologen. »Mit Scientology sind die alten Fragen nach der Unterscheidung von politisch legitimer und bürgerlich illegitimer Religion auf die politische Agenda der europäischen Gesellschaften zurückgekehrt. Kann der weltanschaulich neutrale Rechtsstaat noch seine Neutralitätsfiktion wahren, wenn er darüber entscheidet, wer im religiösen Feld als Religionsanbieter agieren darf?«, fragt Friedrich Wilhelm Graf (155).

Im Kampf um Marktanteile spielen Symbole eine wesentliche Rolle.

Die beiden großen Kirchen und ihre Fürsprecher haben zum Beispiel vergeblich durchzusetzen versucht, dass der Entwurf für eine europäische Verfassung Bezug auf Gott und die christlichen Wurzeln Europas nimmt. Am 10. August 1995 veröffentlichte der 1. Senat des Bundesverfassungsgerichts das sogenannte Kruzifix-Urteil. Danach verstößt die staatlich angeordnete Anbringung eines Kreuzes oder Kruzifixes in den Unterrichtsräumen einer staatlichen Pflichtschule, die keine Bekenntnisschule ist, gegen das Grundgesetz, in dem es heißt: »Die Freiheit des Glaubens, des Gewissens und die Freiheit des religiösen und weltanschaulichen Bekenntnisses sind unverletzlich.« Mit diesem Urteil versucht das höchste deutsche Gericht, in einem Staat, in dem Anhänger unterschiedlicher oder gar gegensätzlicher religiöser und weltanschaulicher Überzeugung zusammenleben, die freiheitliche Koexistenz zu gewährleisten. Denn seit dem 11. August 1919 ist die Trennung von Staat und Kirche geltendes Verfassungsrecht in Deutschland. Der Anlass für die Verfassungsrichter: Im oberpfälzischen Fischbach hatte der Frührentner Ernst S. daran Anstoß genommen, dass seine Tochter im Unterricht in der Grundschule mit »diesem Leichnam« – einem 80 Zentimeter hohen Kruzifix mit dem Körper des leidenden Jesus – konfrontiert sei.

Die Bayerische Staatsregierung, die katholische Kirche und die CSU reagierten seinerzeit heftig: Einen »Bruch mit der Verfassungstradition« beklagte Ministerpräsident Edmund Stoiber. Das Urteil rüttele »an den Grundfesten unseres demokratischen, abendländischen Staates«, wetterte Kultusminister Hans Zehetmair. Das Katholische Büro, das als politisches Sprachrohr der Bischofskonferenz gilt, sowie das Landeskomitee der Katholiken in Bayern meinten, das Urteil der Verfassungsrichter lasse »die verfehlte Tendenz einer staatlich verordneten Religionslosigkeit erkennen«. Die evangelisch-lutherische Landeskirche sah das ganze lediglich »mit Bedauern«, doch sei dies nun mal eine Entscheidung des Staates. Tatsächlich gab es aufgrund des Urteils in Bayern im ersten Jahr nach dem Urteil 13 Konfliktfälle, von denen sechs gütlich beigelegt wurden, in sieben Fällen wurde das Kreuz abgehängt. Seither wurden keine weiteren Konfliktfälle mehr bekannt.

Das heißt, die Sache ist den Menschen gar nicht so wichtig. Den Repräsentanten der Institutionen ging es darum, für ihre potenziellen

Wähler sichtbar Flagge zu zeigen. Unter den weniger Kirchenfrommen freute man sich an einem Witz: Wenn Jesus seinerzeit nicht am Kreuz gestorben, sondern etwa ertränkt worden wäre, würden dann heute überall dort, wo jetzt das Kreuz hängt, kleine Aquarien stehen?

Am 24. September 2003 entschied das Bundesverfassungsgericht, dass die Bundesländer muslimischen Lehrerinnen das Tragen eines Kopftuchs verbieten dürfen, wenn sie per Gesetz »das zulässige Ausmaß religiöser Bezüge« neu regeln. Das Tragen des Kopftuchs ist freilich für muslimische Frauen nicht allein Ausdruck ihres Glaubens. Die Publizistin Alice Schwarzer schrieb (156): »Seit einem Vierteljahrhundert ist der Schleier der Frauen die Flagge der islamistischen Kreuzzügler. Er ist das Symbol für Separierung. Zeit also, endlich Schluss zu machen mit der gönnerhaften Pseudotoleranz und anzufangen mit ernsthaftem Respekt vor allem für die Millionen Musliminnen und Muslime, die von dem Terror aus dem eigenen Lager noch bedrohter sind als wir.« In Karlsruhe hatte die aus Afghanistan stammende und in Saudi-Arabien zum Kopftuch bekehrte Lehrerin Fereshta Lubin dagegen geklagt, dass das Land Baden-Württemberg sie nicht als Lehrerin einstellen wollte. Die Landesregierung hat ihre Meinung bis heute nicht geändert und die Grundlage für diese Entscheidung, wie vom obersten Gericht gewünscht, in einem Gesetz festgelegt.

Friedrich Wilhelm Graf sieht »Die Wiederkehr der Götter« so, dass die neuen Anbieter auf dem religiösen Feld der Gegenwart von New Age bis zum neuen Okkultismus »starke Anleihen im spezifisch christlichen symbolischen Kosmos machen«. Es seien aber auch die Kirchen selbst, die für eine Trivialisierung der religiösen Symbole sorgten, etwa indem sich die katholische Kirche als »Medienreligion einer papalen TV-Ikone« (Graf) vermarktet. Gemeint ist Johannes Paul II. im Leben, im Sterben, und über den Tod hinaus.

Aussteiger

Aussteigen geht nicht. So lehrt bereits das Alte Testament. Der Prophet Jona hat es versucht. Er sollte der gottlosen Stadt Ninive den Untergang predigen, wollte aber nicht und verdrückte sich auf ein Schiff. Das geriet in einen üblen Sturm – ein Gotteszeichen, wie die Besatzung annahm. Um sich zu retten, warf sie Jona auf dessen selbstloses Angebot hin aus dem Schiff ins Meer, worauf sich dieses sofort beruhigte. Dann kam ein großer Fisch und verschlang den Propheten. Nach drei Tagen und Nächten lenkte Jona ein, und der Fisch spie ihn aus. Jona ging zu den Herren von Ninive und verkündete ihnen weisungsgemäß ihr nahes Ende. Die Herren wurden erfolgreich reumütig, und der prophezeite Untergang fand nicht statt. Jona allerdings war sauer und klagte seinem Gott: Hab ich's doch gewusst, dass Du so langmütig bist. Von weiteren Aussteigeversuchen des Propheten wurde nichts bekannt.

Die Geschichte ist vermutlich nicht aufgeschrieben worden, um Aussteiger abzuschrecken. Sie zeigt aber etwas, das Aussteiger aus allen fundamentalistischen Gruppen unseres Kulturkreises, so sehr sie sich voneinander unterscheiden, auch heute erleben: Kein Gott gibt ihnen mehr Halt – und keine Familie. »Du bist nicht mehr unser Sohn, der

Der Prophet Jona weigerte sich zunächst, der Stadt Ninive ihren Untergang zu prophezeien. Von einem Fisch verschlungen, gab er nach, und der Fisch spie ihn wieder aus. Die Darstellung stammt aus dem 15. Jahrhundert.

Teufel hat deine Seele genommen.« Diese Erfahrung mit den eigenen ultra-orthodoxen Eltern machte der junge Abraham Teitelbaum; einer der jugendlichen Aussteiger in Israel, denen der Verein »Hillel« hilft (157). Damit es gar nicht erst so weit kommt, dass jugendliche Mitglieder davonlaufen, droht im »Apostelbezirk« Nordrhein-Westfalen der Neuapostolischen Kirche 1988 ein »Onkel Klaus« den jungen Leuten: »Im Laufe der Zeit kommt der Teufel immer öfter und immer stärker, um Euch etwas anderes einzuflüstern, als was der himmlische Vater durch seine Knechte sagt. Der Teufel will Euch vor allem dazu bringen, mehr den Verstand als den Glauben einzusetzen. Vorsicht!« (158). Seit ihrer mit Hilfe der britischen Polizei gelungenen Flucht aus »Sea Org« in Saint Hill im englischen Sussex, einer Elite-Organisation der Scientologen, lebt »Tanya« versteckt mit falscher Identität, weil sie sich bedroht fühlt. Ihr Vater gehört weiter der Sekte an. Tanya: »ich glaube nicht, daß er jemals wieder mit mir reden wird« (159). Den berühmtesten Aussteiger aus der weltlichen Glaubensgemeinschaft der Kommunisten Stalinscher Prägung, Leo Trotzki (Deckname von Leib Bronschtein), führend an der russischen Oktoberrevolution von 1917 beteiligt und Schöpfer der Roten Armee, ließ der Diktator Josef Stalin 1940 durch seinen Geheimdienst im mexikanischen Exil ermorden.

Aussteigen geht nicht: Ich habe bereits von unserem Kinderglauben gesprochen. Johann Wolfgang Goethe lässt seinen Doktor Faust vor der radikalsten Form eines Ausstiegs, dem Selbstmord, zurückschrecken, weil in dem Augenblick, als er Gift nehmen will, die Osterglocken läuten und bei ihm Erinnerungen wachrufen: ... *an diesen Klang, von Jugend auf gewöhnt, / Ruft er auch jetzt zurück mich in das Leben*. Denn: *Erinnrung hält mich nun mit kindlichem Gefühle / Vom letzten, ernsten Schritt zurück*.

Aus »kindlichem Gefühl«, denn von Kindheit an gewohnt, gehen in Deutschland die Menschen am Heiligen Abend in die Kirche, auch wenn sie das sonst das ganze Jahr über nicht tun. Das Gefühl, ein Stück Heimat verloren zu haben, bedrängt auch die Aussteiger, nachdem sie den Schritt vollzogen haben, und lässt sie darunter leiden, nicht mehr dazu zu gehören – selbst wenn sie genau wissen, dass sie ihre Glaubensgemeinschaft verlassen mussten, um frei atmen zu können.

In einer christlich geprägten Kultur haben sich den Menschen die alten Bilder tief eingeprägt und geben ihnen Halt. Dies ist die älteste Darstellung der Auferstehung Christi aus einer Zeit, als die Ideen der Alchemie spirituell orientierte Menschen bewegten. Die rechte Hand wird hier Mars zugeordnet, die linke der Sonne, der rechte Fuß Saturn, der linke dem Mond, die Kopfwunden dem Merkur, die Seitenwunde Jupiter und die übrigen Wunden am Körper der Venus. Das Bild stammt aus dem 14. Jahrhundert.

Die Entscheidung zum Ausstieg ist, so sehen es ehemalige Zeugen Jehovas, ein Prozess, dem eine längere Phase vorausgeht, in welcher der Austrittsgedanke reift (160). Die »Weltanschauungsbeauftragte« der Nordelbischen Evangelisch-Lutherischen Kirche, Gabriele Lademann-Priemer, beobachtete: »Es gibt einen Moment, in dem sich schlagartig der Nebel lichtet. Den Menschen wird urplötzlich bewusst, dass es innerhalb der Gruppe einen krassen Widerspruch zwischen Anspruch und Wirklichkeit gibt. Viele verarbeiten das zunächst als Traum, den jeder kennt: die Flucht und Angst vor dem Schwarzen Mann. Wenn sich diese Träume wiederholen, merken die Leute, dass sie sich entscheiden und ihre Lebenssituation ändern müssen« (161). Lademann-Priemer hat ihre Erfahrungen in Deutschland unter Anhängern neuer Psychogruppen gemacht, mit jeweils nur einer kleinen Anzahl von Mitgliedern und entsprechend noch stärkerer Gruppenkontrolle. Dort fänden sich »Menschen mit höherer Bildung, die offen sind für Psychogruppen und spirituelle Angebote. Nach meiner Erfahrung sind es vor allem diejenigen, die einiges von Psychologie wissen, sich mit theoretischen Grundzügen beschäftigt haben. Aber – und das ist das Fatale – nicht genug wissen, um sich gegen unberechtigte Zumutungen abgrenzen zu können. Denn die kommen garantiert – und meist sehr schnell.«

XI.

Der private Glaube

Wechselnde religiöse Moden

Während der Einfluss der Kirchen auf die Menschen vor allem in Deutschland im letzten Drittel des 20. Jahrhunderts rapide zurückging, entwickelte sich ein privater Glaube. In der alten Bundesrepublik fiel auf fruchtbaren Boden, was in den 1960er Jahren zunächst in Kalifornien als *New Age* (Neues Zeitalter)-Bewegung entstanden war. Der Göttinger Wissenschaftler Franz Walter beschreibt, was in alten Bundesrepublik passierte (119): »Die deutschen Mittelschichten kritisierten heftig den Papst und griffen begierig auf die literarischen und therapeutischen Angebote der New-Age-Produktion zurück. Die deutsche Mitte, vor allem ihr akademischer und weiblicher Teil, flüchtete aus den Sakristeien in das fernöstlich inspirierte Fastenseminar, in die Transzendentale Meditation, in den schamanischen oder buddhistischen Kurs, in die Esoterik. Heraus kam so etwas wie eine individualisierte Religion, kamen privat zusammengestellte und eigenhändig zubereitete Sinn-Menüs aus verschiedenen religiösen und heilsversprechenden Zutaten. Die neue bundesrepublikanische Mitte bediente sich vor allem in den 1980er Jahren aus dem ungeordneten Kramladen der Weltreligionen und Therapieschulen, nahm jeweils das experimentell mit, was gerade einleuchtend klang und wechselte es kurzerhand aus, wenn es nicht das hielt, was es ursprünglich zu versprechen schien.«

Die Ende der 1950er Jahre in Michigan als Tochter eines Automechanikers geborene Louise Veronica Ciccone nannte sich später Madonna, denn sie war gut katholisch, und wurde zu einem weltweit berühmten Popstar. Ihr ältestes Kind nannte sie Lourdes, nach dem südfranzösischen Dorf, in dem, wie schon erwähnt, 1858 der damals 14jährigen Bernadette Soubirous die »Madonna«, also Maria, die Mutter Jesu, erschienen sein soll. Auch Pop-Stars haben das Recht, nach geistiger Orientierung zu suchen. Das jeweilige Ergebnis erfährt dann alsbald die ganze Welt, denn in unserer Zeit hat ein Popstar kein Privatleben; und wenn er eines hat, dann hat er zusätzlich ein weiteres Leben, das er für die Öffentlichkeit inszeniert.

Madonna also löste sich später vom Katholizismus, interessierte sich zunächst für fernöstliche Heilslehren und fand dann in dem 1968 von einem ehemaligen Versicherungsagenten, Philipp Berg, gegründeten *Kabbalah Learning Center* in Los Angeles eine neue geistige Heimat; gemeinsam mit Zelebritäten wie Elisabeth Taylor, Mick Jagger oder Barbra Streisand. Kabbala nennt man eine im 13. Jahrhundert entstandene jüdisch-mystische Geheimlehre. Die moderne Variante verbindet Elemente dieser alten Lehre und fernöstliche Vorstellungen wie denen einer Seelenwanderung mit modernen ökologischen und feministischen Gedanken. Anno 2003 spendeten Madonna und ihr Ehemann Guy Richie über fünf Millionen Euro, um in London eine weitere Filiale der Kabbalah-Gemeinschaft zu gründen. Ihren Namen aus der katholischen Lebensphase legte Madonna ab um sich stattdessen nunmehr Esther zu nennen. So hieß die legendäre Frau des Ahasveros, »der König war vom Indus bis zum Nil« wie es in dem dieser Frau gewidmeten biblischen Buch *Esther* heißt. Esther war eine Jüdin, die gegenüber ihrem Gemahl, dem König, erfolgreich für ihr Volk eintrat. Die neue Esther, vormals und als Markenzeichen auch weiterhin Madonna, beschrieb ihre neue Erkenntnis so: »Kabbala half mir zu verstehen, dass es etwas dem Menschen Übergeordnetes gibt. Wenn du dich nicht nach den Regeln des Universums richtest, bringst du Chaos in dein Leben« (162). Esther-Madonna wird die Welt gewiss auch ihre weiteren Erkenntnisse wissen lassen.

Anfang des neuen Jahrtausends gibt es viele Menschen, die sich weder zur Spaßgesellschaft der 1990er Jahre zählen, denn sie finden unsere

Welt nicht so spaßig, noch die Erfahrung machen, dass sich »Leistung lohnt«. Oft ist ihre persönliche Leistung gar nicht gefragt, oder sie sehen sich nicht in der Lage, sie zu erbringen. Solche Menschen fühlen sich wohl angesprochen, wenn ihnen jemand sagt: »Es ist, wie es ist, und so ist es gut«. Oder: »Nichts, was du machst, ist falsch.« Oder: »Du bist du. Du bist einzigartig.« Sie spüren »Energie«, die sie »durchfließt«, wenn sie zum Beispiel gemeinsam mit Hunderten anderer Menschen das Erlebnis haben, zehn Minuten lang gemeinsam zu schweigen und Stille wahrzunehmen. In einer Welt totaler Musikberieselung ist dies heutzutage tatsächlich eine bemerkenswerte Erfahrung. Die Wanderprediger des spirituellen »Erwachens« im 21. Jahrhundert berufen sich auf andere »Erwachte« in der Menschheitsgeschichte, Jesus, Buddha und Laotse sowie die hinduistischen Lehrer, gründen aber keine Sekten. Sie verlangen nicht, dass sich ihre Kunden dem mühsamen Prozess spirituellen Reifens unterziehen, und zumindest einige haben diesen wohl auch selbst nicht durchgemacht, wie die von ihnen verkündeten Platitüden nahe legen, zum Beispiel auf einer Esoterik-Messe in München erlauscht: »Spürens mal nach innen herein, da san so unglaubliche Dinge, dass ma net mitm Verstand dabei sein sollt.« Oder: »Wir kreieren weltweit eine neue Energie. Im letzten Jahr hat sich ein Shift (eine Verschiebung) vollzogen, die Menschen werden klarer. Sie wollen erwachen. Nur wenn alle erwachen, können wir den Planeten retten« (163). Der Gedanke des Erwachens, des Wachseins entstammt als Bild der Bibel und findet sich auch in manchen Kirchenliedern (zum Beispiel »Wachet auf, ruft uns die Stimme« aus dem Jahre 1599). Die Nationalsozialistische Pseudoreligion hat daraus das als Drohung gegen die Juden zu verstehende »Deutschland erwache!« gemacht. Inzwischen geht es wieder individueller zu. Aber nichts ist neu auf diesem Feld, nur die Verpackung ändert sich und der Grad der Verdünnung der alten Weisheitslehren.

Vieles hat sich als Mode erwiesen, die kommt und geht. Und die Moden wechseln immer schneller. In den 1960er Jahren wurde das *New Age* ausgerufen. Der Name war bereits im 19. Jahrhundert Titel einer Zeitschrift von Freimaurern. Jetzt machte man Anleihen bei der Astronomie beziehungsweise der Astrologie: Weil die sich um sich selbst drehende Erde wie ein Kreisel Präzisionsbewegungen ausführt, das heißt, die Erdachse sich in einer Kreisbewegung alle 25 800 Jahre einmal um sich selbst dreht, durchwandert der »Frühlingspunkt«, der Ort, an dem uns die Sonne im Frühling am Himmel scheint, in diesem Zeitraum alle Sternbilder des Tierkreises. Vor 2000 Jahren lag der Frühlingspunkt im Sternbild Widder. Heute liegt er beim Sternbild Fische und erreicht demnächst den Wassermann. Da jedoch alle Sternbilder zahlreiche Sterne umfassen, kann man auch sagen, der Wassermann ist bereits erreicht worden. Und so ist mit dem *New Age* das Zeitalter der Frühlings-Sonne im Sternbild Wassermann, das Zeitalter des Wassermanns, ausgerufen worden. Mehr Demokratie, in Verbindung mit Spiritualität, ein Gefühl für Ganzheitlichkeit aber auch für ökologische Zusammenhänge waren die damit verbundenen Hoffnungen. Aber auch die »Zeitalter« kommen und gehen rasch und richten sich nicht mehr nach dem kosmischen Rhythmus. Nach dem *New Age* wird bereits das *Next Age* propagiert. Die Intellektuellen reden im Gegensatz zu den Astrologiefreunden nicht mehr von wechselnden Zeitaltern sondern vom Paradigmenwechsel. Das ist ein Begriff des amerikanischen Physikers und Wissenschaftstheoretikers Thomas Samuel Kuhn aus den 1960er Jahren. Kuhn versteht unter Paradigma die gesamte Konstellation von Überzeugungen, Werten, Verfahrensweisen, die von einer Gemeinschaft geteilt werden. Ein Wertekanon, der sich nicht langsam, sondern nach Kuhn sprunghaft ändert – im Paradigmenwechsel. Vielleicht kann man sagen, dass wir nach dem Zeitalter des Kalten Krieges nun im Zeitalter des Fundamentalismus angekommen sind.

In den 1960er Jahren haben nach Orientierung suchende Menschen The New Age ausgerufen, das Zeitalter des Wassermanns. Der Tierkreis, hier eine Darstellung des Wassermanns aus dem 12. Jahrhundert, war auch in den romanischen und gotischen Kathedralen Frankreichs ein beliebtes Thema.

Die Antworten sind nicht immer neu, manchmal uralt, jedenfalls oft unbefriedigend, die Fragen aber bleiben. Denn der Mensch hört nicht auf, nach dem Warum zu fragen und nach dem Sinn in seinem Leben zu suchen. Dabei gibt es freilich immer wieder die Gegenbewegung der jungen Leute, die das Fragen satt haben, weil sie meinen, dass es doch nicht weiter helfe (»Leben Sie, wir kümmern uns um die Details,« heißt denn auch folgerichtig ein Bank-Werbespruch). Die Konservativen in der katholischen Kirche setzen auf solche fraglos fröhlichen Frommen. Wer solche ganz in sich ruhenden Menschen erlebt, ob sie nun fröhlich sind oder traurig – zum Beispiel bei den Feiern für den verstorbenen Papst Johannes Paul II. – ist davon durchaus beeindruckt. Fraglos glücklich zu sein ist natürlich schöner als auf der Suche zu sein und voller Zweifel.

Glauben an das Glück auf Rezept

Krankheit und Leid galt in der christlichen Kultur immer als von Gott geschickt und der Gläubige war gehalten, es geduldig zu ertragen. In unserer Zeit kann davon nun überhaupt nicht mehr die Rede sein. Viel eher lässt sich ein Anspruch auf Gesundheit und Makellosigkeit ausmachen. Zum Individualglauben gehört es, an das Glück auf Rezept zu glauben.

Aus den USA kommt die Idee, dass sich der Mensch frei von biologischen Zwängen entwickeln können müsse. Während Doping, obwohl es sich in Amerika wenig gebremst ausbreitet, unter Sportlern allmählich weltweit geächtet wird, wollen sich die *Transhumanisten*, die sich nach ihrer Zeitschrift *Extropy* (im Gegensatz zu *Entropy*, dem physikalischen Maß irreversiblen Zerfalls) auch *Extropianer* oder *Extropisten* nennen, nicht durch bioethische Debatten einschränken lassen und hoffen insbesondere auch auf neue Möglichkeiten der Genetik. Max More, einer der Ideologen in Los Angeles, sagt: »Für uns Extropianer und andere Transhumanisten ist das Menschliche eben nicht genug, wir wollen mehr als menschlich sein – wir wollen die Menschheit überwinden. Die besten Eigenschaften der Menschen behalten, aber andere weiter ausbauen« (164). Gegenüber den Transhumanisten würden gewöhnliche

Sterbliche künftig »so unterentwickelt sein, dass sie so etwas wie unsere Haustiere sind«. Mit der Idee des Übermenschen hat im 19. Jahrhundert bereits der Philosoph Friedrich Nietzsche gespielt – und ist im Wahnsinn geendet. Als Übermenschen fühlten sich ohnedies die Nationalsozialisten. Allerdings sind seither die Möglichkeiten von Wissenschaft und Technik größer geworden, und die Extropianer setzen ihre Hoffnungen auf eine Existenz über den Tod hinaus nicht auf einen Gott oder die Wiedergeburt, sondern auf den technischen Fortschritt. Seit geraumer Zeit lassen sich Transhumanisten nach dem Tod tiefgefrieren, in der Hoffnung, der technische Fortschritt werde ihnen die »Auferstehung des Fleisches und das ewige Leben« – wie es im christlichen Glaubensbekenntnis heißt – mit medizinischen Mitteln ermöglichen. »Wenn jemand sterben will aus religiösen Gründen oder einfach so sterben will – meinetwegen«, sagt Natasha Vita-More, die Ehefrau von Max More. »Aber für uns, die wir keinen Hang zum Tod haben, weil wir nicht an ein Leben danach glauben: Ich kann dem nichts abgewinnen, und ich will das nicht. Ich will nicht sterben.« 1998 wurde die *World Transhumanist Association* (WTA) gegründet. Im selben Jahr entstand in Deutschland der transhumanistische Verein »De:Trans«, dessen Vorsitzender der Bonner Mathematik- und Biologiestudent Torsten Nahm wurde.

Unsterblichkeit, oder »relative Unsterblichkeit«, wie Nahm das nennt, erhoffen sich Leute wie er von der Verbindung des menschlichen Gehirns mit dem Computer; das Uploading, die Übertragung von Informationen aus dem Gehirn auf einen Mikrochip. »Für Transhumanisten ist das Gehirn nichts anderes als ein hochkomplexer Computer«, sagt Nahm (165), ohne zu berücksichtigen, dass die Gehirnforscher, wie oben beschrieben, das Gehirn längst nicht mehr als einen Computer betrachten. Dennoch spekuliert Max More: »In der Zukunft wird es uns ziemlich komisch vorkommen, dass wir zum Denken lieber diesen Klumpen Fleisch benutzt haben und kein höherwertiges Material.« Natürlich spielt in den Bildern, die sich die Transhumanisten von der Zukunft machen, neben dem Computer auch die Weltraumfahrt und die Hoffnung auf außerirdisches Leben eine Rolle. Nahm: »Die Erforschung des Weltraums wird aufgrund der gigantischen Distanzen besonders von den transhumanistischen Technologien profitieren. Ein

Beispiel: Als Upload kann ich die vielen Jahre oder Jahrzehnte einer interstellaren Reise in Sekunden überbrücken, indem ich einfach meine Gedankenprozesse vorübergehend einfriere, vergleichbar mit dem Stand-by-Modus eines Computers. Ich könnte sogar 1000 Kopien von mir machen, die jeweils ein anderes Sonnensystem erforschen, und nachher alle ihre Erfahrungen wieder zu einer Person zusammenschmelzen lassen.« So »einfach« geht das, meint Torsten Nahm. Auch die Weltbilder der Naturwissenschaftler repräsentieren das Wissen der Zeit, und weil dieses Wissen immer differenzierter wird, benutzt man »einfach« die Billigvarianten, um daraus sein Rezept zu fertigen.

Synkretismus oder: »The best of ...«

Die erste globalisierte Welt entwickelte sich im Reich Alexanders des Großen (356–323 vor Christus). Die Kultur der Griechen durchdrang die »alte Welt«, insbesondere den Raum um das östliche Mittelmeer. Es entstand die Epoche des Hellenismus. Damals kam es zu Vorgängen, die man Synkretismus nennt, zur Verschmelzung der Religionen. Die Gottheiten des Orients wurden hellenistisch interpretiert. Die altägypti sche Himmelsgöttin Isis zum Beispiel setzte man mit der griechischen »Mutter Erde«, der Fruchtbarkeitsgöttin Demeter gleich. Dieser Prozess ging weiter mit der Eroberung Griechenlands und der ganzen hellenistischen Welt durch die Römer. Einerseits gab es eine Entwicklung hin zum Monotheismus, das heißt der höchste Gott der Griechen, Zeus, wurde zu Gottvater. Andererseits entwickelten sich allerlei Mischformen von Volksfrömmigkeit: Man pilgerte zu den Heilungsstätten des griechischen Gottes Asklepios, fühlte sich von den ägyptischen Praktiken des Orakel- und Vorzeichenglaubens sowie der Astrologie angezogen und praktizierte die Mysterienkulte der syrischen Kybele, des persischen Mithras sowie des griechischen Dionysos. In seinen Wurzeln in vorchristliche Zeiten zurückreichend, entwickelte sich als synkretistische Religionsform des Späthellenismus, wie schon erwähnt, die Gnosis, die »wahre Erkenntnis«, eine Form mystischer Frömmigkeit, die für die ersten Christen eine große Anziehungskraft hatte. Die Gnostiker versprachen ihren Anhängern – wie ja auch die Christen – geheimnisvolle Aufschlüsse über die großen Fragen nach dem Warum, Woher und Wohin des Menschen. Schon der Apostel Paulus hat sich damit auseinandergesetzt. »O Timotheus!«, klagt der Apostel, »meide das ungeistliche lose Geschwätz und das Gezänk der fälschlich so genannten Erkenntnis« (1. Timotheus 6, 20).

Offensichtlich sind in unserer Zeit, da die Menschen mit dem Angebot der großen Kirchen nicht mehr so viel anfangen können, dennoch aber auf Sinn-Suche sind und Antworten auf ihre persönlichen Fragen haben wollen, die esoterischen Vorstellungen wieder sehr gefragt, wie sie bereits in der Antike eine Rolle spielten. In einer multikulturellen Welt, die das »The best of ...« liebt, ist der Synkretismus tatsächlich die passende Antwort. Im »Klassik-Radio« funktioniert das Häppchen-Angebot von lauter musikalischen Höhepunkten sehr gut. Um eine Symphonie allerdings wirklich zu verstehen, muss man ihre Dynamik erleben – den Prozess der Entfaltung des Kunstwerks vom ersten bis zum letzten Satz. Wenn es um eine spirituelle Entwicklung geht, ist es nicht anders: Um durch Meditation ein reifer Mensch zu werden, reicht kein »Schnupperkurs« und auch nicht die Lektüre eines der vielen Ratgeber, die es derzeit auf dem Markt gibt. Man muss selbst den ganzen Weg gehen, und das kann ein Leben lang dauern.

Menschen in Ländern mit einer weitgehend von Kolonialherrschaft bestimmten Kultur entwickeln ganz eigene Glaubensvorstellungen, einen Synkretismus, der mit westlicher Häppchen-Kultur nichts gemein hat, zum Beispiel in Korea: Die Lehre des Konfuzius hat auch das kleine Land stark beeinflusst. Der chinesische Philosoph Kong Qiu (oder Kong fuzi, Meister Kong, latinisiert Konfuzius, 551–479 vor Christus) hat ein System der Ordnungen in Staat und Familie bis über den Tod hinaus (Ahnenverehrung) entwickelt, das in China über 2000 Jahre lang (bis zum Ende der Kaiserzeit 1912) verbindliche Staatsdoktrin war und von dort aus Ostasien beeinflusste. Es vertrug sich prächtig mit dem von fundamentalistisch-protestantischen Missionaren aus den USA nach Korea gebrachten Christentum. Von beiden Seiten patriarchalisch bestimmt, spielt heute deshalb gerade in Korea die feministische Theologie als Bemühung der intellektuellen Frauen um Emanzipation eine Rolle. Die aus Korea stammende und auch in den USA ausgebildete Theologin Chung Hyun Kyung schildert die spirituelle Welt ihrer beiden Mütter, der leiblichen, die ihrem Vater die Tochter ausgetragen hat, weil dessen Frau selbst unfruchtbar war, und eben dieser Stiefmutter, die das Kind erzog, und ihm zeitlebens nichts über seine Herkunft berichtet hatte. Die Stiefmutter war offiziell Christin, der Vater Konfuzianer. Deshalb war es eheliche Pflicht der Frau, mehrmals im Monat ein Festmahl im Rahmen des Ahnenkults zu bereiten. Regelmäßig ging sie auch zu einer Wahrsagerin, deren Prognosen sich aus einem Mischsystem von Schamanismus, Buddhismus sowie Taoismus zusammensetzten. In der in uralte Zeiten zurückreichenden Götterwelt des aus China stammenden Taoismus (von Dao gleich Bahn, Weg) gibt es zum Beispiel den in jedem Haus verehrten Küchengott, und Wahrsagerei spielt eine besonders große Rolle. Die leibliche Mutter der Chung Hyun Kyung, in jungen Jahren eine Buddhistin, der der Erzeuger ihr Kind nach einem Jahr wegnahm, und die ihre Tochter erst im Alter wiedersehen durfte, erzählte dann der Tochter von zwei Träumen, die sie während der Schwangerschaft mit ihr hatte. Chung Hyun Kyung berichtet:

»In ihrem ersten Traum befand sie sich im Tempel und trug mich huckepack, während sie sich vor dem Buddha verbeugte. Als sie sich wieder aufrichtete, begann die große Glocke, die von der Tempeldecke herabhing, zu läuten. Meine Mutter wusste sofort, daß meine Ankunft ein Segen Buddhas war« (166). In einem zweiten Traum sah die Mutter von Chung Hyun Kyung ihren Vater auf einem Berg auf einer kleinen Pagode sitzen. Als die Mutter sich dem Vater näherte, verwandelte sich der Berg in Salz: »Salz ist in der Tradition des koreanischen Schamanismus ein positives Symbol. Die Koreaner glauben daran, daß Salz die Kraft hat, böse Geister auszutreiben. Meine leibliche Mutter wußte ihre Schwangerschaft vom Buddha und von den einheimischen koreanischen Geistern anerkannt.« Auch die leibliche Mutter ist zu einer Wahrsagerin gegangen, die ihr prophezeite, die Tochter werde einmal eine Wissenschaftlerin sein, was denn auch geschah, ohne dass die Mutter darauf Einfluss nehmen konnte. Die leibliche Mutter wurde am Ende Diakonin in einer Pfingstgemeinde. Über den Zusammenhang zwischen Pfingstgemeinden und Schamanismus habe ich oben berichtet.

Chung Hyun Kyung ist auf der Vollversammlung des Ökumenischen Rats der Kirchen 1991 in Canberra in Australien aufgetreten und hat dort vor den Repräsentanten der christlichen Gemeinschaften für ihr Verständnis eines Christentums geworben, das die Erfahrungen der Völker Asiens einschließt. In der traditionellen christlichen Schöpfungstheologie und in der westlichen Denkweise werde der Mensch, besonders der Mann, als Zentrum der geschaffenen Welt aufgefasst, und die Menschen hätten die Macht erhalten, die Schöpfung zu kontrollieren und zu beherrschen. Nötig sei ein Übergang von einem solchen Anthropozentrismus mit dem Menschen im Mittelpunkt, der den Planeten Erde verwüstet, zu einer Sichtweise, die das Leben selbst ins Zentrum stelle: »Die Menschen sind nur ein sehr kleiner Teil der Natur, sie sind ihr nicht übergeordnet.« Auch die Teilung der Welt in die Guten, als welche sich vor allem die frommen US-Bürger verstünden, und die Bösen auf der anderen Seite – und das dahinter stehende Gottesbild – akzeptiert die Theologin aus Korea nicht: »Ich weiß, dass ich nicht länger an einen allmächtigen ›Macho‹, an Gott den Streiter glaube, der alle Guten errettet und alle Bösen bestraft. Ich verlasse mich jedoch auf den barmherzigen Gott, der inmitten der grausamen Zerstörung des Lebens mit uns um das Leben weint.«

XII.

Das Scheitern der Aufklärung

Aufklärung kontra Unmündigkeit

Die Menschheitsgeschichte hindurch versucht sich Rationalität gegen Aberglauben durchzusetzen. Ein Beispiel solcher Bemühung findet sich bereits in der Schöpfungsgeschichte des Alten Testaments (1. Mose 1, 16), wo es heißt: »Und Gott machte zwei große Lichter: ein großes Licht, das den Tag regiere, und ein kleines Licht, das die Nacht regiere, dazu auch Sterne.« In der Entstehungszeit dieses aufklärerischen Textes wurden im Orient Sonne und Mond als Götter verehrt. Im Alten Testament sind es nur noch »Lichter«. Freilich, noch Jahrhunderte später feierte man im Alten Rom am Tag der Wintersonnenwende den Geburtstag des »unbesiegbaren Sonnengottes« (*Sol invictus*), der aus dem Orient in das römische Reich gekommen war.

In einer Gesellschaft, die neben den Freien die Sklaven kannte, neben den Mächtigen die Ohnmächtigen, verkündete der Apostel Paulus die »Freiheit der Kinder Gottes« (Römer 8, 21). Paulus lehrte auch die Gewissensfreiheit, die Freiheit gegenüber Andersdenkenden: »Denn warum sollte ich das Gewissen eines andern über meine Freiheit urteilen lassen?« (1. Korinther 10, 29). Und der Evangelist Markus (3, 35) zitiert als Ausspruch von Jesus: ». . . wer Gottes Willen tut, der ist mein Bruder und meine Schwester und meine Mutter«.

Die Gedanken der Freiheit einschließlich der ihr bereits durch die

Dem Menschen zu helfen »aus seiner selbstverschuldeten Unmündigkeit« herauszukommen, das war ein Ziel der Aufklärung, wie es der Philosoph Immanuel Kant (1724–1804) anstrebte. Stich von J. L. Raab, um 1860

zehn Gebote gesetzten Grenzen, der Gleichheit und der Brüderlichkeit haben frühchristliche Wurzeln. Dass freilich die Kirchen dieses frühaufklärerische Erbe gepflegt hätten, kann man nicht behaupten, im Gegenteil. Für Juden und Christen gilt das Fünfte Gebot des Alten Testaments: »Du sollst nicht töten«. Doch Christen wie Juden morden im Namen Gottes. Am 4. November 1995 ermordete der jüdische Student der israelischen Universität Bar-Ilan, Jigal Amir, den Ministerpräsidenten seines Landes, Jitzchak Rabin, weil dieser mit den Palästinensern Frieden schließen wollte: »Alles was ich tat, tat ich für Gott, für den jüdischen Glauben . . .«, so seine Begründung. Auch die christlichen Kirchen nehmen das Fünfte Gebot die längste Zeit ihrer Geschichte nicht sonderlich ernst. Bereits der bis heute wichtigste theologische Kirchenvater Thomas von Aquin (1225–1274) lehrte: »Obwohl es in sich schlecht ist, einen Menschen, der in seiner Würde bleibt, zu töten, kann es dennoch gut sein, einen sündigen Menschen zu töten, wie es gut sein kann, ein wildes Tier zu töten: Schlimmer nämlich ist ein schlechter Mensch als ein wildes Tier, und er schadet mehr.« Papst Pius IX. lehnte noch im 19. Jahrhundert Religions-, Gewissens-, und Meinungsfreiheit als widerchristlich ab. Und bis heute versteht sich der oberste katholische

Kirchenherr als »Stellvertreter Christi«, oberster Gesetzgeber, oberster Richter und oberste Exekutive. Niemand darf über ihn zu Gericht sitzen. Deshalb betont der Philosoph Nikolaus Knoepffler, Leiter des Ethikzentrums der Universität Jena: »Das heutige Europa in seinem Bekenntnis zu Menschenwürde und Menschenrechten hat seine Wurzeln nicht im Christentum« (167). Was aber dann ist die Wertegrundlage Europas? Knoepffler: »Es ist die durch die Geschichte der ersten Hälfte des 20. Jahrhunderts geläuterte Aufklärung, die in Deutschland vor allem mit dem Namen Immanuel Kant verbunden ist.«

Ende des 17. Jahrhunderts begann in England, was sich im 18. Jahrhundert in ganz Europa und Nordamerika ausbreitete: Das *Zeitalter der Aufklärung*, verbunden mit der großen Hoffnung auf das segensreiche Wirken der menschlichen Vernunft. Sie könne, so glaubte der deutsche Philosoph Immanuel Kant (1724–1804), dem Menschen zum »Ausgang aus seiner selbstverschuldeten Unmündigkeit« verhelfen. Unmündigkeit, so Kant in *Beantwortung der Frage: Was ist Aufklärung* anno 1784, »Unmündigkeit ist das Unvermögen, sich seines Verstandes ohne Leitung eines anderen zu bedienen.« Zweihundert Jahre nach Kants Tod fiel dem Vorsitzenden der katholischen deutschen Bischofskonferenz, Kardinal Karl Lehmann, dazu die in eine rhetorische Frage gekleidete Antwort ein: »...ist das freiwillige Sich-Unterstellen unter die Leitung eines anderen von selbst schon Unmündigkeit?« (168). Ich meine entschieden: Ja. Heranwachsende Menschen müssen sich allmählich von ihren Eltern emanzipieren und auch von dem durch die Eltern in ihnen installierten Über-Ich. Andernfalls werden sie nicht zu reifen, erwachsenen Persönlichkeiten. Die Psychologen wissen, welche Persönlichkeits-Defizite jene Menschen charakterisieren, die innerlich abhängig sind, von einer Ideologie oder einem Ideologen. Eugen Drewermann hat das speziell für die katholischen Kleriker analysiert. Adolf Hitlers Propagandaminister Josef Goebbels andererseits, aus rheinisch-katholischem Elternhaus stammend, hat sich freiwillig der Leitung seines »Führers« unterstellt und an diesen bis zum bitteren Ende geglaubt. Das einzige Mal, dass er seinem Meister widersprach, war, als Hitler kurz vor seinem Selbstmord Goebbels als Reichskanzler einsetzte und verlangte, er solle Berlin verlassen. Das tat Josef Goebbels nicht. Das Amt des Reichskanzlers übte er nach Hitlers Tod nur wenige Stunden lang aus, dann konnte er nicht anders, als seinem Idol freiwillig in den Tod nachzufolgen. Denn, so zitierte ihn Hitlers Sekretärin Traudl Junge, »Wenn der Führer tot ist, ist mein Leben sinnlos« (169).

Für die orthodoxen Christen hat die Aufklärung nie stattgefunden. Und für die orthodoxen islamistischen Theologen muss es »Sicherheitszonen« geben, die »durch die Religion vor jedem Denken geschützt« sind. So beschreibt es der im Exil lebende ägyptische Islamwissenschaftler Nasr Hamid Abu Said (168). Die Aufklärer waren sich seinerzeit einig in der Kritik am absoluten Wahrheitsanspruch der Offenbarungsreligionen wie an der Idee einer absoluten Monarchie. Die Unabhängigkeitserklärung der USA 1776, und die französische Revolution in ihren Anfängen mit der Idee »Freiheit, Gleichheit, Brüderlichkeit«, waren von dem Gedanken der Aufklärung geprägt. Gotthold Ephraim Lessing (1729–1781) schrieb sein Drama *Nathan der Weise* als Modell für religiöse Toleranz von Juden, Christen und Muslimen. Und Friedrich Schiller hoffte auf eine neue Gesellschaft in einem Staat, geboren aus dem Geist der Vernunft – nicht durch eine Revolution, sondern durch Erziehung. Diese Vorstellung entwickelte er 1795 in seinen *Briefen über die ästhetische Erziehung des Menschen*. Heute, zweihundert Jahre später, schreibt Abu Said in Bezug auf den Islam: »Die orthodoxe Theologie wurde im Laufe der Geschichte von den meisten muslimischen Staaten einfach deswegen als politische Ideologie übernommen, weil sie den ›Gehorsam‹ als religiöse Pflicht betont.« Bei den evangelischen Christen, insbesondere den Lutheranern, hat ein zweitausend Jahre alter Satz des Apostels Paulus (Römer 13, 1) das »Zeitalter der Aufklärung« und zwei Weltkriege ziemlich unbeschadet überstanden. Paulus schrieb: »Jedermann sei untertan der Obrigkeit, die Gewalt über ihn hat. Denn es ist keine Obrigkeit außer von Gott; wo aber Obrigkeit ist, die ist von Gott angeordnet.« Und in Israel besetzen die religiösen Zionisten, deren Inspirator der Rabbi Zvi Jehuda Kook war, das Land der Palästinenser, weil sie, wie schon erwähnt, glauben, dies sei ihre religiöse Pflicht, die Voraussetzung für das Erscheinen des Messias.

Man kann gewiss nicht sagen, dass die Gedanken der Aufklärung die Politik im 21. Jahrhundert beherrschen würden. Denn die in uns aufsteigenden destruktiven Bilder von Gewalt, von Macht und Ohnmacht, von Zorn und Rache sind, insbesondere wenn sie mit unserem Glauben

Der französische Schriftsteller und Philosoph Voltaire (1694–1778) hat in seinen »Philosophischen Briefen« erstmals die Vorstellungen der Aufklärung über Gewissensfreiheit, religiöse Toleranz und politische Gleichheit zusammengefasst. Die (anonyme) Veröffentlichung in Frankreich 1734 brachte ihm einen Haftbefehl ein.

verbunden sind, weitaus mächtiger als die Hoffnungen der Aufklärung. Auch diese bisher vergeblichen Hoffnungen sind, ich muss immer wieder darauf hinweisen, bereits uralt. Bereits der Prophet Jesaja träumte vom »Geist der Weisheit und des Verstandes« und formulierte seine aufklärerischen Gedanken in den Bildern seiner Zeit, die zugleich Toleranz und Friedfertigkeit symbolisieren (Jesaja 11, 6–8): »Da werden die Wölfe bei den Lämmern wohnen und die Panther bei den Böcken lagern. Ein kleiner Knabe wird Kälber und junge Löwen und Mastvieh miteinander treiben. Kühe und Bären werden zusammen weiden, daß ihre Jungen beieinander liegen, und Löwen werden Stroh fressen wie die Rinder. Und ein Säugling wird spielen am Loch der Otter und ein entwöhntes Kind wird seine Hand stecken in die Höhle der Natter.«

Der Fundamentalismus der deutschen Protestanten

Über die katholische Kirche und ihre antiaufklärerischen Vorstellungen habe ich in diesem Buch einiges gesagt. Die Entstehungsgeschichte der evangelischen Kirchen aus der Reformation hat umgekehrt sehr viel mit dem Aufkommen des Zeitalters der Aufklärung zu tun. Aber auch an den evangelischen Kirchen scheitert die Aufklärung. Mitte der 1960er Jahre ist in Deutschland die Gruppierung »Kein anderes Evangelium« gegründet worden, als Antwort auf den Versuch des Marburger evangelischen Theologen Rudolf Bultmann, die Bibel zu »entmythologisieren«. Diese sich als »evangelikal« verstehende Gruppierung spielt in den evangelischen Landeskirchen eine wichtige Rolle. Das hat spezifisch mit der deutschen Geschichte zu tun. In der Zeit des Nationalsozialismus haben dessen abstruser Rassen-Ideologie nur jene evangelischen Christen widerstanden, die sich in Fragen des Glaubens, wie schon Martin Luther, allein auf die Bibel beriefen. Einer der späteren Wortführer der Evangelikalen, der Theologe Walter Künneth von der Universität Erlangen, war in der sogenannten Apologetischen Zentrale im Johannesstift in Berlin-Spandau mit seinem Buch »Antwort auf den Mythus« im Jahre 1935 ein mutiger Kämpfer gegen den NS-Chefideologen Alfred Rosenberg und dessen Buch »Der Mythus des 20. Jahrhunderts«. Gegründet wurde diese Apologetische Zentrale der evangelischen Kirche ursprünglich zur Abwehr des materialistischen Marxismus und insbesondere auch der Entdeckungen einer Evolution der Welt durch Charles Darwin. Diese anti-naturwissenschaftliche Einstellung haben die evangelikalen Christen in aller Welt bis heute behalten. Sie wird dadurch nicht richtiger, dass deutsche Evangelikale in der NS-Zeit auf der Seite der Anständigen standen.

Die Maximen der deutschen Evangelikalen werden heute auch in einzelnen Landeskirchen ganz offiziell vertreten. So erklärte der damalige evangelische Landesbischof in Württemberg, Professor Dr. Gerhard Maier, aus Anlass des 25jährigen Jubiläums des »Arbeitskreises für evangelikale Theologie« am 13.12.2002: »Heute ist längst klar, dass es ein voraussetzungsloses oder vorurteilsfreies Forschen nicht gibt. Wissenschaftlich verantwortlich handelt derjenige, der seine Vorurteile und Voraussetzungen offen auf den Tisch legt.« Das sollte gewiss jeder Forscher nach bestem Wissen tun, ist aber vom Landesbischof nicht so allgemeingültig gemeint. Theologische Forschung dient nach seiner Vorstellung »der Gewissheit des Glaubens« beziehungsweise »seiner Vergewisserung«, also nicht etwa dem Gewinn von Erkenntnis. Vielmehr sei »theologische Forschung ein Dienst in und an der Gemeinde«. Und die Gemeinde oder was davon noch übrig geblieben ist, darf man nicht beunruhigen, erst recht nicht die Theologiestudenten. Dennoch gibt es unter den protestantischen Theologen selbstverständlich auch solche, die sich der Aufklärung im wohlverstandenen Sinne verpflichtet fühlen.

Einst hatte Philipp Melanchthon, Humanist und theologischer Mitstreiter Martin Luthers, wie er in seiner Wittenberger Antrittsvorlesung anno 1518 formulierte, »Die Liebe zur Wissenschaft« als Ansporn verstanden für seinen Kampf gegen »die Barbaren, die sich als Gelehrte brüsten und mit barbarischen Methoden den Fortschritt unterbinden möchten«. Auf ihn berief sich Friedrich Wilhelm Graf, der in anderem Zusammenhang schon zitierte evangelische Professor für systematische Theologie und Ethik an der Universität München und zugleich Leibniz-Preisträger (was als Ausweis für die Qualität seiner Forschungsarbeit zählt), als er im Jahre 2003 die konservative bayerische evangelisch-lutherische Landeskirche ungewöhnlich heftig kritisierte (170). »Diffuser Antiintellektualismus und pfäffische Wissenschaftsfeindlichkeit« würden sich hier miteinander verbinden. Denn: »Statt theologischer Reflexionsfähigkeit und argumentativer Vernunft werden nun sogenannte ›spirituelle Kompetenzen‹ wie Segenshandlungskraft,

VIVENTIS·POTVIT·DVRERIVS·ORA·PHILIPPI
MENTEM·NON·POTVIT·PINGERE·DOCTA
MANVS

Die »Liebe zur Wissenschaft« im Kampf gegen die Unterdrücker des wissenschaftlichen Fortschritts war Maxime des Humanisten Philipp Melanchthon (1497–1560), des theologischen Mitstreiters von Martin Luther. Melanchthon trug den Ehrentitel Praeceptor Germaniae, Lehrer Deutschlands. Kupferstich von Albrecht Dürer, 1526.

charismatische Autorität und fromme Einfalt als die wichtigsten Berufstugenden eines evangelischen Pfarrers gepriesen«.

Die Polemik hat natürlich auch einen wirtschaftlichen Hintergrund. Weil in Deutschland einerseits immer weniger junge Leute Theologie studieren wollen, andererseits dem Staat und der Kirche das Geld knapp wird, sind Überlegungen nahe liegend, auch an Hochschullehrern zu sparen. Die Frage ist nun, ob theologische Fakultäten an den Universitäten oder Kirchliche Hochschulen geschlossen werden sollen. Letztere waren ursprünglich gegründet worden, um größere Freiheit von staatlicher Bevormundung zu gewinnen. »Eine biblisch orientierte Theologie, der die kirchlichen Hochschulen verpflichtet sind, hat sich meist als der bessere Schutz gegen ideologische Verführbarkeit erwiesen«, so die Münchner Dekanin Ursula Seitz und der Pfarrer Andreas Ebert in einer Antwort auf Graf (171). Allerdings, meine ich, um den Preis, in den intellektuellen Diskursen unserer Zeit nicht mehr ernst genommen zu werden. Graf beschreibt die Konzeption der Kirchlichen Hochschulen so: »Gegen eine Universitätstheologie, die die Glaubensüberlieferung durch kritische Reflexion für die humane Gestaltung moderner Kultur aktualisieren wollte, wurde hier eine dezidiert antiintellektuelle ›kirchliche Bibeltheologie‹ institutionalisiert.« Man habe »kleine klerikale Gegenwelten« geschaffen, »heimelige Archen, in denen die Schar frommer Reflexionsverweigerer die trüben Fluten des modernen Pluralismus zu überdauern hoffte. Kritische Exegese wurde durch die Andacht zur ›Heiligen Schrift‹ abgelöst.« Der Redlichkeit halber muss man freilich ergänzen, dass auch an Kirchlichen Hochschulen sehr renommierte Theologen lehren und sich umgekehrt die frömmelnde antiintellektuelle Theologie auch an Universitäten findet.

Warum hat alles Bemühen um Aufklärung keine Chance, sich gegen Aberglauben durchzusetzen?

»*Der Mensch lebt durch den Kopf*
Der Kopf reicht ihm nicht aus ...
Denn für dieses Leben
Ist der Mensch nicht schlau genug.
Niemals merkt er eben
Allen Lug und Trug ...«

So heißt es in der *Dreigroschenoper* von Bert Brecht und Kurt Weill aus dem Jahre 1928; geschaffen in einer Zeit, als Künstler wie Brecht an die Macht des Wortes glaubten und auf die Aufklärung setzten – wenige Jahre, bevor die Welt in Irrationalität versank.

Ich habe oben erläutert, warum wir so sind, wie wir sind. Der »Kopf«, wie Brecht ihn nennt, das Bewusste Ich, ist »nicht schlau genug«, nicht der Herr im Haus, unbewusste Kräfte sind stärker. Unbewusste Bilder, vor allem solche aus Kindheit und Jugend, lassen sich allenfalls in außerordentlichen Situationen verändern. Deshalb verharren erwachsene Menschen, wenn nichts mehr nachgekommen ist, in ihrem Kinderglauben. Jeder macht wohl gelegentlich die Erfahrung, dass es von einem Film, den er in jungen Jahren geliebt hat, ein Remake gibt, eine Neuverfilmung. Wer das Original kennt und liebt – ist von der Neuverfilmung notwendigerweise enttäuscht. Auch hier sollen sich vertraute Bilder nicht ändern.

Deshalb spielt die frühkindliche bewusste und unbewusste Erziehung eine besonders wichtige Rolle. Eine Chance für die Aufklärung – wie auch immer sie genutzt wird.

XIII.

Glaube ohne Aberglaube

Ich habe in diesem Buch, ausgehend von den Erkenntnissen der Wissenschaften, beschrieben, *warum* der Mensch glaubt und mit diesem Wissen analysiert, *was* Menschen glauben. Dabei zeigte sich die Brüchigkeit der Fundamente, welche die Glaubensvorstellungen von Juden, Christen und Muslimen kennzeichnen. Die Erkenntnisse der Wissenschaften sind das eine und Glaubensbilder das andere, zwei Welten gewissermaßen, die, jedenfalls nach Meinung vieler Gläubigen, getrennte Welten sind – so wie das bereits in der Steinzeit nicht anders war.

Damit sind aber, meine ich, entscheidende Fragen noch unbeantwortet: Gibt es nur die Alternative ungläubig oder leichtgläubig? Oder gibt es Glauben ohne Aberglauben? Und wenn ja, wie soll man dann, wenn überhaupt, von Gott reden? Schließlich muss hier, meine ich, auch der Autor noch etwas mehr Farbe bekennen.

»Ich glaube an gar nichts«

Ein moderner Mensch verirrte sich in der Wüste. Tage- und nächtelang irrte er umher. »Wie lange braucht man, um zu verhungern oder zu verdursten?«, fragte er sich. Er wusste, dass man länger ohne Nahrung leben kann als ohne etwas zu trinken. So versuchte er, sich mittags, so gut er konnte, vor der sengenden Sonne zu schützen und wanderte nur morgens und abends. Doch er trocknete immer mehr aus. Wenn er ein paar Stunden schlief, träumte er von Wasser und von Früchten. Dann erwachte er und taumelte weiter. Plötzlich erblickte er in einiger Entfernung Palmen. »Aha, eine Fata Morgana«, dachte er. »Eine Luftspiegelung, die mich narrt, mir eine Oase vorgaukelt.« Er ging in Richtung der Palmen. Sie verschwanden nicht, wurden im Gegenteil immer deutlicher. Er konnte allmählich Dattelpalmen inmitten von Grün erkennen. Und sogar ein Bächlein floss zwischen Felsen. »Das ist keine Oase sondern eine Durstfantasie, die mir mein Hirn vorgaukelt. Ja freilich, jetzt höre ich sogar das Wasser plätschern, eine Halluzination meines Gehirns.« Mit diesem Gedanken brach er zusammen und starb. Wenig später fanden ihn zwei Beduinen. »Kannst du das verstehen?«, fragte der eine den anderen. »Die Datteln wachsen ihm beinahe in den Mund, er hätte nur den Arm ausstrecken und sie pflücken müssen. Und nun verdurstet der Mann neben einer Quelle. Wie ist das nur möglich?« »Er war ein moderner Mensch«, antwortete der andere Beduine. »Er hat nicht daran geglaubt.«

Manche Menschen sagen von sich: »Ich glaube an gar nichts.« Mein Mathematiklehrer am Gymnasium pflegte darauf zu antworten: »Du glaubst jedenfalls, dass der Bäcker nicht ins Brot gespuckt hat.« Er meinte damit, dass jeder gesunde Mensch ein gewisses Grundvertrauen in die Welt hat. An gar nichts zu glauben, ist dagegen eine extrem lebensfeindliche Position.

Eine alte Tradition in der vom Christentum geprägten Gesellschaft hat auch die Aussage, aus schlechter Erfahrung mit den Gläubigen nicht zu glauben. Der Philosoph Friedrich Nietzsche (1844–1900) hat einst über die Christen geschrieben: »Bessere Lieder müssten sie mir singen, daß ich an ihren Erlöser glauben lerne. Erlöster müssten mir seine Jünger aussehen.« Nun wird namentlich in den evangelischen Kirchen viel gesungen, und manche Lieder klingen auch wirklich fröhlich: »O du fröhliche ... Weihnachtszeit« oder »Geh aus, mein Herz, und suche Freud in dieser lieben Sommerzeit«, oder »Fröhlich soll mein Herze springen«, oder »Freut euch, ihr lieben Christen all«, um nur wenige zu nennen. Allerdings stehen – heute nicht anders als zu Zeiten Friedrich Nietzsches – Leiden und Tod Jesu, im Kreuz aber auch im Abendmahl symbolisiert, fast immer im Mittelpunkt christlicher Frömmigkeit. Das ist in einer »Spaßgesellschaft« schwerer zu vermitteln als unter Menschen, die von Krieg und Katastrophen betroffen sind. Andererseits endet auch das fröhlichste Leben mit dem Tod. Und dieser stellt uns neben dem Leben die größten Fragen. Die Religionen vermitteln Hoffnung über den Tod hinaus, die manche Glaubensgemeinschaften sogar als Gewissheiten verkaufen. Dieses Buch will, ohne Hoffnung zu nehmen, allzu rasche Gewissheit relativieren.

Sehnsucht nach Gewissheit

In einer unsicheren und unübersichtlichen Welt ist die Sehnsucht nach Sicherheit und Gewissheit besonders groß. Offensichtlich gibt es viele Menschen, die mit der von Friedrich Wilhelm Graf so genannten autoritativen Sicherheit leben können; gewissermaßen in einer Kultur der Schlussworte, die keinen Widerspruch vertragen, keiner Ergänzung bedürfen: *Roma locuta (est), causa finita (est)* – Rom hat gesprochen, die Sache ist erledigt; eine Formulierung, die bereits auf Augustinus zurückgeht und aus dem Jahre 417 stammt. Auch im protestantischen Raum gibt es Menschen, die keinen Zweifel kennen, nämlich überall in den fundamentalistischen Gemeinschaften, in Deutschland besonders in den pietistisch orientierten Gemeinden. Ich habe das in diesem Buch beschrieben, aber auch darauf hingewiesen, dass zum Beispiel Rituale das Gefühl von Sicherheit unterstützen. »Du hasts jut, du bist doof«, sagt der Berliner. Wobei dies nicht unbedingt böse gemeint sein soll, sondern immer auch ein wenig Neid im Spiel ist. Jaroslav Hasek lässt seinen Schwejk erklären: »wenn jeder gescheit wär, so wär auf der Welt so viel Verstand, daß jeder zweite Mensch davon ganz blöd wär.« Der Evangelist Matthäus (5,3) zitiert Jesus in seiner »Bergpredigt«: »Selig sind, die da geistlich arm sind; denn ihrer ist das Himmelreich«. Das ist ein vom Kirchenpersonal freilich gerne auch als Ausrede für die eigenen Beschränktheiten geliebtes Wort. Sorge vor den Absonderlichkeiten abergläubischer »Volksfrömmigkeit« spricht jedenfalls nicht daraus.

Die Erkenntnisse der Neurowissenschaftler lassen uns verstehen, dass und warum der Mensch gerne Unsinn glaubt. Das heißt selbstverständlich nicht, dass alles Unsinn ist, was der Mensch glaubt. Doch wir können, meine ich, nicht hinter die Erkenntnisse der Aufklärung zurück, wonach ein *Sacrificium intellectus*, der Verzicht auf den eigenen Verstand, zugunsten von »Glaubensgewissheiten« unredlich ist, so bequem das sein mag. Wenn ein Kind einmal gesehen hat, dass ein falscher Bart, Umhang und Kapuze aus einem Mann einen Weihnachtsmann machen, ist es vorbei mit dem Kinderglauben, so betrüblich das zunächst sein mag.

Der Mensch ist, wie ich gezeigt habe, darauf angelegt, nach Sinn zu suchen. Die Antworten, die er dabei findet, sind, auch wenn sie oft unsinnig erscheinen, durch die Bilder der jüdisch-christlichen Kultur des Abendlandes oder andererseits der jüdisch-christlich-muslimischen Kultur des Morgenlandes geprägt – aber auch von Erfahrungen zum Beispiel fernöstlicher Kulturen. Diesen Bildern stehen jene Bilder gegenüber, die uns, geprägt von den Ideen der Aufklärung, die modernen Wissenschaften anbieten. Ich habe versucht, in diesem Buch beides miteinander zu verbinden.

Für intellektuell redliche Menschen ist es offensichtlich schwerer geworden, ihres Glaubens gewiss zu sein, zu glauben im Sinne des Für-Wahr-Haltens von Glaubenssystemen, als dies für frühere Generationen galt. Da wir aber gelernt haben, dass am allerwenigsten unser Verstand unsere Entscheidungen bestimmt, verwundert es nicht, wie viele Menschen auf der Welt zu den Leichtgläubigen zählen, die offensichtlich auch keine Probleme damit haben, blanken Unsinn in ihr Weltbild einzuarbeiten. Die Entstehungsgeschichte vieler Glaubensgemeinschaften bietet dafür eine Fülle bizarrer Beispiele, von denen einige genannt wurden. Die Frage nach dem Warum und die Suche nach dem Sinn sind dem Menschen angeboren. Mit einem *Ignoramus, ignorabimus* – »Wir wissen es nicht und werden es nie wissen«, einem »Geflügelten Wort« aus dem 19. Jahrhundert, als die Gebildeten gerne mit lateinischen Vokabeln um sich warfen, wird sich der Mensch nie abfinden wollen. Andernfalls gäbe es keine Wissenschaft mehr.

Ein Kapitel dieses Buchs hat die Überschrift »Glaube und Macht«. Machtpolitiker aller Religionen nutzen die fundamentalistischen Glaubensbilder aus, von Osama bin Laden bis George W. Bush. Und beide glauben vermutlich tatsächlich, dazu von Gott beziehungsweise Allah persönlich berufen zu sein. Seit Ende des Jahres 2004 denken konservative deutsche Politiker darüber nach, wie sie nach dem Vorbild der US-Republikaner mit Bibel und Fahne neue Wähler gewinnen könnten. Auf die Unterwelt in unserem Kopf zu setzen, gelingt leicht. Ich habe beschrieben, warum das so ist. Nur wer versteht, warum der Mensch glaubt, kann sich gegen den Missbrauch des Glaubens wappnen.

Das Gegenbild zu »Glaube und Macht« ist »Glaube und Freiheit«. Das neue Testament beschreibt den Rabbi Jesus als einen Lehrer, der den Menschen seiner Zeit ein anderes Bild von Gott vermittelt hat als es jene offensichtlich unsterblichen Beamten tun, die Gottes Willen nach ihrem Verständnis in ewig gültige Gesetze gießen, sei es einst auf Keilschrifttafeln, sei es heute in Enzykliken. Der Evangelist Markus (2, 27) zitiert Jesus mit einem Satz, der dies erhellt: »Der Sabbat ist um des Menschen willen gemacht und nicht der Mensch um des Sabbats willen«. Ich meine, dass das Bild von Gott, was Jesus von Nazareth den Menschen seiner Zeit vermittelt hat, bei aller Ungenauigkeit der Überlieferung, worüber die Theologen streiten müssen, ein tragbares Fundament auch heute ist. Offensichtlich ist, dass das, was Jesus verkündet hat, Menschen einst und heute zu großer innerer Freiheit im Leben und Sterben verhilft, unabhängig von aller Märtyrer-Ideologie. Unstrittig ist auch, dass uns unser Wissen darüber durch die Kirchen vermittelt worden ist, die andererseits, sobald sie Macht haben, unendlich viel Unglück über die Menschen bringen. »Prüfet alles, und das Gute behaltet«, schreibt Paulus an die Thessalonicher (2. Thessalonicher 5, 21) – eine Maxime, die, meine ich, auch heute gelten sollte.

Der Mensch ist fähig, intuitiv Wahrheiten zu erkennen. Dafür gibt es profane Beispiele aus den Wissenschaften. Sigmund Freud hat seine Erkenntnisse über das Unbewusste nicht aus Statistiken abgeleitet, oder mit Hilfe komplizierter Messgeräte entdeckt, sondern intuitiv durch vorurteilslose Beobachtung nicht zuletzt seiner selbst. Ähnliches gilt für den Physiker Niels Bohr, der intuitiv die Arbeiten der vielen genialen jüngeren Kollegen, die es zu ihm hinzog, richtig deuten konnte. Bohr fand zur Beschreibung der atomaren Welt Bilder, zum Beispiel *Komplementaritätsprinzip* oder *Welle-Teilchen-Dualismus*, für die es auch heute, achtzig Jahre später, keine besseren gibt.

Das heißt aber nicht, dass man sich jedenfalls auf seine Intuition verlassen und »aus dem Bauch heraus« entscheiden sollte. Der Hirnforscher Gerhard Roth betont: ». . . es ist die großartigste Leistung unserer Kultur, dass sie uns dazu bringt, unseren Gefühlen nicht spontan zu folgen. Die Großhirnrinde sagt uns: Überleg dir die langfristigen Konsequenzen! . . . Ich persönlich glaube an die Kraft des Verstandes, obwohl ich weiß, dass bei mir, wie bei allen anderen Menschen, letztlich die Gefühle entscheiden. Lerne, deinen Verstand zu gebrauchen, hat der Philosoph Immanuel Kant geraten, und das ist richtig. Kants großer Irrtum war, dass er meinte, Verstandesarbeit allein, die Einsicht also, würde einen schon zu einem besseren Handeln bewegen. Das ist falsch.« (172).

Wir machen uns Bilder von der Welt, die unsere Erfahrungen, aber auch unsere Hoffnungen und Befürchtungen widerspiegeln. Das gilt ganz besonders auch für unsere Glaubensbilder. Zum Beispiel für das Bild einer Schöpfung der Welt. Allerdings ist auch die Aussage, dass es keinen Schöpfer des Universums gibt, eine Glaubensaussage, ein »Bild«, nicht minder schwer vorstellbar als das, was etwa die Schöpfungsmythen der Bibel ausdrücken.

Wie soll man von Gott sprechen?

»Die Religiösen sprechen von Gott, wenn menschliche Erkenntnis (manchmal schon aus Denkfaulheit) zu Ende ist oder wenn menschliche Kräfte versagen – es ist eigentlich immer der deus ex machina, den sie aufmarschieren lassen, entweder zur Scheinlösung unlösbarer Probleme oder als Kraft bei menschlichem Versagen . . .« Das schrieb der protestantische Theologe und Widerstandskämpfer gegen das Nationalsozialistische Regime, Dietrich Bonhoeffer, am 30. April 1944 aus dem Gefängnis in Berlin-Tegel seinem Freund Eberhard Bethge. Man dürfe die Menschen nicht »religiös vergewaltigen«, sondern müsse »weltlich« von Gott sprechen. Der Theologe wurde am 9. April 1945 im Konzentrationslager Flossenbürg ermordet und hat seine Gedanken nicht weiter entwickeln können.

Friedrich Wilhelm Graf hat die Überlegungen Bonhoeffers aufgenommen und kommt anno 2004 zu dem Schluss (155): »Im Kirchenmilieu bleibt man dank eigener Sprache gern unter sich.« In ihrer Not, kein Gehör mehr zu finden, produzierten die Amtskirchen, jedenfalls in Deutschland, Stellungnahmen zu beinahe jedem Thema, das öffentlich in der Diskussion sei. »Ihr moralischer Omnipotenzanspruch zwingt sie zum ubiquitären Verschleiß religiöser Sprache«, warnt Graf deshalb zurecht. Der Evangelist Matthäus zitiert Jesus mit einer Warnung, bei der vielen einschlägigen Verfassern eines Wortes zum Sonntag die Ohren klingen müssten: »Ich sage euch aber, daß die Menschen Rechenschaft geben müssen am Tage des Gerichts von jedem nichtsnutzigen Wort, das sie geredet haben« (Matthäus 12, 36). Sie werden also nicht nur zur Rechenschaft gezogen, wenn sie die Unwahrheit gesagt haben, sondern bereits wegen ihres Geschwätzes. Das Fernsehen kannte Jesus noch nicht, als er seine Warnung aussprach. Was ist die Konsequenz? Was kann die Theologie anbieten? Graf betont: »Die protestantische Theologie kann nur auf Plausibilität setzen, die diskursiv gewonnen und zu vermitteln ist.« Die katholische Variante, »theologische Begründung weithin zirkulär, rein aus sich zu gewinnen«, müsse protestantische Theologie »in genau dem Maße als häretisch ablehnen, in dem die Jesus Christus eigene Autorität unmittelbar für die Herrschaftsansprüche der kirchlichen Institution reklamiert wird.« Protestantische Theologie entbehre der »autoritativen Sicherheit«, verfüge »weder über Patentrezepte noch über ihr allein erschlossene Einsichten«. Sie könne aber »mit höchstmöglicher theologischer Prägnanz« von Gott reden, »Grenzen des Sagbaren« markieren, dem drohenden Missbrauch des Wortes »Gott« wehren und »der heilsamen Unterscheidung von Gott und Mensch« Geltung verschaffen. Ich meine, eine solche Bescheidenheit steht der Theologie besser an als alles fromme Reden des Kirchenpersonals.

Die Theologen haben zweitausend Jahre lang über Gott und die Welt nachgedacht. Natürlich ist ihnen dabei auch allerlei Unsinn eingefallen. Wenn man das Totschlagargument »Offenbarung« weglässt, ist das kein Problem. Man kann ja jeden Gedanken an der Wirklichkeit, so wie sie jeweils verstanden wird, prüfen. Damit fallen die vielen zeitbedingten Absonderlichkeiten allmählich der Vergessenheit anheim und einige werden durch andere ersetzt, die erst eine neue Generation von Menschen als Absonderlichkeit identifizieren kann. Ich habe als Gymnasiast, noch dazu in einem Gymnasium, das den Namen Immanuel

Kants trägt, im evangelischen Religionsunterricht einen Vortrag halten dürfen: »Warum der Mensch nicht vom Affen abstammt«, den der Pfarrer (damals gab es noch keine Religionspädagogen) sehr positiv bewertete – ich schäme mich noch heute dafür. Grundlage waren Bücher aus den 1920er Jahren, in denen die evangelische Kirche meinte, das Christentum gegen den »Darwinismus« verteidigen zu müssen. Protestantische Kirchen in den USA tun das, wie schon erwähnt, immer noch mit großem Fanatismus. Und die Intellektuellen schämen sich, mit ihnen im 21. Jahrhundert im selben Land zu leben.

Die gefährlichste Weltanschauung ist die Weltanschauung derjenigen, die die Welt nicht angeschaut haben. Das sagte der Weltentdecker Alexander von Humboldt mit Blick auf den Philosophen des Idealismus Georg Wilhelm Friedrich Hegel. Dieser 200 Jahre alte Satz gilt immer noch für alle, die Glaubensgebäude errichten, indem sie nicht die Welt anschauen, sondern die Bilder, die in ihrem Kopf entstehen, und diese dann für verbindlich und nicht hinterfragbar erklären, weil sie ihnen als ein Mysterium offenbart worden seien. Das gilt natürlich insbesondere auch für die vom katholischen »Lehramt« per definitionem festgelegten »Wahrheiten«. Ich meine, entweder ist etwas offenbar oder es ist mysteriös. Wenn ich zum Beispiel erfahre, geliebt zu werden, dann ist das beglückend und natürlich nicht rational zu erklären, aber dennoch nicht mysteriös, sondern eben offenbar. Die leibliche Himmelfahrt der Maria dagegen ist kein Mysterium, sondern ein Konstrukt, das etwas über seine Konstrukteure sagt.

»Nur das Christentum hat unter den großen Religionen der Welt eine rationale, wissenschaftliche Theologie hervorgebracht«, sagt Friedrich Wilhelm Graf. Es ist offensichtlich, dass die Erkenntnisse dieser Theologie, über die ich in diesem Buch berichtet habe, nicht bis in die Kirchen dringen. In die katholische nicht, weil das »Lehramt« davor steht wie der Cherub mit dem feurigen Schwert vor dem Paradies, und in die evangelischen nicht, weil andernfalls die Frommen, die sich »Kerngemeinde« nennen, ihre von rationaler Theologie bestimmten Pfarrer davonjagen würden.

Ich meine, redlicherweise kann der Pfarrer heute nicht mehr am Sonntag »Gottes Wort« von der Kanzel verkünden, wenn er die Brüchigkeit der Fundamente wahrnimmt. Da ist es einfacher, sich auf Sozialarbeit zu beschränken oder auf Seelsorge, die beide gleichermaßen wichtig sind. Weil in Deutschland die meisten Menschen auf die alten Bilder, die seit Kindertagen vertrauten Geschichten, nicht verzichten wollen, sind die Kirchen am Heiligen Abend voll. Und die Hoffnung über den Tod hinaus drückt sich zum Beispiel darin aus, dass sehr viele Menschen am frühen Ostersonntagmorgen zu einem Gottesdienst auf dem Friedhof erscheinen. Dennoch bleibt das Fazit: Es gibt keinen Dialog zwischen den Kirchen und ihren rationalen Theologen, ja es gibt kaum noch solche Theologen. Die *Frankfurter Allgemeine Zeitung* konstatiert in Deutschland »eine ausgesprochene Wissenschaftsfeindlichkeit in manchen Kirchen« und bezieht sich dabei auf die evangelischen Landeskirchen (173). Die Absolventen eines Theologiestudiums, deren Zahl in Deutschland rapide schwindet, werden, wenn sie gut sind, heute zum Beispiel Leiter von Personalabteilungen in der Industrie. Damit fehlt den Menschen, die glauben, aber nicht ins Sektiererische abgleiten wollen, ein Gegenüber.

Auf der Suche nach dem Sinn wird *Homo sapiens* weiter nach Gott fragen. »Die Religion ist der Seufzer der bedrängten Kreatur, das Gemüt einer herzlosen Welt, wie sie der Geist geistloser Zustände ist. Sie ist das Opium des Volkes.« Das schrieb Karl Marx im Jahre 1843. Vor einem halben Jahrtausend trieb den späteren Reformator Martin Luther die Frage um: »Wie bekomme ich einen gnädigen Gott?« Eine Frage, die heute wohl kaum ein Mensch noch auch nur verstehen könnte. Luther hatte furchtbare Angst vor seinem Gott und glaubte, ihn versöhnen zu können, indem er sich selbst kasteite. Seine Entdeckung, dass Selbstbestrafung gar nichts helfe, und der von Jesus verkündete Gott zwar ein gerechter aber eben auch ein gnädiger Gott sei, war so revolutionär, dass er die katholische Kirche spaltete und die evangelischen Kirchen entstanden. In unserer Zeit haben einige Christen den »Kuschel-Gott« kreiert: zart, weich und anschmiegsam – ein Bild, das aus der Textilwerbung vertraut ist. Bereits im ersten vorchristlichen Jahrtausend haben Menschen gewusst und als Gottes Gebot notiert: »Du sollst dir kein Bildnis noch irgendein Gleichnis machen«. Gott entzieht sich jeder Vorstellung. Der Protestantische Theologe Karl Barth hat dies in den 1920er Jahren mit dem Bild verdeutlicht, Gott sei der »ganz Andere«. Ein anderer evangelischer Theologe, Herbert Braun, formulierte in der

2. Hälfte des 20. Jahrhunderts die Minimalposition: Gott sei »das Wohin meines Fragens«. Wenn man diesen Gedanken weiter bedenkt, sollte das alttestamentarische Bilderverbot auch für das Bild gelten, dass Gott *allein* eine menschliche Projektion sei, wie Ludwig Feuerbach im 19. Jahrhundert meinte. All dies heißt: Die Sehnsucht nach Gewissheit ist rational unerfüllbar, gewiss aber nicht die Hoffnung.

Es gibt Menschen, die durch ihr Leben und Sterben diese Hoffnung vermitteln. So verstehen die Christen Jesu Leben und Sterben. Das gilt auch für Menschen unserer Zeit, in Deutschland ganz besonders für einige der Widerstandskämpfer gegen Adolf Hitler, die ihr Engagement mit ihrem Leben bezahlten. Eine der herausragenden Persönlichkeiten des Widerstands gegen das NS-Regime, Helmuth James Graf von Moltke, hat wenige Tage vor seiner Hinrichtung, Anfang 1945, einen letzten Brief an seine Frau Freya geschrieben, der seine für ihn zur Gewissheit gereifte Hoffnung ausdrückt. Darin heißt es: »...Möge Gott Dir so gnädig sein wie mir, dann macht selbst der tote Ehewirt gar nichts ...wenn Du das Gefühl absoluter Geborgenheit erhältst, wenn der Herr es Dir schenkt, was Du ohne diese Zeit und ihren Abschluss nicht hättest, so hinterlasse ich Dir einen nicht konfiszierbaren Schatz, demgegenüber selbst mein Leben nicht wiegt....« (174). Eben diese Erfahrung durfte Freya von Moltke dann, wie sie selbst beschrieben hat, in einem langen Leben machen.

Ich will an dieser Stelle aber auch noch eine Warnung vor zu viel christlicher Selbstgewissheit, die in Selbstgerechtigkeit ausartet, hinzufügen: Harald Poelchau, der protestantische Gefängnispfarrer in Berlin, und selbst ein nicht enttarntes Mitglied der Widerstandsgruppe Moltkes (des *Kreisauer Kreises*), hat Helmuth von Moltke und zahlreiche seiner Gefährten, darunter auch Dietrich Bonhoeffer, in den Tod begleitet und ihre Briefe aus den Gefängnissen schmuggeln können. Poelchau, der Sohn eines pietistischen Pastors, bemerkte einmal gegenüber Freya (Brief vom 8. März 1958), Helmuth habe das Glück gehabt, »nicht in einem christlichen Hause aufgewachsen zu sein«. Darin drückt sich Distanz gegenüber den penetrant Frommen im Lande aus. Denn, so Poelchau, »christliche Demut« sorge nur dafür, »daß man sich nicht recht ernst nehmen lernt ... Wie viel gesünder ist eine Sicherheit seiner selbst, wie sie H(elmuth) bei aller Selbstkritik entwickelte« (175).

Der Mensch auf der Suche nach der Wahrheit durchbricht die begrenzte Welt des ptolemäischen Universums, wie dieser Holzschnitt des Astronomen Flammarion im Stil des 16. Jahrhunderts aus dem Jahre 1888 lehrt. Der Mensch kann gar nicht anders, als weiter nach dem Warum zu fragen, auch in dem Wissen, dass er die ganze Wahrheit nie ergründen können wird.

Der staunende Mensch

Der Mensch macht sich in seinem Bedürfnis zu spekulieren die abstrusesten Bilder von der Welt. Jedoch ist der Mensch als einziges Lebewesen auch fähig zu staunen. Die Frommen im Lande staunen vorzugsweise über das, was sie selbst als Mysterium definieren, also ihre eigenen Fantasien. Über die Wunder der Natur staunten die Romantiker im 19. Jahrhundert und staunen bis heute Naturwissenschaftler, wenn sie nicht nur »Fachidioten« sind. Die junge Wissenschaftlerin am Max-Planck-Institut für Verhaltensphysiologie im oberbayerischen Seewiesen, Lucie H. Salwiczek, ist sich sicher, »dass ich als Naturwissenschaftlerin mehr über Gott den Schöpfer erfahre und mehr von seiner Größe erahne als Theologen es jeweils können, weil sie sich nicht mit Gottes Werk sondern mit Menschenwerk befassen. Sie wissen ›alles‹ über Thomas von Aquin, aber ›nichts‹ über Gottes unzählige Geschöpfe« (176).

Die Natur ist darauf angelegt, Leben zu ermöglichen, andernfalls wäre kein Leben entstanden, gäbe es auch den Menschen nicht. Es scheint so, dass am Ende der Mensch entstehen »musste« – was ich nicht teleologisch meine, in dem Sinne, dass die Wirklichkeit ziel- und zweckgerichtet sei. Wie zu beobachten, sind die Welt und ihre Gesetzmäßigkeiten vielmehr so eingerichtet, dass der Weg »natürlich« zum Auftreten des *Homo sapiens* führte. Die Natur hat allen Widrigkeiten zum Trotz im Laufe der Evolution immer wieder neue Ansätze in die dahin führende Richtung gemacht: Das Leben hat nach heutigem Wissen im Wasser begonnen – ist aber am Ende nach mehreren voneinander unabhängigen Anläufen doch an Land gekrochen. Das mit einer Linse ausgestattete Auge, eine optimale Konstruktion, viel effektiver als andere »Lichtsammler«, »ist mindestens siebenmal in der Evolutionsgeschichte unabhängig erfunden worden«, weiß der britische Paläobiologe Simon Conway Morris von der Universität Cambridge (177). Und nach Entwicklungen, die in eine Sackgasse führten, wie dem Neandertaler, ist *Homo sapiens* auf der Erde erschienen, der fähig ist, die Welt zu bewundern. Das heißt, das Universum war imstande, in einer langen Geschichte den Menschen entstehen zu lassen, mit Sinnesorganen und einem Gehirn, und damit begabt, Schönheit und Harmonie der Welt bewundernd und voller Freude wahrzunehmen und immer besser zu verstehen. »Das Leben ist ein Wunder. Und man sollte das Staunen darüber nicht verlernen«, sagt Morris. »Je genauer ich verstehen lerne, wie sich die einzelnen Moleküle im Laufe der Jahrmillionen zu diesen hochkomplizierten Organismen zusammenfanden, desto mehr beeindruckt bin ich.« Gemessen an den armseligen Spekulationen der Sektierer dieser Welt, die es darauf anlegen, ihre Anhänger dumm zu halten, ist nur der aufgeklärte Mensch in der Lage, das so wahrzunehmen.

Doch auch das staunende Beobachten der Welt ist nicht alles. Wissenschaftler, aber auch Journalisten, neigen dazu, das Weltgeschehen per Distanz zu erleben. »Wer sich für alles offen halten will, verbringt sein Leben als Zuschauer.« So beschreibt es der schon erwähnte Philosoph Matthias Jung (33). Ein Zuschauer ist am Leben nur eingeschränkt beteiligt. Wer andererseits nach Gewissheit strebt, schneidet sich die Möglichkeit ab, neue Erfahrungen zu machen, die alte Gewissheiten in Frage stellen könnten. Das hat bereits 1931 der amerikanische Philosoph John Dewey in einem Buch *Suche nach Gewissheit* festgestellt. Das heißt, sowohl der staunende Zuschauer als auch der in absoluter Gewissheit Existierende schneiden sich vom Leben ab. »Die legitime Suche nach Gewissheit ist immer davon bedroht, in dogmatischen Fundamentalismus umzuschlagen«, so Jung. Fundamentalisten verwechselten die Sicherheit gereifter Überzeugungen, die neuen Erfahrungen offen stehe, mit absoluter Gewissheit. Das gilt, meine ich, auch für die Glaubensgewissheit. Anders als die Rabbiner, Bischöfe, und Mullahs dieser Welt in ihren Predigten, kann ich keine »Glaubensgewissheit« vermitteln, diese vielmehr allenfalls erschüttern. Deshalb muss die Frage von Leben und Tod, die im Mittelpunkt des Glaubens steht, unbeantwortet bleiben – auch wenn der forschende Mensch zwar nie zu einem Ende kommen wird, aber immer wieder scheinbar unüberschreitbare Grenzen durchbricht. Gegen die, wie ich meine, unredliche Gewissheit setze ich auf Hoffnung. Eine Hoffnung, wie sie zum Beispiel der Apostel Paulus in seinem ersten Brief an die junge Gemeinde in Korinth (13, 12) ausdrückte: »Wir sehen jetzt durch einen Spiegel ein dunkles Bild; dann aber von Angesicht zu Angesicht. Jetzt erkenne ich stückweise; dann aber werde ich erkennen, wie ich erkannt bin.«

Literaturverzeichnis

1. *Gehirn&Geist*, 4, 2005
2. Institut für Demoskopie, Allensbach, Umfrage August/September 1997, *Geo Wissen*, 29, 2002
3. *Public Library of Science – Biology*, 17.2.2004
4. *Gehirn&Geist*, 2, 2002
5. Gerhard Roth, Vortrag in Lindau, 2001, *Gehirn&Geist*, 1, 2002
6. Martin Heisenberg, *Mannheimer Forum 89/90*, Piper, München, 1990
7. *SZ*, 5.5.2004
8. *Nature*, Bd. 430, S. 983, 200
9. Wolfgang Wickler, *Die Biologie der Zehn Gebote*, Piper, München, 1971
10. Franz de Waal, Interview mit Manuela Lenzen, *Die Zeit*, 17.12.2003
11. *FAZ*, 8.1.2004
12. Johannes Fried, Forum der *Süddeutschen Zeitung*, 13.5.2004
13. *Focus* 24, 2004
14. *Gehirn&Geist*, 6, 2004
15. *FAZ*, 15.11.2004
16. Benjamin Libet, *Mind Time, Wie das Gehirn Bewusstsein produziert*, Suhrkamp, Frankfurt a.M., 2005
17. *New Scientist*, abgedruckt in *Gehirn&Geist*, 6, 2003
18. *Gehirn&Geist*, 2, 2004
19. *Casino Scene*, Switzerland, 1, 2003
20. *British Journal of Psychology*, August 2003, abgedruckt in *Psychologie heute*, Dezember 2003
21. Martin Urban, *Wie der Mensch sich orientiert*, Eichborn Berlin, 2004
22. Peter Brugger, Kirsten I. Taylor, *ESP, Journal of Consciousness Studies*, 10, No. 6–7, 2003
23. *Journal of Personality*, 73 (2), S. 471, 2005, zitiert nach *Gehirn&Geist*, 5, 2005
24. *Gehirn&Geist*, 4, 2004
25. *SZ*, 23.3.2005
26. C.F.v.Weizsäcker, Gopi Krishna, *Biologische Basis religiöser Erfahrung*, O.W. Barth Verlag, Weilheim, 1971
27. Silvia Schroer, Thomas Staubli, *Die Körpersprache der Bibel*, Primus Verlag, Darmstadt, 1998
28. *AFP*, 30.6.2004
29. *SZ*, 5.7.2004
30. *Focus Mul*, 1, 2004

31. Martin Urban, *Wie die Welt im Kopf entsteht*, Eichborn Berlin, 2002

32. Paul Watzlawick, *Wie wirklich ist die Wirklichkeit*, Piper, München, 1976

33. *Psychologie heute*, Oktober 2004

34. Irenäus Eibl-Eibesfeld, *Der Vorprogrammierte Mensch*, Fritz Molden, Wien, 1973

35. Irenäus Eibl-Eibesfeld, *Grundriß der vergleichenden Verhaltensforschung*, Piper, München, 1967

36. Gerhard Roth, persönliche Mitteilung

37. *Proceedings B* der britischen Royal Society, DOI: 10.1098/ rspb.2004.2831

38. C.G. Jung, *Der Mensch und seine Symbole*, Walter-Verlag, Olten, 1979

39. Volker Sommer, *Lob der Lüge*, C. H. Beck, München, 1992

40. *Proceedings of the Royal Society of London B*, 271, 2004

41. *Spektrum der Wissenschaft*, Oktober 2004

42. Aniela Jaffé: *Erinnerungen, Träume, Gedanken von C.G. Jung*, Walter Verlag, Olten, 1971

43. Paul Matussek, *Analytische Psychosentherapie 2*, Springer, Berlin Heidelberg New York, 1997

44. *Psychologie heute*, Juni 2001

45. Viktor E. Frankl, ... *trotzdem Ja zum Leben sagen*, dtv, München, 1982

46. *Der Spiegel*, 45, 2004

47. Helmut Gollwitzer, ... *und führen, wohin du nicht willst*, Chr. Kaiser, München, 1951

48. *Gehirn&Geist*, 3, 2004

49. *SZ*, 4.6.2004

50. *FAZ*, 28.8.2001

51. *SZ*, 28.8.2001

52. *SZ*, 11.10.2004

53. Bernhard Lang, *Jahwe der biblische Gott, Ein Porträt*, C.H. Beck, München, 2002

54. *Bild*, 27.8.2003

55. *Jahrbuch politische Theologie*, Bd. 4, 2002, »Monotheismus«, LIT Verlag, Münster, 2003

56. Israel Finkelstein, Neil A. Silberman, *Keine Posaunen vor Jericho*, C.H. Beck, München, 2002

57. Eberhard Otto, *Ägypten*, W. Kohlhammer, Stuttgart, 1953

58. *New York Times Magazine*, 30.5.1993

59. Charles Patterson, »*Für die Tiere ist jeden Tag Treblinka*«, Zweitausendeins, Frankfurt, 2004

60. Ludwig Feuerbach, *Das Wesen des Christentums*, 1841

61. O. Keel, *Die Welt der altorientalischen Bildsymbolik und das Alte Testament*, Benziger, Zürich, 1977

62. Hans-Josef Klauck, *Die religiöse Umwelt des Urchristentums I.*, W. Kohlhammer, Stuttgart, 1995

63. *FAZ*, 14.1.2003

64. *ddp*, 11.2.2004

65. *Geo Wissen*, 1.10.2003

66. *SZ*, 24.12.2002

67. Otto Koenig, *Urmotiv Auge*, Piper, München, 1975

68. *Journal of Personality and Social Psychology*, 2, 2002

69. B. Fuchs, N. Kobler-Fumasoli, Hsg., *Hilft der Glaube?*, LIT-Verlag, Münster, 2002

70. *Psychologie heute*, März 2003

71. *Psychologie heute*, September 2002

72. H. Freudenthal, *Das Feuer im deutschen Glauben und Brauch*, Walter de Gruyter, Berlin, 1931

73. Konrad Lorenz, *Hier bin ich, wo bist du?*, Piper, München, 1988

74. Erwin Fahlbusch (Hg.), *Taschenlexikon Religion und Theologie*, Vandenhoeck&Ruprecht, Göttingen, 1974

75. *Psychologie heute*, April 2004

76. *Psychologie heute*, Mai 2004

77. *KNA*, 20.8.2004

78. *KNA*, 12.10.2004

79. Burton L. Mack, *Wer schrieb das Neue Testament ?*, C.H. Beck, München, 2000

80. Karl Heussi, *Kompendium der Kirchengeschichte*, J.C.B. Mohr (Paul Siebeck), Tübingen, 1960

81. *SZ*, 27.5.2004

82. *SZ*, 26.5.2004

83. *Die Zeit*, 7.4.2004

84. *FAZ*, 22.12.2000

85. August Franzen, *Kleine Kirchengeschichte*, Herder, Freiburg, 2000

86. Uta Ranke-Heinemann, *Eunuchen für das Himmelreich*, Hoffmann und Campe, Hamburg, 1988

87. *NZZ am Sonntag*, 18.7.2004

88. Eugen Drewermann, *Kleriker*, Walter-Verlag, Olten, 1989

89. Thomas Nipperdey, *Religion im Umbruch, Deutschland 1870–1918*, C.H. Beck, München, 1988

90. *diesseits*, 55, 2001

91. *SZ*, 4.2.2004

92. *Die Zeit*, 30.4.2003

93. *Science*, BD. 304, S. 1254, 2004

94. *FAZ*, 30.7.2003

95. *SZ*, 25.6.2004

96. *Stern*, 26.10.2000

97. *dpa*, 29.9.2004

98. *SZ*, 9.1.1999

99. *Haaretz*, 7.1.2000

100. *SZ*, 16.6.2004

101. *SZ*, 1.4.2004

102. *Der Spiegel*, 23, 2004

103. *NZZ am Sonntag*, 24.8.2003

104. *SZ*, 24.2.2004

105. *FAZ*, 1.6.2004

106. Günter Lüling, *A Challenge to Islam for Reformation*, Mitial Barnasidass, New Delhi, 2003

107. Otto Dibelius, *Obrigkeit*, Kreuz Verlag, Stuttgart, 1963

108. Hans Küng (Geleitwort) in: August Bernhard Hasler, *Wie der Papst unfehlbar wurde*, Piper, München, 1979

109. *FAZ*, 17.4.2003

110. Kurt Tucholsky, *Schnipsel*, Rowohlt Taschenbuch, Hamburg, 1973

111. Ernst Klee, *Die SA Jesu Christi*, Die Kirche im Banne Hitlers, Fischer TB Verlag, Frankfurt, 1989

112. *NZZ*, 25.7.2003

113. *SZ* 21.2.2005

114. *Die Zeit*, 22.12.2004

115. *SZ* 28.2.2005

116. *Der Spiegel* 13, 2005

117. *dpa*, 2.9.2004

118. *Der Spiegel*, 23, 2004

119. Franz Walter, *Neue Gesellschaft / Frankfurter Hefte*, Mai 2003

120. *Berliner Zeitung*, 28.5.2003

121. *KNA*, 29.6. 2004

122. *Die Zeit*, 7.10.2004

123. *Geo Wissen*, 1.4.2002

124. *Interfax*, 29.1.2002

125. Evangelische Nachrichtenagentur *idea*, 2001

126. *FAZ*, 13.7.2004

127. *Der Spiegel*, 44, 1985

128. *Independent*, zitiert nach *Frankfurter Rundschau*, 6.4.2004

129. *SZ*, 11.10.2003

130. Wolf Singer, persönliche Mitteilung

131. Peter Brugger, persönliche Mitteilung

132. *Roche Lexikon Medizin*, Urban&Schwarzenberg, München, 1993

133. *epd*, 24.5.2004

134. *Le Monde diplomatique*, 14.12.2001

135. Gotthard Oblau, *Junge Kirche* 2, 2004

136. *Stuttgarter Zeitung*, 31.3.2003

137. *FAZ*, 25.8.2003

138. *SZ*, 2./3.4. 2005

139. *Time / CNN*

140. Kurt D. Schmidt, *Grundriß der Kirchengeschichte*, Vandenhoeck & Ruprecht, Göttingen 1990

141. *Die Welt*, 13.6.2003

142. *Panorama*, ARD, 24.6.2004

143. *SZ*, 2.5.2003

144. *Die Zeit*, 4.9.2003

145. *Die Bushs – Eine amerikanische Dynastie*, Fernsehdokumentation, arte, 5.10.2004

146. *Der Jesus-Faktor*, arte, 19.10.2004

147. *Die Menschenfischer*, arte, 19.10.2004

148. *Berliner Zeitung*, 8.4.2003

149. *Der Spiegel*, 52, 2003

150. *Max Planck Forschung*, 2, 2004

151. *Der Spiegel*, 28, 2004

152. *Spektrum der Wissenschaft*, August 2004

153. Klaus-Peter Jörns, *Notwendige Abschiede, Auf dem Weg zu einem glaubwürdigen Christentum*, Gütersloher Verlagshaus, Gütersloh, 2004

154. Peter L. Berger, A Market Model for the Analysis of Ecumenicity, *Social Research* 30, 1963

155. Friedrich Wilhelm Graf, *Die Wiederkehr der Götter*, C. H. Beck, München, 2004

156. *Der Spiegel* 26, 2003

157. *SZ*, 9.1.1999

158. *Der Spiegel*, 44, 1995

159. *SZ*, 21.4.1997

160. *NZZ*, 27.4.2002

161. *Stern*, 17.10.2002

162. *SZ*, 15.4.2004

163. *Die Zeit*, 24.6.2004

164. 3sat online, 28.3.2002

165. *eigentümlich frei* Nr. 29, 2002

166. Letty M. Russell, Hg., *In den Gärten unserer Mütter*, frauenforum Herder, Freiburg, 1990

167. *SZ*, 13.5.2003

168. *Die Zeit*, 31.12.2003

169. Traudl Junge, *Bis zur letzten Stunde*, List, Berlin, 2003

170. *SZ*, 3.5.2003

171. *SZ*, 9.5.2003

172. *Focus* 24, 2004

173. *FAZ*, 18.10.2004

174. Helmut James Graf von Moltke, *Briefe an Freya 1939–1945*, C.H. Beck, München, 1988

175. Klaus Harpprecht, *Harald Poelchau*, Ein Leben im Widerstand, Rowohlt Verlag, Reinbek, 2004

176. Lucie H. Salwiczek, persönliche Mitteilung

177. *Die Zeit*, 19.8.2004

Namensregister

Kalendergeschichten
für Ketzer und Gläubige

Albert Sellner
Immerwährender Päpstekalender
424 Seiten · gebunden/Schutzumschlag
€ 24,90 (D) · sFr 42,50 · € 25,60 (A)
ISBN 978-3-8218-4753-5

Staatsmänner und Intriganten, Friedensstifter und Paranoiker, heiligmäßige Lichtgestalten und finstere Mordbuben – die Geschichte der Päpste bietet Extreme in hellsten und düstersten Farben. Albert Christian Sellner erzählt merkwürdige, tragische, erbauliche, heitere und kuriose Begebenheiten aus dem zweitausendjährigen Wirken der römischen Bischöfe, gestützt auf mittelalterliche Chronisten, freundlich wie feindlich motivierte Legenden und Pamphlete, aber auch auf die großen Geschichtsschreiber und die moderne Forschung.
Eine faszinierende Lektüre für jeden Tag.

»Ein Papst am Morgen vertreibt alle Sorgen – wer hätte das gedacht?« *Süddeutsche Zeitung*

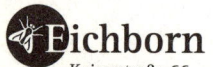
Eichborn
Kaiserstraße 66
60329 Frankfurt/Main
Tel. 069/25 50 03-0
Fax 069/25 60 03-30
www.eichborn.de

Wir schicken Ihnen gern ein Verlagsverzeichnis.